Axel Miesen

Ansible

Das Praxisbuch für Administratoren und DevOps-Teams

Liebe Leserin, lieber Leser,

vielleicht denken Sie noch nostalgisch an die Zeit zurück, als Server mit großem Aufwand konfiguriert und gewartet wurden. Der Admin kannte jede Einstellung persönlich und konnte durch Handauflegen sagen, wo sich ein Problem beim Rollout versteckt.

Vielleicht erinnern Sie sich aber auch an nervige *Configuration Drifts*, fehlende Dokumentation und die rätselhafte Frage, warum ein Dienst auf 192.168.172.33 ein kleines bisschen anders funktionierte als auf 192.168.172.34.

Dass Sie heutzutage ein Automatisierungstool bei der Konfiguration und Orchestrierung Ihrer IT-Landschaft verwenden sollten, werden Sie vermutlich schon wissen. Spätestens wenn Ihre Systeme in der Cloud liegen und skalierbar sein müssen, kommen Sie »zu Fuß« nicht mehr weit. Wie Sie sich stattdessen mit Ansible das Leben leichter machen, zeigt Ihnen Axel Miesen in diesem Praxisbuch. Er geht von den Grundlagen bis zum Deployment auf alle Fragen ein und liefert Ihnen ein anschauliches Praxisszenario, in dem Sie den Rollout der Dienste selbst üben können.

Abschließend noch ein Hinweis in eigener Sache: Dieses Buch wurde mit großer Sorgfalt geschrieben, geprüft und produziert. Sollte dennoch einmal etwas nicht so funktionieren, wie Sie es erwarten, freue ich mich, wenn Sie sich direkt mit mir in Verbindung setzen. Ihre Anregungen und Fragen sind uns jederzeit herzlich willkommen!

Ihr Christoph Meister
Lektorat Rheinwerk Computing

christoph.meister@rheinwerk-verlag.de
www.rheinwerk-verlag.de
Rheinwerk Verlag · Rheinwerkallee 4 · 53227 Bonn

Auf einen Blick

1	Einführung und Installation	23
2	Basiseinrichtung und erstes Inventory-Management	41
3	Ad-hoc-Kommandos und Patterns	53
4	Die Konfigurations- und Serialisierungssprache YAML	63
5	Playbooks und Tasks: die Grundlagen	71
6	Playbooks und Tasks: fortgeschrittene Methoden	97
7	Inventory-Management: fortgeschrittene Methoden	147
8	Modularisierung mit Rollen und Includes	167
9	Die Modul-Bibliothek	185
10	Webinterfaces	201
11	Weitere Tools und Techniken	221
12	Ansible als Orchestrierungswerkzeug	251
13	Ansible und Docker	277
14	Windows-Hosts verwalten	303
15	Kochrezepte, Howtos und Best Practices	313
16	Eigene Module erstellen	331
17	Callback-Plugins	345
18	Was könnte noch besser sein, bzw. was fehlt noch?	357

Impressum

Wir hoffen, dass Sie Freude an diesem Buch haben und sich Ihre Erwartungen erfüllen. Ihre Anregungen und Kommentare sind uns jederzeit willkommen. Bitte bewerten Sie doch das Buch auf unserer Website unter **www.rheinwerk-verlag.de/feedback**.

An diesem Buch haben viele mitgewirkt, insbesondere:

Lektorat Christoph Meister
Fachgutachten Stefan Kania
Korrektorat Petra Schomburg, Hilter-Borgloh
Herstellung Norbert Englert
Typografie und Layout Vera Brauner
Einbandgestaltung Mai Loan Nguyen Duy
Satz Daniel van Soest
Druck Beltz Grafische Betriebe, Bad Langensalza

Dieses Buch wurde gesetzt aus der TheAntiquaB (9,35 pt/13,7 pt) in LATEX.
Gedruckt wurde es auf chlorfrei gebleichtem Offsetpapier (90 g/m²).
Hergestellt in Deutschland.

Das vorliegende Werk ist in all seinen Teilen urheberrechtlich geschützt. Alle Rechte vorbehalten, insbesondere das Recht der Übersetzung, des Vortrags, der Reproduktion, der Vervielfältigung auf fotomechanischen oder anderen Wegen und der Speicherung in elektronischen Medien.

Ungeachtet der Sorgfalt, die auf die Erstellung von Text, Abbildungen und Programmen verwendet wurde, können weder Verlag noch Autor, Herausgeber oder Übersetzer für mögliche Fehler und deren Folgen eine juristische Verantwortung oder irgendeine Haftung übernehmen.

Die in diesem Werk wiedergegebenen Gebrauchsnamen, Handelsnamen, Warenbezeichnungen usw. können auch ohne besondere Kennzeichnung Marken sein und als solche den gesetzlichen Bestimmungen unterliegen.

Bibliografische Information der Deutschen Nationalbibliothek:
Die Deutsche Nationalbibliothek verzeichnet diese Publikation in der Deutschen Nationalbibliografie; detaillierte bibliografische Daten sind im Internet über *http://dnb.dnb.de* abrufbar.

ISBN 978-3-8362-7660-3

1. Auflage 2020
© Rheinwerk Verlag, Bonn 2020

Informationen zu unserem Verlag und Kontaktmöglichkeiten finden Sie auf unserer Verlagswebsite **www.rheinwerk-verlag.de**. Dort können Sie sich auch umfassend über unser aktuelles Programm informieren und unsere Bücher und E-Books bestellen.

Inhalt

Materialien zum Buch	15
Vorwort	17
Über dieses Buch	19

1   Einführung und Installation   23

1.1	Was ist Ansible?	23
1.2	Was ist Ansible nicht?	25
1.3	Setup/Laborumgebung	26
	1.3.1 Zugangsdaten für die Systeme der Laborumgebung	30
	1.3.2 Falls Probleme auftreten	30
1.4	Ansible-Installation auf dem Control Host	31
1.5	Authentifizierung und Autorisierung auf den Target Hosts	34
1.6	Einrichten der SSH-Public-Key-Authentifizierung	36
1.7	Ein Ad-hoc-Test ohne jegliche Konfiguration	37
1.8	Noch ein Hinweis zur Migration von älteren Versionen	39

2   Basiseinrichtung und erstes Inventory-Management   41

2.1	Verzeichnisstruktur einrichten	41
2.2	Grundkonfiguration (»ansible.cfg«)	42
2.3	Erstellen und Verwalten eines statischen Inventorys	43
2.4	Inventory-Aliase	46
2.5	Jenseits von Ping	46
2.6	Alternative Inventorys	50

3 Ad-hoc-Kommandos und Patterns   53

3.1 Ad-hoc-Kommandos 53
3.2 Use cases 55
3.3 Idempotenz 56
3.4 Interne Funktionsweise 57
    3.4.1 Parallele Ausführung 57
    3.4.2 Persistente Verbindungen 58
    3.4.3 Was passiert beim Aufruf eines Moduls? 60
3.5 Die Ansible-Konsole 61
3.6 Patterns zum Adressieren von Hosts 62

4 Die Konfigurations- und Serialisierungssprache YAML   63

4.1 Syntax und Struktur 63
4.2 YAML-Files editieren 63
4.3 Listen und Maps 66
4.4 Verschachtelte Strukturen 66
4.5 Block-Ausdrücke 68
4.6 Das Nichts in YAML 69
4.7 Anchors und References 69

5 Playbooks und Tasks: die Grundlagen   71

5.1 Hallo Ansible – das allererste Playbook 71
5.2 Formulierung von Tasks 74
5.3 Beenden von Plays 76
5.4 Der problematische Doppelpunkt 77
5.5 Kommandoaufrufe mit den Modulen »command« und »shell« 78
5.6 Fehler und Retry-Files 81
5.7 Tags 84

5.8		Das Kommando »ansible-playbook«	85
5.9		Eine exemplarische Apache-Installation	86
	5.9.1	Schritt für Schritt	87
	5.9.2	Das komplette Playbook	88
	5.9.3	»--start-at-task«, »--check«, »--diff«	89
5.10		Handler: Tasks nur bei Changes durchführen	91
	5.10.1	Schritt für Schritt	91
	5.10.2	Handler	92
	5.10.3	Das komplette Playbook bis hierhin	95

6 Playbooks und Tasks: fortgeschrittene Methoden 97

6.1		Variablen	97
	6.1.1	Play Vars	97
	6.1.2	Extra Vars	98
	6.1.3	Präzedenzen	98
	6.1.4	»set_fact«	99
	6.1.5	»group_vars«	100
	6.1.6	»host_vars«	102
	6.1.7	»vars_files«: Variablen in beliebigen externen Dateien	103
	6.1.8	Prompting	103
	6.1.9	Zugriffe auf komplexe Strukturen	104
	6.1.10	Seid ihr alle da?	105
6.2		Facts und implizite Variablen	106
	6.2.1	Facts	106
	6.2.2	Cachen von Facts	108
	6.2.3	Implizite Variablen	109
	6.2.4	Ein Beispiel	109
	6.2.5	Externe Informationsbeschaffer: »facter« und »ohai«	111
	6.2.6	Noch nicht genug Fakten? »/etc/ansible/facts.d«!	111
6.3		Bedingte Ausführung mit »when«	111
6.4		Systemunterschiede ausgleichen – wie denn jetzt?	113
	6.4.1	Die plumpe Methode	113
	6.4.2	Die solide Methode	114
	6.4.3	Die trickreiche Methode	116
	6.4.4	Die modulare Methode	116
	6.4.5	Das komplette Playbook bis hierhin	118

6.5	Jinja und Templates		120
	6.5.1	Begriffsklärung: Templates und Template-Engines	120
	6.5.2	Eine individuelle Startseite für unsere Apache-Server	121
	6.5.3	Schnelles Testen von Jinja-Templates	123
	6.5.4	Jinja-Syntax: Ausgabeausdrücke, Anweisungen, Kommentare	125
	6.5.5	Filter	127
6.6	Schleifen		127
	6.6.1	Iteration über eine Liste mit »with_items« oder »with_list«	128
	6.6.2	Iteration über eine Map mit »with_dict«	130
	6.6.3	Iteration über eine generierte Folge mit »with_sequence«	131
	6.6.4	Verschachtelte Schleife mit »with_subelements«	132
	6.6.5	Tasks wiederholen mit »until«	133
	6.6.6	Mehr Kontrolle mit »loop_control«	134
6.7	Fehlerbehandlung mit »failed_when« und »ignore_errors«		137
6.8	Blocks (und noch mal Fehlerbehandlung)		138
6.9	Asynchrone Ausführung		140
6.10	Lokale Tasks		141
6.11	Lookup-Plugins		143
6.12	Umgebungsvariablen setzen		145

7   Inventory-Management: fortgeschrittene Methoden   147

7.1	Das Kommando »ansible-inventory«		147
7.2	Verschachtelte Gruppen		148
7.3	»On-the-fly«-Inventorys erstellen mit »add_host«		149
7.4	Dynamische Gruppen mit »group_by«		151
7.5	Dynamische bzw. externe Inventorys		153
	7.5.1	Beispiel: ein Inventory-Skript in Perl	154
	7.5.2	Verwenden von Inventory-Plugins	158
	7.5.3	AWS EC2	158
	7.5.4	Hetzner Cloud	161
	7.5.5	VMware	163
	7.5.6	Inventory-Plugins: Caching	164
7.6	Inventory-Verzeichnisse		165

8 Modularisierung mit Rollen und Includes — 167

8.1	Erstellung und Verwendung von Rollen	167
	8.1.1 Das Rollenkonzept in Ansible	167
	8.1.2 Ein einfaches Beispiel einer Rolle	168
	8.1.3 Rollen verwenden	169
	8.1.4 Abhängigkeiten zwischen Rollen	171
	8.1.5 Erstellen neuer Rollen	172
8.2	Ansible Galaxy	173
8.3	Verwendung von Imports/Includes	174
8.4	Noch mal Apache	175
8.5	Dokumentation	179
	8.5.1 Code-Konventionen	180
	8.5.2 »README.md«	181

9 Die Modul-Bibliothek — 185

9.1	Module zur Kommandoausführung	185
9.2	Module zur Paketverwaltung	187
9.3	Module zur Verwaltung von Dateien und Dateiinhalten	188
9.4	Module für weitere typische Verwaltungsaufgaben	193
9.5	Module zur Interaktion mit Netzwerk-Services	195
9.6	Spezialmodule (Kontrollflusssteuerung etc.)	196

10 Webinterfaces — 201

10.1	Vorbereitungen zum Betrieb	201
10.2	Ansible Configuration Management Database (ansible-cmdb)	203
10.3	Voraussetzungen für anspruchsvollere Anwendungen	205
	10.3.1 Der Reverse-Proxy Traefik	206
	10.3.2 Der Git-Server Gitea	207
	10.3.3 Einchecken unseres Projekts	208

10.4	**Ansible Tower/AWX**		210
	10.4.1	Test-Setup und erste Anmeldung	211
	10.4.2	Exemplarische Verwendung	212
10.5	**Polemarch**		213
	10.5.1	Test-Setup und erste Anmeldung	213
	10.5.2	Exemplarische Verwendung	214
	10.5.3	(Vorsichtiges) Fazit	215
10.6	**Jenkins**		215
	10.6.1	Test-Setup	215
	10.6.2	Exemplarische Verwendung	216
	10.6.3	Fazit	217
10.7	**Weitere, hier nicht näher betrachtete Möglichkeiten**		218
10.8	**Laborumgebung: nicht mehr benötigte Anwendungen beenden**		218

11   Weitere Tools und Techniken   221

11.1	**Die Ansible-Vault**		221
	11.1.1	Vor aller Technik	221
	11.1.2	Erste Schritte	223
	11.1.3	Mehrere Vault-Passwörter und weitere Vault-Kommandos	225
	11.1.4	Ein Trick zum Wiederfinden von Variablen	225
	11.1.5	Mehr Bequemlichkeit bzw. Automatisierbarkeit	226
	11.1.6	Bequem und (möglichst) sicher mit GPG + pass	227
11.2	**Debugging und Troubleshooting**		230
	11.2.1	Debug-Mode und Verbosity Level	230
	11.2.2	Lesbarkeit von Ausgaben verbessern	231
	11.2.3	Gathering Facts dauert zu lange	233
	11.2.4	Der Playbook-Debugger	235
	11.2.5	Statische Code-Analyse mit »ansible-lint«	237
	11.2.6	Überwachen von Dateiänderungen mit »--check« und »--diff«	240
	11.2.7	Last, but not least: das »debug«-Modul	242
11.3	**Untersuchen von Konfigurationseinstellungen**		244
11.4	**Playbooks beschleunigen mit Pipelining**		244
11.5	**Die sprechende Kuh**		245

11.6	**Ansible im Pull-Mode**		246
	11.6.1	»ansible-pull«: Technik und Voraussetzungen	247
	11.6.2	Erste Schritte	248
	11.6.3	Die ganze Lösung	249
	11.6.4	Was fehlt noch?	250

12 Ansible als Orchestrierungswerkzeug 251

12.1	**Administrierst du noch oder orchestrierst du schon?**		251
12.2	**Ausflug in die Cloud: Vorbereitungen**		252
12.3	**Erste Server in der Cloud**		254
12.4	**Die Abarbeitungsreihenfolge beeinflussen**		256
	12.4.1	»serial«	257
	12.4.2	Fehlerhafte Hosts im »serial«-Betrieb	258
	12.4.3	Strategy-Plugins	259
12.5	**Delegierung**		264
12.6	**Ein komplexeres Beispiel**		267
12.7	**Löschen von Workern**		274
12.8	**Rolling-Updates**		275

13 Ansible und Docker 277

13.1	**Installation von Docker**		277
13.2	**Docker-Module**		279
	13.2.1	Vorbereitungen und Vorüberlegungen	279
	13.2.2	Überblick	281
13.3	**Eine Beispielanwendung**		286
13.4	**Ansible und Docker Compose**		290
13.5	**Erstellen von Images**		295
	13.5.1	Erstellen von Images mit »docker build«	295
	13.5.2	»ansible-bender«	296
	13.5.3	Erstellen von Images mit »ansible-bender«	298
	13.5.4	Erklärungen und Fazit	301

14 Windows-Hosts verwalten — 303

- 14.1 WinRM — 303
- 14.2 Vorbereitungen auf dem Control Host — 304
- 14.3 Voraussetzungen auf der Windows-Seite und WinRM-Setup — 305
- 14.4 Setup mit Active Directory/Kerberos — 306
- 14.5 WinRM-Troubleshooting — 308
- 14.6 Windows-Module — 309

15 Kochrezepte, Howtos und Best Practices — 313

- 15.1 Eine empfehlenswerte »ansible.cfg« — 313
- 15.2 Suche in einer Liste von Maps — 314
- 15.3 Erweiterung von Maps oder Listen während der Laufzeit — 315
- 15.4 Zufallspasswörter generieren — 316
- 15.5 Einfache Installer bauen — 318
- 15.6 IP-Adresse eines Target Hosts bestimmen — 320
- 15.7 firewalld managen (falls vorhanden) — 323
- 15.8 Linux-Software-Updates einspielen — 324
- 15.9 Ansible über einen Gateway- bzw. Jumphost — 327
- 15.10 Host-spezifische Ressourcen verwalten — 328

16 Eigene Module erstellen — 331

- 16.1 Erste Schritte — 331
- 16.2 Modul-Parameter — 334
- 16.3 Module in Python — 337
  - 16.3.1 Ein Beispiel in Python — 338
  - 16.3.2 Erklärungen und weitere Möglichkeiten — 340
  - 16.3.3 Eingebettete Dokumentation — 343

17 Callback-Plugins — 345

17.1 Stdout-Plugins — 345
- 17.1.1 »default« — 346
- 17.1.2 »yaml« — 347
- 17.1.3 »json« — 348
- 17.1.4 »unixy« — 348
- 17.1.5 »dense« — 349
- 17.1.6 »minimal« — 349
- 17.1.7 »oneline« — 350
- 17.1.8 »debug« — 350
- 17.1.9 »selective« — 350
- 17.1.10 »counter_enabled« — 351

17.2 Sonstige Plugins — 351
17.3 Entwickeln eigener Callback-Plugins — 353

18 Was könnte noch besser sein, bzw. was fehlt noch? — 357

18.1 Lang laufende Tasks verfolgen — 357
18.2 Abarbeitung einer Rolle beenden — 358
18.3 Schleifen über Blöcke — 360
18.4 Locking bei konkurrierenden Playbook-Aufrufen — 361
18.5 Fazit — 363

Anhang — 365

A SSH (Secure Shell) — 367
- A.1 Voraussetzungen zur Nutzung von SSH — 367
- A.2 SSH-Client-Programme — 368
- A.3 Public-Key-Authentifizierung — 369
- A.4 SSH-Agenten — 372

	A.5	Fortgeschrittene Konfiguration und Nutzung	373
	A.6	Windows als SSH-Client	379
	A.7	pssh bzw. parallel-ssh	380
B	Reguläre Ausdrücke		383
	B.1	Motivation	383
	B.2	Dialekte	384
	B.3	Reguläre Ausdrücke – Basics	384
	B.4	Reguläre Ausdrücke – erweiterte Möglichkeiten (PCRE)	386
	B.5	Reguläre Ausdrücke – erweiterte Möglichkeiten (POSIX Extended RE)	388

Index 391

Materialien zum Buch

Auf der Webseite zu diesem Buch stehen alle Playbooks, Konfigurationsbeispiele und sonstige Listings für Sie zum Download bereit.

Gehen Sie auf *https://www.rheinwerk-verlag.de/5112*. Klicken Sie auf den Reiter MATERIALIEN. Sie sehen die herunterladbaren Dateien samt einer Kurzbeschreibung des Inhalts. Klicken Sie auf den Button Herunterladen, um den Download zu starten. Je nach Größe der Datei kann es einige Zeit dauern, bis der Download abgeschlossen ist.

Außerdem pflegt der Autor ein **Git-Repository** zum Buch, das Sie unter *https://github.com/ansible-buch* finden. Sie finden dort u.a. ein Beispielsetup auf Docker-Basis und ebenfalls viele Listings. Wir freuen uns natürlich über Pull Requests und den Austausch mit Ihnen.

Vorwort

Es muss im Jahr 2014 gewesen sein, als ich auf Ansible aufmerksam wurde. Ich hatte damals keine Erfahrung mit Konfigurationsmanagement-Systemen; wo es nötig war, verwendete ich Shellskripte oder Perl, wenn komplexere Logiken erforderlich waren. So behielt ich es denn auch eine Zeit lang erst einmal im Hinterkopf, da man sich ja immer schwer tut, alte Gewohnheiten aufzugeben.

Irgendwann stand dann mal wieder eine Neuinstallation eines privaten Servers an, und ich nahm das zum Anlass, nun doch etwas mehr über dieses Tool zu lernen. Eben *Learning by Doing* – zumindest für mich immer noch die beste Methode. Und siehe da: Nach etwa 240 (teilweise sehr mühsam) entwickelten Tasks (= Einzelschritten), verteilt in mehreren YAML-Dateien, hatte ich die komplette Beschreibung in der Hand, mit der ich meinen Server vollkommen automatisiert vom »nackten« Auslieferungszustand in den Status »Production-Ready« überführen konnte. Faszinierend! (Ich liebte es, in der Testphase den Server zu resetten und dann dem Playbook beim Ablauf zuzusehen, während ich dabei meinen Kaffee schlürfte.)

Neben Perl (und Linux im Allgemeinen) hatte ich also ein neues Lieblingsspielzeug gefunden. Als Ende 2015 bekannt gegeben wurde, dass Red Hat die Firma Ansible Inc. übernommen hat, war ich mir auch relativ sicher, dass das Thema keine Eintagsfliege war. Da ich ja schon immer einen »Nebenjob« als IT-Trainer habe, begann ich, eine Schulung zum Thema Ansible zu entwickeln und anzubieten (gemäß dem unter Trainern geflügelten Wort »Wenn du etwas mehr zu einem Thema lernen willst, dann mach eine Schulung darüber«). Auch das lief sehr erfolgreich – und lehrreich. Parallel dazu konnte ich Ansible auch in mehreren Projekten gewinnbringend einsetzen und weitere Erfahrungen damit sammeln.

Wenn man etwas gut findet, möchte man das der Welt mitteilen. So entstand der Wunsch, auch mal etwas zum Thema Ansible zu veröffentlichen, und der Kontakt mit dem Rheinwerk Verlag kam zustande. Das Ergebnis war ein Kapitel in der 5. Auflage des beliebten Linux-Server-Handbuchs, die Ende 2018 erschien. Dort musste ich das Thema aus Platzgründen auf »nur« 80 Seiten unterbringen, aber das war für den Anfang im Nachhinein auch erst mal genug. (Bücher schreiben ist doch mehr Arbeit, als man denkt, und dieses war nicht einmal mein eigenes.)

Ende 2019 schließlich hielten wir es alle für eine gute Idee, dem Thema Ansible nun doch ein komplettes Buch zu widmen. Zumal es (Stand August 2020) sonst auch immer noch nichts Deutschsprachiges in gedruckter Form dazu gibt. Das Ergebnis halten Sie jetzt in den Händen. (Die Frage, ob gedruckte EDV-Dokumentation überhaupt noch zeitgemäß ist, haben Sie zumindest für sich selbst also schon beantwortet. Aber vielleicht lesen Sie auch gerade das E-Book?) Ich jedenfalls hätte dieses Buch vor fünf Jahren gern gehabt, das hätte mir teilweise viel Mühe und das Laufen in falsche Richtungen erspart.

Ich möchte noch einigen Menschen meinen Dank aussprechen, die bei der Entstehung dieses Buchs auf die eine oder andere Weise geholfen haben. Namentlich sind das Stefan Kania (danke für aufmerksames Korrekturlesen und unzählige Tipps und Verbesserungsvorschläge), Christoph Meister (danke ebenfalls fürs Korrekturlesen und viele gute Tipps), Ralph Göpel (danke fürs Bereitstellen einer VMware-vSphere-Testumgebung) und Peter Mohrbach (danke für einige Erklärungen und Hinweise zur Windows-Welt, die so gar nicht die meine ist). Des Weiteren Dank an Petra Schomburg für die Korrektur des Manuskriptes, und Daniel van Soest für den Feinschliff von Satz und Layout.

Nicht zuletzt geht mein Dank noch an meine Lebensgefährtin Ana und unsere Tochter Lena, die mir in den letzten Monaten immer Freiräume gegeben haben, um an diesem Buch arbeiten zu können.

Jetzt bleibt mir nur noch, Ihnen viel Spaß mit diesem Buch zu wünschen und zu hoffen, dass es Ihnen bei Ihrer täglichen Arbeit eine Hilfe sein wird.

Axel Miesen

Bornheim, im August 2020

Über dieses Buch

An dieser Stelle möchte ich Ihnen erklären, was ich mir bei der Verwendung der verschiedenen Formatierungsmöglichkeiten gedacht habe. Außerdem gebe ich Ihnen eine Übersicht über die im Buch verwendeten Software-Versionen und Linux-Distributionen.

Verwendete Formatierungen

Die in diesem Buch verwendeten Formatierungen schlüsseln sich wie folgt auf:

Konsole/Kommandozeile

Konsolenbefehle und deren Ausgaben werden durch die Verwendung von Nicht-Proportionalschrift gekennzeichnet. Von Ihnen zu tätigende Eingaben werden dabei fett dargestellt, eventuelle Ausgaben in normaler Schriftstärke:

```
$ ls -l /usr/local/bin
insgesamt 26888
-rwxr-xr-x 1 root root 11361384 Aug  5  2019 ctop
-rwxr-xr-x 1 root root 16168192 Aug  5  2019 docker-compose
[…]
```

Normale und privilegierte Rechte

Sofern ich im Text nicht sowieso schon besonders darauf hinweise, soll durch das Zeichen in der Eingabeaufforderung klargemacht werden, ob die Eingabe mit normalen User-Rechten oder mit Root-Rechten erfolgen soll.

Im ersteren Fall sehen Sie ein Dollar-Zeichen:

```
$ whoami
user1
```

Im letzteren Fall sehen Sie eine Raute:

```
# useradd -m user2
```

Eingabe langer Befehle

Einige der vorgestellten Kommandozeilenbefehle erstrecken sich über mehrere Buchzeilen. Grundsätzlich könnten Sie diese aber exakt so eingeben, wie sie abgedruckt sind; entweder nutzen Sie das Shell-übliche Zeichen »\« zur Zeilenfortsetzung, oder

Sie machen sich zunutze, dass die Shell bei gewissen Symbolen wie »|« oder »&&« sowieso kein Problem mit Zeilenumbrüchen hat:

```
$ wget https://github.com/bcicen/ctop/releases/download/$VERSION \
    -O /usr/local/bin/ctop

$ history   | awk '{print $2}' |
    sort    | uniq -c |
    sort -rn | head
```

Pfadangaben, Programme, Optionen, Paketnamen

Auch Pfadangaben, Programme, Optionen und Paketnamen werden in aller Regel durch verschiedene Schriftvarianten ausgezeichnet:

- Die Datei */etc/passwd* ist sehr wichtig.
- Mit egrep können Sie darin suchen.
- Die Option `--color=auto` ist dabei nützlich.
- Installieren Sie auch noch das Paket *python3*.

Internetverweise

Auch in einem Buch wie diesem ist es oft nicht möglich oder sinnvoll, alles bis ins kleinste Detail zu beschreiben. Aus diesem Grund habe ich an geeigneten Stellen auf Internetadressen verwiesen.

Verweise auf Internetadressen werden mit kursiver Schrift ausgezeichnet, z. B. so: *https://www.ansible.com*.

Materialien zum Buch

Die Beispieldateien bzw. Listings in diesem Buch müssen Sie natürlich nicht mühsam abtippen. Auf der Webseite zu diesem Buch stehen diese für Sie zum Download bereit.

Gehen Sie auf *https://www.rheinwerk-verlag.de/5112* und klicken Sie auf den Reiter MATERIALIEN. Dort sehen Sie eine Liste der herunterladbaren Dateien samt einer Kurzbeschreibung.

Sie finden auch auf GitHub (eventuell bereits aktualisierte oder korrigierte) Beispieldateien zu diesem Buch:

https://github.com/ansible-buch

Sollten Sie Verbesserungsvorschläge haben, freue ich mich natürlich über Anregungen von Ihnen.

Verwendete Ansible-Versionen

Grundlage für unsere Betrachtungen ist eine Version ≥ 2.8 (erschienen im Mai 2019); die im Buch gezeigten Beispiele wurden aber größtenteils bereits mit Version 2.9 getestet. Falls angebracht oder erforderlich, gehe ich punktuell auch kurz auf Unterschiede oder Inkompatibilitäten zu Vorgängerversionen ein.

Verwendete Python-Versionen

Da Ansible in Python programmiert ist, musste ich mir auch hier Gedanken über Versionen machen. Wir werden in diesem Buch nach Möglichkeit »flächendeckend« Python 3 einsetzen, da der Support für Python 2 im April 2020 endgültig endet.

Verwendete Plattformen/Linux-Distributionen

In diesem Buch werden hauptsächlich die folgenden Linux-Distributionen berücksichtigt:

- Debian 10
- CentOS 8
- openSUSE Leap 15
- Ubuntu 20.04 LTS

Warum ausgerechnet diese? Aus technologischer Sicht sollte dies alles abdecken, was Ihnen im professionellen Umfeld begegnen könnte. (CentOS ist bekanntlich sehr nah an Red Hat Enterprise Linux/RHEL und openSUSE Leap sehr nah am SUSE Linux Enterprise Server/SLES.) Darüber hinaus sind all diese Distributionen komplett frei, sodass dem Einsatz zumindest keine finanziellen Hindernisse entgegenstehen.

Die im Buch gezeigten Beispiele und Vorgehensweisen werden sicherlich auch mit anderen Linux-Distributionen funktionieren, aber im Rahmen eines Buches sollte alles Gezeigte auch möglichst gut getestet sein. Allein für das Testen mit diesen wenigen Distributionen benötigt man schon eine geraume Zeit – haben Sie deshalb bitte Verständnis, wenn Ihre Lieblingsdistribution nicht auf der Liste steht.

Kapitel 1
Einführung und Installation

In diesem Kapitel möchte ich Ihnen erklären, was Ansible ist, und auch, was es nicht ist. Danach zeige ich Ihnen eine Möglichkeit, mit der Sie auf direktem Wege zu einer Testumgebung gelangen, sodass wir schließlich auf die Ansible-Installation eingehen können.

1.1 Was ist Ansible?

Ansible ist ein Werkzeug zur Lösung von Problemen, die sich meist auf der »Ops«-Seite der DevOps-Welt stellen. Jeder, der schon einmal für eine kleine Anzahl von Servern verantwortlich war, wird bestätigen können, dass eine rein manuelle Administration bzw. Konfiguration zumindest sehr fehleranfällig, aufwendig und schlecht nachvollziehbar ist.

Und jeder, der schon einmal für eine große Anzahl von Servern verantwortlich war, wird bestätigen, dass rein manuelle Administration im Prinzip unmöglich ist.

Vielleicht haben Sie in einer solchen Situation schon mit (Shell-)Skripten gearbeitet, oder Sie sind gar bereits mit einem Alternativprodukt wie Puppet, Chef, SaltStack oder CFEngine vertraut. In jedem Fall freue ich mich, dass Sie sich nun mit Ansible beschäftigen möchten.

Dieses Werkzeug bietet Ihnen u. a. folgende Möglichkeiten:

- Automatisierung der Provisionierung von Systemen
- Automatisierung des Software-Deployments
- Konfigurations-Management

Ansible ist in der Tat ein äußerst flexibles Werkzeug; ich erspare uns an dieser Stelle aber den viel zu oft strapazierten Vergleich mit Schweizer Schneidewerkzeugen. Sie können Ansible benutzen, um auf einer Maschine eine Software auszurollen, oder Sie können damit Konfigurationen auf Hunderten von Servern kontrollieren.

Zudem ist es (relativ) leicht zu erlernen, und den meisten Anwendern macht es sogar auch noch Spaß!

Grundmerkmale

Ansible zeichnet sich durch folgende Eigenschaften aus:

- Ansible ist in Python programmiert. Ursprünglich wurde es in Python 2 entwickelt, ab Ansible Version 2.5 wurde aber auch Python 3 vollständig unterstützt.
- Ansible verwaltet seine Hosts in den allermeisten Fällen über SSH und benötigt auf diesen lediglich Python (zuzüglich einiger Python-Module in speziellen Fällen). Insbesondere ist Ansible *agentenlos*, da es keine speziellen Dienste auf den Zielsystemen benötigt.
- Ansible nutzt hauptsächlich YAML als Konfigurationssprache.
- Ansible enthält in der neuesten Version weit über 3.000 Module für die verschiedensten Verwaltungsaufgaben.
- Ansible bietet recht schnelle Erfolgserlebnisse, skaliert aber auch gut in komplexen Szenarien.
- Ansible ist sehr ordentlich dokumentiert: *http://docs.ansible.com/ansible*.

Kernkomponenten

In der Regel findet man in einem Ansible-Projekt folgende Komponenten:

1. Das *Inventory* ist ein Verzeichnis der Maschinen, die mit Ansible administriert werden sollen. Dieses muss in der Regel vom Anwender erstellt werden.
2. Die *Playbooks* sind vom Benutzer zu erstellende Prozeduren, die in einzelnen Schritten (*Tasks*) beschreiben, wie die jeweiligen Konfigurationsziele zu erreichen sind.
3. Die *Module* sind von Ansible mitgelieferte Funktionseinheiten, welche die eigentliche Arbeit tun. Jeder Schritt in einem Playbook ist letztlich nichts anderes als der Aufruf eines Moduls.
4. *Rollen* dienen dazu, größere Projekte modular, wartbar und wiederverwendbar zu gestalten. Mindestens eines haben sie mit den Klassen aus der objektorientierten Programmierung gemein: Ganz zu Anfang braucht man sie nicht, und später will man sie nicht mehr missen.

Geschichte und Versionen

Im Jahr 2012 stellte Michael DeHaan die erste Version von Ansible vor. Das von ihm gegründete Unternehmen Ansible Inc. wurde Ende 2015 von Red Hat übernommen. Seitdem wird die Weiterentwicklung maßgeblich von Red Hat beeinflusst, was dem Produkt bislang sehr gut tut. Als dieses Buch entstand, war die aktuelle Major-Version die 2.9 (erschienen im November 2019). Grundlage für unsere Betrachtungen soll eine Version ≥ 2.8 sein; falls angebracht, gehe ich punktuell aber auch kurz auf Unterschiede oder Inkompatibilitäten zu Vorgängerversionen ein.

Was bedeutet »Ansible«?

Der Name »Ansible« kommt aus der Science-Fiction. Ein *Ansible* ist dort ein Gerät zur überlichtschnellen Kommunikation. Ursprünglich von Ursula K. Le Guin erfunden, haben viele andere Autoren die Idee adaptiert.

Ganz konkret hat Michael DeHaan den Begriff aus dem Buch »Ender's Game« von Orson Scott Card entliehen. Dort wird das Ansible ebenfalls benutzt, um über sehr große Entfernungen mit Flotten oder Stützpunkten zu kommunizieren.

1.2 Was ist Ansible nicht?

Nur sicherheitshalber, damit Sie nicht mit falschen Erwartungen an dieses Werkzeug herangehen, auch einige Bemerkungen dazu, was Ansible nicht ist:

- Ansible ist kein Klickibunti-Werkzeug. Es besteht im Kern aus verschiedenen Kommandozeilentools nebst deren Input-Dateien, und das alles gilt es zu verstehen und zu beherrschen. Es gibt durchaus GUIs (grafische Anwendungen) für Ansible, aber ohne Verständnis für Ansibles interne Arbeitsweise können Sie mit denen relativ wenig anfangen.

- Ansible hat kein übermäßig hohes Abstraktionsniveau. Sie können Ansible nicht so etwas mitteilen wie »Sorge für den Betrieb eines Webservers«. Vielmehr müssen Sie Schritt für Schritt erklären: »Installiere das Paket `httpd`, starte den Dienst `httpd` und integriere ihn in den Autostart, öffne via `firewalld` die Ports 80 und 443 etc.«

    Etwas salopp könnte man an dieser Stelle sagen: *Wenn Sie nicht wissen, wie es ohne Ansible geht, dann bringt Ihnen Ansible auch nichts.*

- Ansible ist kein reines Admintool. Es ist ein Werkzeug aus der DevOps-Welt, und deswegen müssen Sie willens sein, sich auch mit einigen Konzepten aus der Development-Welt auseinanderzusetzen – wie bspw. If-Abfragen, Schleifen, Fehlerbehandlung, Zugriff auf (komplexe) Datenstrukturen usw.

- Ungeachtet dessen ist Ansible aber *keine Programmiersprache* und will auch per Designziel keine sein. (*Falls* Sie jedoch einige Programmierkenntnisse besitzen, wird es sicher kein Nachteil für Sie sein!)

1.3 Setup/Laborumgebung

Sie haben dieses Buch erworben, um sich mit Ansible vertraut zu machen. Der bewährte Weg dazu ist Learning by Doing, d. h., Sie sollten die für Sie relevanten Beispiele und Vorgehensweisen in der Praxis nachvollziehen. Idealerweise steht Ihnen dazu eine Test- bzw. Laborumgebung zur Verfügung, deren Wunschausstattung ich nun beschreiben möchte.

Zunächst einmal benötigen Sie irgendeinen UNIX-artigen Host, auf dem die Ansible-Software installiert wird (der sogenannte *Control Host* oder auch die *Control Machine*). Ich beschreibe in der Folge die Installation für vier gängige Linux-Distributionen, aber es ginge auch macOS, Solaris etc.

Dann benötigen Sie noch mindestens einen weiteren Host, der via Ansible administriert werden soll (einen sogenannten *Target Host* oder *Managed Node*). Am Anfang werden hier ebenfalls Linux-Systeme vorausgesetzt; sehr viel später werden wir sehen, dass man auch Windows-Systeme oder Netzwerk-Devices mit Ansible administrieren kann. Die wichtigste Voraussetzung an dieser Stelle ist, dass der Control Host seine Target Hosts über SSH (im Falle von Linux) erreichen kann.

Nun kann ich natürlich nicht wissen, wie Ihre Arbeits- bzw. Testumgebung aussieht. Vielleicht ist Ihr Arbeitsplatzrechner seit Langem ein Linux-System, und Sie haben bereits letzte Woche zehn vServer in der Cloud angemietet – womit Sie eigentlich direkt loslegen könnten. Möglicherweise ist aber auch nichts von alledem der Fall.

Damit wir in der Folge über eine definierte Umgebung sprechen können, möchte ich diese mithilfe der Software *Vagrant* realisieren. Diese setzt eine übliche Virtualisierungslösung voraus (z. B. VirtualBox, VMware, HyperV) und kann dann mittels einer Beschreibungsdatei (dem *Vagrantfile*) eine definierte Menge von virtuellen Maschinen provisionieren. Ich gehe an dieser Stelle einmal von VirtualBox als Virtualisierer aus. Die benötigte Software bekommen Sie hier:

- VirtualBox (*https://www.virtualbox.org*)
- Vagrant (*https://www.vagrantup.com*)

Listing 1.1 zeigt ein Vagrantfile, das Sie bitte einfach in irgendeinem neuen Verzeichnis ablegen:

```
$script = <<-'SCRIPT'

# direct:         Direktes root-Login moeglich
# sudo:           root via sudo
# sudo-nopasswd:  root via sudo ohne Passworteingabe
# su:             root via su
```

```
  ANSIBLE_USERPASS=ansible:ansible
     ROOT_USERPASS=root:ansible

useradd -m -s /bin/bash ansible
echo $ANSIBLE_USERPASS | chpasswd

if [ "$1" = "sudo" ]; then
   echo 'ansible ALL=(ALL) ALL' >/etc/sudoers.d/ansible
   sed -ri 's/^(PermitRootLogin).*/\1 no/' /etc/ssh/sshd_config
elif [ "$1" = "sudo-nopasswd" ]; then
   echo 'ansible ALL=(ALL) NOPASSWD: ALL' >/etc/sudoers.d/ansible
   sed -ri 's/^(PermitRootLogin).*/\1 no/' /etc/ssh/sshd_config
elif [ "$1" = "su" ]; then
   echo $ROOT_USERPASS | chpasswd
   sed -ri 's/^(PermitRootLogin).*/\1 no/' /etc/ssh/sshd_config
elif [ "$1" = "direct" ]; then
   echo $ROOT_USERPASS | chpasswd
   sed -ri 's/^(PermitRootLogin).*/\1 yes/' /etc/ssh/sshd_config
fi

systemctl restart sshd.service
SCRIPT


Vagrant.configure("2") do |config|

  config.vm.define "ansible" do |ansible|
    ansible.vm.box = "bento/debian-10"
    ansible.vm.hostname = "ansible"
    ansible.vm.network :private_network, ip: "192.168.150.100"
    ansible.vm.provider "virtualbox" do |p|
      p.memory = "1024"
      p.cpus = "2"
    end
    ansible.vm.provision :shell, inline: $script, :args => "sudo-nopasswd"
  end

  config.vm.define "debian" do |debian|
    debian.vm.box = "bento/debian-10"
    debian.vm.hostname = "debian"
    debian.vm.network :private_network, ip: "192.168.150.10"
    debian.vm.provider "virtualbox" do |p|
      p.memory = "1024"
```

```
      p.cpus = "2"
    end
    debian.vm.provision :shell, inline: $script, :args => "sudo"
  end

  config.vm.define "centos" do |centos|
    centos.vm.box = "bento/centos-8"
    centos.vm.hostname = "centos"
    centos.vm.network :private_network, ip: "192.168.150.20"
    centos.vm.provider "virtualbox" do |p|
      p.memory = "1024"
      p.cpus = "2"
    end
    centos.vm.provision :shell, inline: $script, :args => "su"
  end

  config.vm.define "suse" do |suse|
    suse.vm.box = "bento/opensuse-leap-15.1"
    suse.vm.hostname = "suse"
    suse.vm.network :private_network, ip: "192.168.150.30"
    suse.vm.provider "virtualbox" do |p|
      p.memory = "1024"
      p.cpus = "2"
    end
    suse.vm.provision :shell, inline: $script, :args => "direct"
  end

  config.vm.define "ubuntu" do |ubuntu|
    ubuntu.vm.box = "bento/ubuntu-20.04"
    ubuntu.vm.hostname = "ubuntu"
    ubuntu.vm.network :private_network, ip: "192.168.150.40"
    ubuntu.vm.provider "virtualbox" do |p|
      p.memory = "1024"
      p.cpus = "2"
    end
    ubuntu.vm.provision :shell, inline: $script, :args => "sudo-nopasswd"
  end

end
```

Listing 1.1 »Vagrantfile«: Provisionierung der Testumgebung

Per Default provisioniert Vagrant neue Maschinen mit 2 GB RAM, was für unsere Zwecke völlig überdimensioniert ist. Deswegen sind alle Maschinen erst einmal auf

1 GB gesetzt. Dies hat lediglich den Nachteil, dass der Provider (also die eigentliche Virtualisierungssoftware) explizit in der Datei auftaucht. Sollte das in Ihrem Falle also nicht VirtualBox sein, so müssten Sie alle Vorkommen von *.vm.provider anpassen.

In der Summe benötigt unser Setup also zunächst maximal 5 GB RAM, real gemessen sicher aber viel weniger. Wenn Ihr Hostsystem diese Größenordnung an Hauptspeicher nicht hergibt, müssten Sie den einen oder anderen Target Host einfach weglassen (was jedoch schade wäre, da spätere Beispiele mit all diesen Hosts arbeiten).

Des Weiteren könnte es passieren, dass unser gewähltes Netz 192.168.150.0 in Ihrem Kontext eine Kollision erzeugt. Wählen Sie dann einfach konsistent ein anderes.

Nach langer Vorrede können Sie das ganze Szenario nun online bringen:

```
$ vagrant up
[…]
```

Abbildung 1.1 zeigt, was Sie dann nach einiger Wartezeit zur Verfügung haben.

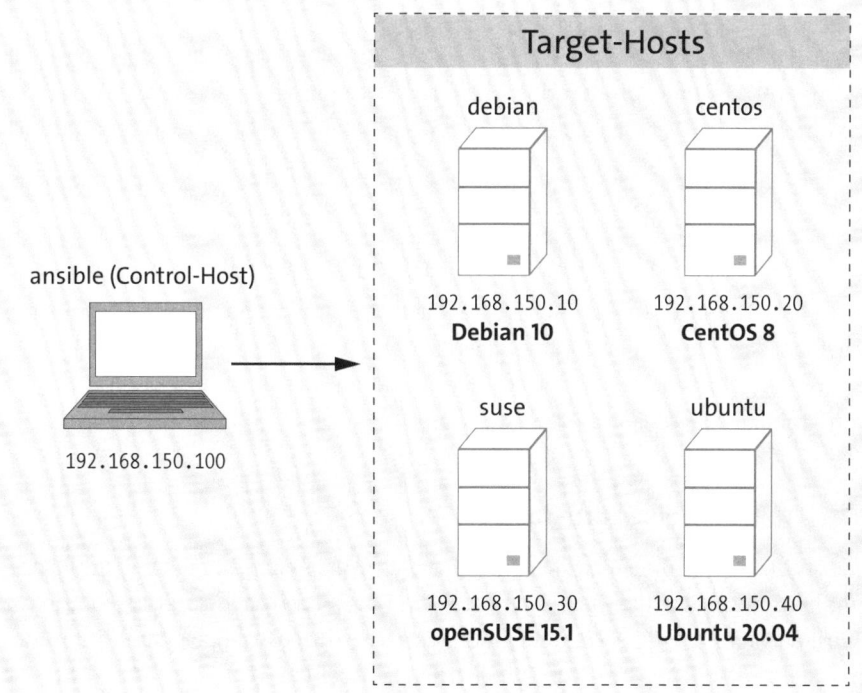

Abbildung 1.1 Unser Beispiel-Setup

Und da wir gerade schon beim Thema sind – Tabelle 1.1 zeigt eine Übersicht der allerwichtigsten Vagrant-Kommandos:

Befehl	Wirkung
vagrant global-status	Übersicht: was läuft und was läuft nicht
vagrant box list	bereits heruntergeladene Images auflisten
vagrant up [<NAME>...]	Maschine(n) hochfahren
vagrant halt [<NAME>...]	Maschine(n) anhalten
vagrant reload [<NAME>...]	Maschine(n) neu starten
vagrant destroy [<NAME>...]	Maschine(n) wegwerfen
vagrant snapshot push [<NAME>...]	Maschine(n) snapshotten
vagrant snapshot pop [<NAME>...]	zu diesem Snapshot zurückkehren
vagrant snapshot list	alle Snapshots auflisten

Tabelle 1.1 Die wichtigsten Vagrant-Kommandos

Maschinen-bezogene Kommandos wie up, halt etc. müssen dabei stets im Verzeichnis oder unterhalb des Verzeichnisses aufgerufen werden, das das zugehörige Vagrantfile enthält!

1.3.1 Zugangsdaten für die Systeme der Laborumgebung

In unserem Szenario können Sie sich auf allen Maschinen mit dem Benutzer ansible anmelden, das Passwort ist ebenfalls ansible. Das Root-Account erreichen Sie auf den Maschinen centos und suse via **su**, auf allen anderen via **sudo**. Das Root-Passwort (falls erforderlich) ist ebenfalls ansible.

1.3.2 Falls Probleme auftreten

Leider funktioniert die Software Vagrant nicht immer völlig sorgenfrei, vor allem in Kombination mit VirtualBox. Ich selbst verwende VMware Workstation mit dem zugehörigen Vagrant-Plugin – leider beides kostenpflichtige Produkte (aber mit mindestens einem entscheidenden Vorteil: Sie funktionieren).

Sollten bei Ihnen gewisse VMs nicht anständig provisioniert werden oder sich erst gar nicht starten lassen (das scheint mitunter von der Tagesform oder der Mondphase abzuhängen), so hilft oft ein erneuter Versuch:

```
$ vagrant reload <VM_NAME>
```

Auf einem meiner Windows-Testsysteme hatte die suse-VM Probleme, die auch damit nicht zu beheben waren. Hier half ein

```
$ vagrant plugin install vagrant-vbguest
```

nebst

```
$ vagrant up suse
```

1.4 Ansible-Installation auf dem Control Host

Ansible ist in den Paketquellen aller wichtigen Distributionen vorhanden; mitunter liegt in den Main-Repositorys jedoch keine oder keine hinreichend neue Version vor.

Hier wird man dann gegebenenfalls auf Zusatzrepositorys wie Debian Backports, CentOS EPEL oder ein Ubuntu PPA ausweichen, wo Ihnen in aller Regel sehr aktuelle Versionen zur Verfügung stehen.

Tabelle 1.2 zeigt den Stand der Dinge im April 2020.

Distribution	paketierte Version	Python-Version
Debian 10	2.7.7	3
CentOS 7	2.4.2	2
CentOS 8	–	3
openSUSE Leap 15.1	2.9.6	3
Ubuntu 18.04 LTS	2.5.1	2
Ubuntu 20.04 LTS	2.9.6	3

Tabelle 1.2 Ansible-Versionen in verschiedenen Distributionen

Anmerkung

Der Deutlichkeit halber möchte ich hier noch mal klarstellen: Da Ansible *agentenlos* ist, ist die Installation der Ansible-Software *nur* auf dem Control Host nötig – im Falle unserer Laborumgebung ein Debian 10-System.

Auf den Zielsystemen benötigen Sie momentan nichts (außer SSH und Python).

Die Installation aus Distributionspaketen ist wie gewohnt recht schnell erledigt:

- **Debian 10** (in der Laborumgebung unser Control Host)

    Zunächst aktivieren Sie das Backports-Zusatzrepository:
    ```
    # echo "deb http://deb.debian.org/debian buster-backports main" \
      > /etc/apt/sources.list.d/backports.list
    # apt update
    # apt -t buster-backports install ansible
    ```

- **CentOS 7/8**

    Zunächst aktivieren Sie das EPEL-Zusatzrepository:
    ```
    # yum install epel-release
    # yum install ansible
    ```

    Unter CentOS 8 hätten Sie *alternativ* noch die Möglichkeit, die benötigten Pakete aus dem Repository der Config Management SIG (Special Interest Group) zu beziehen. Verglichen mit dem EPEL-Repository ist die Ansible-Version dort oft noch etwas aktueller:

    Zunächst aktivieren Sie das SIG-Zusatzrepository:
    ```
    # yum install yum install centos-release-ansible-29
    # yum install ansible
    ```

- **openSUSE 15**

    ```
    # zypper install ansible
    ```

- **Ubuntu 20.04 LTS**

    ```
    $ sudo apt-get update
    $ sudo apt-get install ansible
    ```

Wenn die Installation erfolgreich beendet wurde, machen Sie doch gleich einen Testaufruf:

```
$ ansible --version
ansible 2.9.6
  config file = /etc/ansible/ansible.cfg
  […]
```

Lassen Sie uns auf dem Control Host auch noch */etc/hosts*-Einträge für alle beteiligten Hosts vornehmen, denn auch im Testlabor wollen wir das Arbeiten mit IP-Adressen möglichst vermeiden. Wenn Ihnen in der Realität eine DNS-basierte Namensauflösung zur Verfügung steht, können Sie sich diesen Schritt natürlich sparen:

```
192.168.150.10   debian.example.org   debian
192.168.150.20   centos.example.org   centos
192.168.150.30   suse.example.org     suse
192.168.150.40   ubuntu.example.org   ubuntu
```

Listing 1.2 »/etc/hosts«: exemplarischer Ausschnitt

Installation via PIP

Sollte Ihre Distribution nur ein veraltetes bzw. gar kein geeignetes Paket bereitstellen und Zusatzrepositorys für Sie keine Option sein, gibt es als zweite Möglichkeit die Installation über das Python-Paketmanagement.

> **Anmerkung**
> Wenn das Ansible-Paket Ihrer Distribution bzw. Ihres Zusatzrepositorys hinreichend aktuell ist und Sie sich auch nicht für das Virtualenv-Feature von Python interessieren, können Sie gern den Rest dieses Abschnitts überspringen und gleich in Abschnitt 1.5 weiterlesen.

Zunächst müssen Sie als Root für die nötigen Voraussetzungen sorgen. Sie benötigen mindestens den PIP-Paketmanager und – falls Sie verschiedene Ansible-Versionen parallel betreiben möchten – auch die Python Virtualenv-Umgebung. Auf einem Debian-System erledigen Sie das mittels:

```
# apt install python3-pip python3-venv
```

Ein schnelles `pip3 install ansible` würde nun auch für eine aktuelle Ansible-Installation sorgen, aber ich möchte Ihnen das *Virtualenv*-Feature von Python demonstrieren, das den Vorteil hat, dass man es sogar sehr leicht als unprivilegierter Benutzer installieren und beliebig viele Versionen parallel betreiben kann. Hauptsächlich aber vermeiden Sie damit, dass PIP irgendwelche Dateien ins System installiert, die nur schwer wieder rückstandsfrei zu entfernen sind.

Geben Sie die folgenden Befehle also als unprivilegierter User ansible ein:

```
Virtuelle Umgebung einrichten (das Verzeichnis ist frei wählbar):
$ python3 -m venv ~/venv/ansible_2.8

Betreten der Umgebung:
$ source ~/venv/ansible_2.8/bin/activate

Installation (das wheel-Paket muss aufgefrischt werden):
$ pip3 install wheel

Ansible-Installation (ohne Versionsangabe erhalten Sie die aktuellste):
$ pip3 install ansible==2.8.11
[…]

$ ansible --version
ansible 2.8.11
```

Verlassen der Umgebung:
```
$ deactivate
```

```
$ ansible --version
ansible 2.9.6     Alles wieder beim Alten!
```

Wer (ähnlich wie der Autor) arge Probleme damit hat, sich einen sperrigen Befehl wie `source ~/venv/ansible_2.8/bin/activate` zu merken, könnte sich natürlich noch ein Alias anlegen; etwa `use_ansible_2.8`:

```
$ echo 'alias use_ansible_2.8="source ~/venv/ansible_2.8/bin/activate"' \
  >>~/.bashrc
```

```
$ source ~/.bashrc
```

1.5 Authentifizierung und Autorisierung auf den Target Hosts

Kommen wir nun zu den Target Hosts. Wir wollen auf ihnen mit Ansible administrative Tätigkeiten verrichten, also müssen pro Zielhost einige Fragen geklärt werden (wobei wir hier bis auf Weiteres von Linux-Hosts sprechen):

1. Welcher Benutzeraccount kann von außen via SSH erreicht werden, und welche Authentifizierungsmethode soll dabei verwendet werden?
2. Wenn Ansible sich erfolgreich authentifiziert hat: Stehen dann bereits Root-Rechte zur Verfügung, oder muss noch eine Identitätsänderung bzw. Rechteerhöhung durchgeführt werden? Wenn ja, mit welcher Methode?

Unsere Laborumgebung ist ja diesbezüglich mit Absicht etwas uneinheitlich gestaltet. Hier eine tabellarische Übersicht:

Host	Login-User	Login-Passwort	Methode	Passwort
debian	ansible	ansible	sudo	ansible
centos	ansible	ansible	su	ansible
suse	root	ansible	–	–
ubuntu	ansible	ansible	sudo	–

In der Tabelle sind keine Authentifizierungsmethoden aufgelistet; momentan wäre das im Labor noch überall »UNIX-Passwort«. Die in der Praxis typischste Authentifizierungsmethode ist aber sicher die SSH-Public-Key-Authentifizierung, die wir im nächsten Abschnitt auch einrichten werden.

Ansible beherrscht durchaus auch die klassische UNIX-Passwort-Authentifizierung, allerdings müssen Sie dazu auf dem Control Host das Paket *sshpass* installieren:

Nur dann nötig, wenn sich Ansible mit Passwörtern authentifizieren soll:
```
# apt install sshpass
```

Seltener anzutreffen, aber nicht unüblich ist noch die SSH-Kerberos-Authentifizierung. Diese einzurichten ist ein völlig eigenständiges und hochkomplexes Thema, das wir hier nicht behandeln können.

Wenn Sie aber eine fertig eingerichtete Umgebung vor sich haben, ist aus Sicht der Ansible-Kommandozeile keine weitere Konfiguration erforderlich – ein gültiges Kerberos-Ticket kann von Ansible genauso verwendet werden wie von einem menschlichen User.

Ein Test mit UNIX-Passwort-Authentifizierung

Dieser Test ist nicht nötig und nur bei Interesse durchzuführen, da wir im Labor mit SSH-Schlüsseln arbeiten werden. Sie versäumen also nichts, wenn Sie sofort im nächsten Abschnitt weiterlesen.

Wenn Sie das Paket *sshpass* installiert haben, können Sie Ihre Zielhosts im Hinblick auf Ansible bereits testen. Voraussetzung dafür ist allerdings, dass unser Control Host die Hostschlüssel aller Target Hosts kennt. Das geht im Labor sehr einfach mit dem ssh-keyscan-Kommando:

```
$ mkdir -p ~/.ssh && chmod 700 ~/.ssh
$ ssh-keyscan -t rsa debian centos suse ubuntu > ~/.ssh/known_hosts
```

Die Testaufrufe sehen Sie nun hier. Sie werden jeweils aufgefordert, das Login-Passwort einzugeben und danach gegebenenfalls noch mal das Passwort zur Identitätsänderung. Ziel ist es, jeweils als Antwort auf das Ansible-ping ein grünes »pong« zu sehen.

Dadurch ist dann u.a. sichergestellt, dass auf der Gegenseite ein Python-Interpreter vorhanden ist. Alle Warnmeldungen können Sie vorerst ignorieren:

```
$ ansible all -i debian, -m ping -u ansible -k -b -K

$ ansible all -i centos, -m ping -u ansible -k -b --become-method su -K

$ ansible all -i suse,   -m ping -u root    -k

$ ansible all -i ubuntu, -m ping -u ansible -k -b
```

Die Semantik der -i-Option werden wir später noch klären (beachten Sie jedoch das Komma hinter dem jeweiligen Hostnamen). Die Option -u bestimmt den Login-User,

-k fragt nach dem Login-Passwort, -b veranlasst nach dem Login eine Identitätsänderung. Die Default-Methode dafür ist sudo, außer Sie wählen mit --become-method eine andere. -K schließlich fragt diesbezüglich noch mal nach einem Passwort.

1.6 Einrichten der SSH-Public-Key-Authentifizierung

Für den Betrieb von Ansible richten Sie typischerweise (und bitte nun auch in unserem Labor) eine SSH-Public-Key-Authentifizierung vom Control Host zu den Target Hosts ein. Wir nutzen als Ausgangsaccount auf unserem Control Host den eingerichteten User ansible. (Dauerhaftes Arbeiten als Root ist auch hier weder nötig noch sinnvoll.)

Ich gehe davon aus, dass Sie wissen, was zur Einrichtung der Public-Key-Authentifizierung zu tun ist. Falls nicht, folgt hier eine Quick-and-dirty(!)-Vorgehensweise für die Testumgebung:

```
ansible@ansible:~$ ssh-keygen
(… alle Defaults akzeptieren …)

Verteilen des Schlüssels:
ansible@ansible:~$ ssh-copy-id ansible@debian
ansible@ansible:~$ ssh-copy-id ansible@centos
ansible@ansible:~$ ssh-copy-id root@suse
ansible@ansible:~$ ssh-copy-id ansible@ubuntu
```

Beachten Sie hier die Abweichung bei der SUSE-Maschine; diese ist ja unser Beispiel für Targets, bei denen man den Root-Account direkt erreichen kann.

> **Anmerkung**
> Sie können natürlich auch gern einen Schlüssel mit einem vom Default abweichenden Dateinamen generieren bzw. verwenden (z.B. ~/.ssh/ansible_key). Bei ssh-copy-id müssen Sie diesen dann mittels -i angeben.

Falls Sie für Ihre Umgebung etwas mehr Hintergrundwissen zum Thema SSH benötigen, könnten Sie z.B. in Anhang A hineinlesen. Dort finden Sie weitergehende Informationen zu sicheren privaten Schlüsseln, SSH-Agenten und vieles anders mehr.

1.7   Ein Ad-hoc-Test ohne jegliche Konfiguration

Mit einem Ansible-ping-Aufruf können (und sollten!) Sie testen, ob die Ansible-Arbeitsumgebung so weit korrekt eingerichtet ist. Bevor es losgeht, noch ein paar Anmerkungen:

- Bitte beachten Sie jeweils das Komma direkt hinter dem Hostnamen! Die genaue Aufrufsemantik bzw. die Bedeutung aller Parameter klären wir später Schritt für Schritt.
- Wenn der Dateiname Ihres privaten SSH-Schlüssels vom Default abweicht, ergänzen Sie bitte jeweils --private-key <PFAD>.
- Die Angabe von -u ansible ist eigentlich überflüssig, wenn das Zielaccount genau wie das Ausgangsaccount ansible lautet.

```
$ ansible all -i debian, -m ping -u ansible
[WARNING]: Platform linux on host debian is using the discovered
Python interpreter at /usr/bin/python, but future installation
of another Python interpreter could change this.
See https://docs.ansible.com/[…] for more information.
debian | SUCCESS => {
    "ansible_facts": {
        "discovered_interpreter_python": "/usr/bin/python"
    },
    "changed": false,
    "ping": "pong"
}

$ ansible all -i centos, -m ping -u ansible
centos | SUCCESS => {
    "ansible_facts": {
        "discovered_interpreter_python": "/usr/libexec/platform-python"
    },
    "changed": false,
    "ping": "pong"
}

$ ansible all -i suse, -m ping -u root
[WARNING]: Platform linux on host suse is using the discovered
Python interpreter at /usr/bin/python, but future installation
of another Python interpreter could change this.
See https://docs.ansible.com/[…] for more information.
suse | SUCCESS => {
    "ansible_facts": {
```

```
            "discovered_interpreter_python": "/usr/bin/python"
        },
        "changed": false,
        "ping": "pong"
    }

    $ ansible all -i ubuntu, -m ping -u ansible
    ubuntu | SUCCESS => {
        "ansible_facts": {
            "discovered_interpreter_python": "/usr/bin/python3"
        },
        "changed": false,
        "ping": "pong"
    }
```

Trotz aller Warn- bzw. Hinweismeldungen lässt sich zunächst einmal feststellen, dass alles out of the box funktioniert. Ab Version 2.8 ist Ansible wesentlich smarter geworden in puncto Erkennung des Python-Interpreters auf der Gegenseite. Es lässt nun aber auch alle Welt mit ausgiebigen Warn- und Hinweismeldungen an seiner Klugheit teilhaben; wir werden das in Kürze per Konfiguration etwas ruhiger gestalten.

Sollten Sie an dieser Stelle ernsthafte Fehlermeldungen sehen, so haben diese in aller Regel mit einem tatsächlich nicht vorhandenen Python-Interpreter zu tun. Oder Ihr Ansible ist zu alt und erkennt die gegebenenfalls vorhandene Python-Version nicht richtig. Statten Sie im ersteren Fall Ihre Zielsysteme mit einer Python-Installation aus, und im letzteren Fall rate ich Ihnen dazu, ein Ansible in Version ≥ 2.8 zu betreiben!

> **Anmerkung**
>
> Das ist natürlich nicht das einzige Argument für ein Ansible ≥ 2.8, und mit den Erkenntnissen aus dem nächsten Kapitel kämen Sie bis auf Weiteres auch mit Ansible 2.7 oder 2.5 klar. Aber bspw. ist in der 2.7er-Version ein Bug vorhanden, der die Zusammenarbeit mit Ubuntu 20.04-Systemen extrem erschwert, und für unsere Laborumgebung wäre das schnell ein Showstopper.

Python 2, Python 3 oder Platform-Python?

Sehen Sie sich bitte unser CentOS-System noch mal genau an: Ansible erkennt hier den Python-Interpreter */usr/libexec/platform-python*, wobei es sich um eine minimale Python-Variante handelt, die gerade genug Funktionalität für Systemwerkzeuge wie yum liefert. Um hier eventuellen Problemen schon jetzt aus dem Weg zu gehen (und aus Gründen der Einheitlichkeit), sollten Sie dieses Zielsystem noch mit einem richtigen Python ausstatten:

```
$ ssh centos
[ansible@centos ~]$ su -
[root@centos ~]# yum install python3
[…]
Installed:
  python36-3.6.8-2.module_el8.1.0+245+c39af44f.x86_64
  python3-pip-9.0.3-15.el8.noarch
  python3-setuptools-39.2.0-5.el8.noarch
Complete!
```

Ansonsten lässt sich zur Versionsproblematik von Python beruhigend feststellen, dass Ansible mit Python 2 genauso klarkommt wie mit Python 3. Die Python-Versionen auf Control Host und Target Hosts müssen auch *nicht* übereinstimmen; man kann das Ganze also relativ entspannt sehen.

Da Python 2 jedoch sein Supportende erreicht hat, werden wir zumindest in unserem Labor flächendeckend mit Python 3 arbeiten. Sollten Sie aber bspw. noch CentOS 7 oder ein vergleichbares System einsetzen, auf dem ein Python 3 nicht ohne Weiteres zur Verfügung steht, ist das (zumindest momentan) absolut kein Problem.

1.8 Noch ein Hinweis zur Migration von älteren Versionen

Ansible hat durchaus schon eine bewegte Entwicklungsgeschichte hinter sich. Besonders (aber nicht nur) beim Sprung auf Version 2.0 gab es viele inkompatible Änderungen. Ab Version 2.4 ist es wieder deutlich ruhiger geworden.

Wenn Sie vor der Aufgabe stehen, ältere Ansible-Projekte (insbesondere solche aus Zeiten der Version 1.x) auf eine neuere Version zu migrieren, sollten Sie auf jeden Fall einen Blick auf die Porting Guides werfen: *http://docs.ansible.com/ansible/porting_guides/porting_guides.html*.

Kapitel 2
Basiseinrichtung und erstes Inventory-Management

In diesem Abschnitt finden Sie einen Vorschlag, wie Sie Ihre Arbeit mit Ansible auf Verzeichnisebene strukturieren können. Außerdem beschäftigen wir uns mit dem *Inventory* (sozusagen dem Verzeichnis der Target Hosts), das Sie für nahezu jedes Betriebsszenario von Ansible benötigen.

2.1 Verzeichnisstruktur einrichten

Ansible macht uns im Prinzip kaum feste Vorgaben, welche Strukturen wir auf Verzeichnis- und Dateiebene anzulegen haben. Mein Vorschlag dazu ist im Wesentlichen Best Practice und erfüllt zudem folgende Vorgaben:

- Wie schon beim Einrichten der SSH-Public-Key-Authentifizierung praktiziert, wollen wir auf dem Control Host als unprivilegierter User arbeiten.
- Unser gesamtes »Ansible-Projekt« soll sich bis auf Weiteres innerhalb bzw. unterhalb eines einzigen Ordners befinden. Vorteil: Diesen Ordner können Sie jederzeit einfach sichern oder in ein Versionskontrollsystem einchecken, ohne zu befürchten, etwas Wichtiges vergessen zu haben.

Unsere initiale Verzeichnisstruktur (bislang nur bestehend aus leeren Verzeichnissen) soll folgendermaßen aussehen:

```
ansible
|-- inventories
|   `-- devel
|       |-- group_vars
|       `-- host_vars
|-- playbooks
`-- roles
```

Mit diesen Befehlen könnten Sie diese Struktur in Ihrem Heimatverzeichnis anlegen:

```
$ mkdir ~/ansible && cd $_
$ mkdir -p inventories/devel/{host,group}_vars playbooks roles
```

Wir werden diese ganzen Verzeichnisbereiche nach und nach mit Leben füllen; sehen Sie hier dennoch schon eine Kurzübersicht:

- Unter *inventories/* werden wir unser Inventar verwalten (das Hauptthema dieses Kapitels). Die *_vars/*-Ordner dienen zur Parametrisierung von Einzelhosts bzw. Hostgruppen; das werde ich erst in Kapitel 6 thematisieren.
- Unter *playbooks/* werden wir Playbooks ablegen, worauf ich in Kapitel 5 zu sprechen komme.
- Schließlich ist der *roles/*-Ordner für Rollen vorgesehen; dieses Thema muss noch ein klein wenig länger warten und begegnet uns erst in Kapitel 8.

2.2 Grundkonfiguration (»ansible.cfg«)

Da wir Ansible in der Folge mit einigen vom Default abweichenden Einstellungen betreiben wollen, benötigen wir eine Konfigurationsdatei. Diese Datei wird an folgenden Stellen gesucht (der Reihe nach, die erste gewinnt):

1. Inhalt der Umgebungsvariablen ANSIBLE_CONFIG
2. *ansible.cfg* im aktuellen Verzeichnis
3. *~/.ansible.cfg*
4. */etc/ansible/ansible.cfg*

Gemäß unseren Vorgaben nutzen wir Möglichkeit Nr. 2. Legen Sie diese erste Version in Ihren *ansible/*-Basisordner:

```
[defaults]
inventory = inventories/devel/inventory
```

Listing 2.1 »ansible.cfg«: erste Version einer Konfigurationsdatei

Ansible wird an dieser Stelle mit einem einfachen INI-Format konfiguriert. Die Erklärung der bislang einzigen Einstellung ist einfach; Sie setzen damit den Pfad zu einer (noch zu erstellenden) Inventory-Datei. Der Default wäre hier */etc/ansible/hosts* gewesen, was nicht zu unseren Vorgaben passt. Solange Sie sich nun im Basisordner befinden, sollte Ansible unsere neue Konfigurationsdatei finden und nutzen:

```
$ ansible --version
ansible 2.9.6
  config file = /home/ansible/ansible/ansible.cfg
  [...]
```

Sobald Sie aber Ihr aktuelles Arbeitsverzeichnis ändern, würde Ansible wieder auf die Konfiguration unter */etc* zugreifen, was nicht in unserem Sinne ist. Da es aber auch nicht immer bequem wäre, alle Aufrufe im Basisordner zu machen, empfiehlt es sich zusätzlich, mit der Umgebungsvariablen `ANSIBLE_CONFIG` stets auf unsere Konfigurationsdatei zu verweisen (Methode 1):

```
$ echo 'export ANSIBLE_CONFIG=~/ansible/ansible.cfg' >>~/.bashrc
```

```
$ source ~/.bashrc
```

(Falls Sie eine andere Shell nutzen, müssen Sie hier natürlich eine andere geeignete Startdatei bearbeiten.) Damit wird Ansible nun stets auf unsere soeben erstellte Konfigurationsdatei zugreifen.

Weitere, bereits an dieser Stelle interessante Konfigurationsparameter

Die beiden folgenden Konfigurationsparameter sind bereits an dieser Stelle von Interesse:

- `log_path`
  Falls gewünscht, können Sie Ansible mit der Direktive `log_path` dazu veranlassen, alle Aktionen mitzuprotokollieren. Die Logdatei ist frei wählbar, nur das Verzeichnis, das die Logdatei enthalten soll, muss existieren. Wenn also z.B. das Verzeichnis *~/logs/* existiert, könnten Sie folgende Einstellung vornehmen:

  ```
  # [defaults]
  log_path = ~/logs/ansible.log
  ```
  Listing 2.2 »ansible.cfg«: Ausschnitt

- `private_key_file`
  Wenn der Dateiname Ihres privaten SSH-Schlüssels vom Default abweicht, können Sie diesen via Konfiguration bekanntmachen, um sich die ständige Angabe mittels `--private-key` auf der Kommandozeile zu ersparen:

  ```
  # [defaults]
  private_key_file = ~/.ssh/ansible_key
  ```
  Listing 2.3 »ansible.cfg«: Ausschnitt

2.3 Erstellen und Verwalten eines statischen Inventorys

Um Ansible mitzuteilen, um welche Hosts es sich in Zukunft kümmern soll, können Sie im einfachsten Fall mit einer *Inventory-Datei* arbeiten (auch als *statisches Inventory* bezeichnet). Unser erstes Ziel soll sein, mittels einer solchen Datei den beliebten und wichtigen Ping-Test zu ermöglichen:

```
$ ansible all -m ping
```

Probieren Sie es gern jetzt schon aus; es kann natürlich nicht funktionieren, da Ansible keine Idee hat, welche Hosts mit »all« gemeint sind.

In unserer *ansible.cfg* haben wir ja schon den Pfad zur Inventory-Datei festgelegt (*inventories/devel/inventory*). Hier folgt ein exemplarischer Inhalt, abgestimmt auf unsere Testumgebung:

```
[test_hosts]
debian
centos
suse    ansible_user=root
ubuntu

[test_hosts:vars]
ansible_python_interpreter=/usr/bin/python3
ansible_ssh_common_args='-o StrictHostKeyChecking=no'
```

Listing 2.4 »inventories/devel/inventory«

Die verwendete Syntax ist nicht ganz klar zu benennen; sagen wir einfach einmal, dass es sich um eine Art INI-Format handelt. Aber davon abgesehen, sollte der Inhalt eigentlich recht gut verständlich sein:

- Mit Namen in eckigen Klammern können Sie Gruppen definieren (in diesem Beispiel: test_ hosts). Es besteht keine Pflicht, Hosts in Gruppen zu organisieren, aber es ist sehr üblich und nützlich. Eine spezielle Gruppe namens all, die alle Hosts enthält, ist übrigens stets automatisch vorhanden und muss nicht eigens von Ihnen definiert werden.

- Einzelhosts können mit zusätzlichen »Schlüssel=Wert«-Zuweisungen parametrisiert werden. Wir haben das für die Maschine suse getan, weil dort exemplarisch ein abweichendes Zielaccount verwendet wird.

- Hostgruppen können mit dem Zusatz :vars ebenfalls parametrisiert werden (hier: test_hosts:vars). Als exemplarische Anwendung haben wir Ansible durchgängig die Verwendung von Python 3 vorgeschrieben und für alle Hosts unserer Testgruppe das strikte SSH-Host-Key-Checking deaktiviert, da Vagrant-Hosts dazu neigen, öfter mal mit neuen Keys ausgestattet zu werden. In unserer Testumgebung können wir auf Ereignisse wie

    ```
    The authenticity of host '[…]' can't be established.
    ECDSA key fingerprint is 8a:a3:a5:43:c6:e4:6c:11:3a:c9:2b:97:94:23:40:c9.
    Are you sure you want to continue connecting (yes/no)?
    ```

    oder

```
@@@@@@@@@@@@@@@@@@@@@@@@@@@@@@@@@@@@@@@@@@@@@@@@@@@
@    WARNING: REMOTE HOST IDENTIFICATION HAS CHANGED!     @
@@@@@@@@@@@@@@@@@@@@@@@@@@@@@@@@@@@@@@@@@@@@@@@@@@@
IT IS POSSIBLE THAT SOMEONE IS DOING SOMETHING NASTY!
```

getrost verzichten; im Produktivbetrieb rate ich natürlich strengstens von dieser Einstellung ab (bzw. sollte sie nur verwendet werden, wenn Sie sich über die Implikationen völlig im Klaren sind)! Es gäbe sogar die Möglichkeit, in der *ansible.cfg* mit der Direktive host_key_checking = False zu arbeiten, aber dazu rate ich noch viel weniger, da das Checking dann gleich für *alle* Hosts deaktiviert ist und eine solche Einstellung leicht in eine Produktivumgebung »hineinrutschen« könnte.

▶ Sollten Sie übrigens in Ihrer Umgebung mit der untypischen UNIX-Passwort-Authentifizierung arbeiten, müssten Sie alle Inventory-Hosts noch mit dem zusätzlichen Parameter ansible_password=<LOGIN_PASSWORT> versehen.

Machen Sie nun den Ping-Test – er sollte für alle betrachteten Ansible-Versionen komplett »auf Grün« sein:

```
$ ansible all -m ping
debian | SUCCESS => {
    "changed": false,
    "ping": "pong"
}
ubuntu | SUCCESS => {
    "changed": false,
    "ping": "pong"
}
suse | SUCCESS => {
    "changed": false,
    "ping": "pong"
}
centos | SUCCESS => {
    "changed": false,
    "ping": "pong"
}
```

Die Reihenfolge der Server-Ausgaben ist hier nicht beeinflussbar und wegen paralleler Abarbeitung gewissermaßen zufällig. Dazu aber später mehr.

Python-Probleme?

Falls Sie wider Erwarten noch Probleme mit der zu verwendenden Python-Version haben, dann schauen Sie bitte mal in die offizielle Dokumentation unter *http://docs.ansible.com/ansible/reference_appendices/interpreter_discovery.html*. Ab Ansible 2.8 gibt es hier recht differenzierte Einstellungsmöglichkeiten.

2.4 Inventory-Aliase

Bislang gingen wir davon aus, dass die Hosts im Inventory über ihre dort verzeichneten Namen erreichbar sind; d. h., ein `server57.example.org` im Inventory wäre auch für `ssh`, `ping` und viele andere Tools mit diesem Namen erreichbar.

Das muss aber nicht der Fall sein. Vielleicht haben Ihre Target Hosts keine zugeordneten Namen oder es gibt zwar welche, aber sie gefallen Ihnen einfach nicht. Das können Sie alles mit *Aliasen* (also alternativen Namen) im Inventory ausgleichen; bspw.:

```
s1    ansible_host=192.168.150.10
s2    ansible_host=192.168.150.20
s3    ansible_host=192.168.150.30
s4    ansible_host=192.168.150.40
```

Listing 2.5 »inventory«: Aliase für IP-Adressen

oder:

```
s1    ansible_host=debian.example.org
s2    ansible_host=centos.example.org
s3    ansible_host=suse.example.org
s4    ansible_host=ubuntu.example.org
```

Listing 2.6 »inventory«: Aliase für Namen

Dabei müssen die `ansible_host`-Namen natürlich wieder auflösbar sein. Für den Fall, dass Ihre Hosts nicht auf Standard-Port 22 erreichbar sind, steht Ihnen natürlich auch der Parameter `ansible_port` zur Verfügung:

```
s1    ansible_host=192.168.150.10    ansible_port=2201
s2    ansible_host=192.168.150.20    ansible_port=2202
s3    ansible_host=192.168.150.30    ansible_port=2203
s4    ansible_host=192.168.150.40    ansible_port=2204
```

Listing 2.7 »inventory«: Aliase mit zusätzlicher Port-Angabe

Es gibt durchaus noch mehr solcher `ansible_*`-Parameter, aber für den Moment sollten Sie gut versorgt sein. Wer Interesse hat, mag gern einen Blick auf die Webseite *http://docs.ansible.com/ansible/intro_inventory.html*, Abschnitt »List of Behavioral Inventory Parameters«, werfen.

2.5 Jenseits von Ping

Ein funktionierender Ping-Test ist ein wichtiger Schritt auf dem Weg zur Basiseinrichtung, aber da er auf den Zielsystemen keinerlei Admin-Rechte erfordert, kann er leider *nicht* zeigen, ob auch die für alle ernsthafteren Aufgaben erforderliche Rechteerhöhung funktioniert.

Und natürlich tut sie das momentan nicht. Lassen Sie sich als Beweis einmal die erste Zeile der Datei */etc/shadow* auf allen Zielsystemen ausgeben; eine Anforderung, für die Sie zweifellos Root-Rechte benötigen:

```
$ ansible all -a "head -1 /etc/shadow"
debian | FAILED | rc=1 >>
head: cannot open '/etc/shadow' for reading: Permission denied

ubuntu | FAILED | rc=1 >>
head: cannot open '/etc/shadow' for reading: Permission denied

centos | FAILED | rc=1 >>
head: cannot open '/etc/shadow' for reading: Permission denied

suse | CHANGED | rc=0 >>
bin:!:18332::::::
```

Nur die SUSE-Maschine liefert das gewünschte Ergebnis, weil wir dort ja ein direktes Root-SSH zur Verfügung haben. Lassen Sie uns erst noch einmal festhalten, welche Methoden zur Rechteerhöhung auf unseren Testmaschinen zur Verfügung stehen:

Host	Methode
debian	sudo
centos	su
suse	direktes Root-SSH möglich
ubuntu	sudo (NOPASSWD)

Eine Möglichkeit, diese ganzen Anforderungen zu erfüllen, zeigt die folgende Inventory-Datei. Ersetzen Sie bitte Ihre bestehende Version durch diese hier:

```
[test_hosts]
debian   ansible_host=192.168.150.10
centos   ansible_host=192.168.150.20
suse     ansible_host=192.168.150.30
ubuntu   ansible_host=192.168.150.40

[debian_hosts]
debian
```

```
[centos_hosts]
centos

[suse_hosts]
suse

[ubuntu_hosts]
ubuntu

########## Parametrisierung: ##########

[test_hosts:vars]
ansible_python_interpreter=/usr/bin/python3
ansible_ssh_common_args='-o StrictHostKeyChecking=no'

[debian_hosts:vars]
ansible_user=ansible
ansible_become=yes
ansible_become_pass=ansible

[centos_hosts:vars]
ansible_user=ansible
ansible_become=yes
ansible_become_method=su
ansible_become_pass=ansible

[suse_hosts:vars]
ansible_user=root

[ubuntu_hosts:vars]
ansible_user=ansible
ansible_become=yes
```

Listing 2.8 »inventories/devel/inventory«

Wir haben etwas umstrukturiert und weitere Gruppen eingeführt, da diese übersichtlicher zu parametrisieren sind als Einzelhosts. Wie Sie sehen, ist es natürlich auch kein Problem, dass Hosts in unterschiedlichen Gruppen auftauchen.

Als Erstes fallen Ihnen vielleicht die Angaben der IP-Adressen auf. Das ist eine reine Absicherung für später, wenn unser Inventory vielleicht einmal in Umgebungen verwendet wird, in denen es unsere Möglichkeit der Namensauflösung nicht gibt (Kapitel 10, »Webinterfaces«).

Die Rechteerhöhung (unser eigentliches Anliegen) wird mit den folgenden Parametern konfiguriert:

- `ansible_become`
  Der Hinweis an Ansible, dass auf dem Zielhost eine Rechteerhöhung stattfinden muss. Der Default ist `no`.

- `ansible_become_method`
  Die dazu zu verwendende Methode. Der Default ist `sudo`.

- `ansible_become_user`
  Das Zielaccount des Identitätwechsels. Der Default ist `root`, was in einem solchen Kontext allermeistens passt. Deswegen taucht dieser Parameter in obigem Beispiel auch überhaupt nicht auf.

- `ansible_become_pass`
  Das zur Rechteerhöhung benötigte Passwort.

Zu den Passwörtern gibt es natürlich noch etwas zu bemerken. Im Testbetrieb geht es ja möglicherweise in Ordnung, Klartextpasswörter in einer Konfigurationsdatei vorzuhalten; im Produktivbetrieb wahrscheinlich eher nicht. Welche Alternativen hätten Sie hier?

- Sie könnten sich stattdessen mit der Option `--ask-become-pass` / `-K` bei jedem Aufruf eines Ansible-Kommandos prompten lassen.
- Sie könnten zumindest im Falle von `sudo` per Konfiguration auf den Target Hosts auf die Passworteingabe verzichten:

  ```
  # Allow members of group sudo to execute any command
  %sudo   ALL=(ALL:ALL) NOPASSWD: ALL
  ```

  Listing 2.9 »/etc/sudoers«: Verzicht auf Passwort-Authentifizierung

Beides will nicht so recht überzeugen, und für `su` hätten Sie immer noch gar keine automatische Lösung. Ich kann Sie letztlich an dieser Stelle nur auf später vertrösten, denn wenn Sie bald mehr über Ansible wissen, können Sie Hosts oder Gruppen durchaus auch an anderen Stellen parametrisieren und diese Stellen bei Bedarf auch verschlüsseln. Informationen dazu finden Sie in Abschnitt 11.1.

In unserem Testlabor sind wir mit dem aktuellen Inventory jedenfalls erst einmal für alle weiteren (administrativen) Aktionen gut aufgestellt:

```
$ ansible all -a "head -1 /etc/shadow"
debian | CHANGED | rc=0 >>
root:!:18333:0:99999:7:::

suse | CHANGED | rc=0 >>
bin:!:18332::::::
```

```
ubuntu | CHANGED | rc=0 >>
root:!:18352:0:99999:7:::

centos | CHANGED | rc=0 >>
root:$6$wOrl./pGMSOmXY$qD14wtpRzgtOdXI2PJ[…]
```

2.6 Alternative Inventorys

Ich sollte noch klären, warum die Inventory-Datei vergleichsweise tief in der Verzeichnishierarchie versteckt wurde. So was wie *~/ansible/hosts.txt* hätte es doch auch getan, oder?

Selbstverständlich, aber mit dem vorliegenden Ansatz können Sie viel leichter *unterschiedliche* Inventorys mit zugehöriger Parametrisierung verwalten. Möglicherweise sieht Ihre Struktur schon bald wie diese hier aus:

```
ansible
|-- inventories
|   |-- devel
|   |   |-- group_vars
|   |   |-- host_vars
|   |   `-- inventory
|   |-- production
|   |   |-- group_vars
|   |   |-- host_vars
|   |   `-- inventory
|   `-- staging
|       |-- group_vars
|       |-- host_vars
|       `-- inventory
|-- […]
```

Natürlich kann es nur ein Default-Inventory geben (das Sie in der *ansible.cfg* festgelegt haben), aber bei nahezu jedem Ansible-Kommando können Sie mit dem Schalter -i ein alternatives Inventory angeben:

```
$ ansible all -i inventories/production/inventory -m ping
```

Anmerkung

Erinnern Sie sich noch an die allerersten Testaufrufe, als Sie noch keinerlei Konfiguration hatten? Etwa:

$ `ansible all -i debian, -m ping`

Der Schalter -i erlaubt es auch, die Liste der Zielhosts komma-separiert direkt auf der Kommandozeile anzugeben. Wenn man aber nur einen einzigen Host angeben möchte, würde Ansible ohne das Komma am Ende den Hostnamen für einen Dateinamen halten, und der Aufruf würde natürlich fehlschlagen.

Ich möchte das Thema »Inventory« an dieser Stelle erst einmal beenden, weil wir noch andere Dinge vor uns haben und uns hier nicht zu sehr in Details verlieren wollen.

Ich werde aber in Kapitel 7 noch einmal darauf zurückkommen, weil es durchaus noch einiges dazu zu sagen gibt. Beispielsweise haben Sie sich bestimmt schon gedacht, dass es auch ein *dynamisches* Inventory geben muss, da ich unseres ja als »statisch« bezeichnet habe. Oder Sie haben sich gefragt, ob es auch Gruppen von Gruppen gibt. All das werden wir noch klären.

Kapitel 3
Ad-hoc-Kommandos und Patterns

Das spontane, interaktive Verwenden einer Ansible-Funktionalität über das Kommando `ansible` bezeichnet man als *Ad-hoc-Kommando* oder *Ad-hoc-Aufruf*. In der späteren Praxis wird dies wahrscheinlich zur Nebensache, da Sie dann fast immer mit *Playbooks* und dem entsprechenden Kommando `ansible-playbook` arbeiten werden. Dennoch ist es eine nützliche Möglichkeit, die Sie auf jeden Fall kennen sollten. *Patterns* dienen zum Adressieren von Hosts und sind generell wichtig und nützlich.

3.1 Ad-hoc-Kommandos

Sie kennen schon mindestens einen Ad-hoc-Aufruf, nämlich den Ping-Test:

```
$ ansible all -m ping
```

Dabei ist `ping` eines der unzähligen Ansible-Module, und `-m` ist einfach die Kurzform von `--module-name`. Der Bezeichner `all` ist schließlich das Pattern, mit dem die Menge der Hosts festgelegt wird, auf die sich das Ad-hoc-Kommando bezieht. Ein Ad-hoc-Kommando ist also nichts anderes als der Aufruf genau eines Moduls, gegebenenfalls mit einer Parametrisierung. Die allgemeine Form eines Ad-hoc-Kommandos lautet:

```
ansible <PATTERN> -m <MODUL> -a "[<MODUL-OPTIONEN>]"
```

Das »command«-Modul

Das `command`-Modul ist an dieser Stelle sicher eines der nützlichsten; sein Parameter ist ein auszuführendes Linux-Kommando. Lassen Sie sich bspw. einmal die Belegung der Root-Partition auf allen Hosts anzeigen:

```
$ ansible all -m command -a "df -h /"
debian | CHANGED | rc=0 >>
Filesystem                     Size  Used Avail Use% Mounted on
/dev/mapper/debian--10--vg-root  62G  1.2G   58G   2% /

ubuntu | CHANGED | rc=0 >>
Filesystem                     Size  Used Avail Use% Mounted on
/dev/mapper/vagrant--vg-root    62G  1.7G   58G   3% /
```

```
centos | CHANGED | rc=0 >>
Filesystem          Size  Used Avail Use% Mounted on
/dev/mapper/cl-root  41G  1.3G   40G   4% /

suse | CHANGED | rc=0 >>
Filesystem      Size  Used Avail Use% Mounted on
/dev/sda3        64G  2.5G   60G   5% /
```

Das command-Modul ist übrigens sogar der Default; der folgende Aufruf würde also dasselbe Ergebnis bringen:

```
$ ansible all -a "df -h /"
```

Wenn Sie pro Host ein einzeiliges Ergebnis erwarten, kann die Option -o / --one-line die Weiterverarbeitung erleichtern oder auch nur die Übersicht erhöhen:

```
$ ansible all -a "hostname" -o
debian | CHANGED | rc=0 | (stdout) debian
ubuntu | CHANGED | rc=0 | (stdout) ubuntu
suse | CHANGED | rc=0 | (stdout) suse
centos | CHANGED | rc=0 | (stdout) centos
```

Das »shell«-Modul

Wenn Sie in Ihrem Aufruf Shell-Mechanismen wie »|«, »>« usw. benötigen, müssen Sie zum shell-Modul greifen, da command das übergebene Kommando ohne Umweg über eine Shell direkt zur Ausführung bringt:

```
$ ansible all -m shell -o -a "ps -ef | wc -l"
debian | CHANGED | rc=0 | (stdout) 123
ubuntu | CHANGED | rc=0 | (stdout) 112
suse | CHANGED | rc=0 | (stdout) 138
centos | CHANGED | rc=0 | (stdout) 159
```

Das shell-Modul schickt das Kommando per Default in /bin/sh. Das ist zwar auf vielen Systemen letztlich eine bash, aber durch den Aufruf als sh verhält sie sich möglicherweise anders.

Wenn Sie aus irgendeinem Grund eine ganz konkrete Shell benötigen, sollten Sie diese mit einem zusätzlichen Parameter angeben:

```
$ ansible all -m shell -o -a 'echo $RANDOM executable=/bin/bash'
debian | CHANGED | rc=0 | (stdout) 16538
ubuntu | CHANGED | rc=0 | (stdout) 8927
suse | CHANGED | rc=0 | (stdout) 17522
centos | CHANGED | rc=0 | (stdout) 2589
```

(RANDOM ist eine Variable, die eine `sh` normalerweise nicht zur Verfügung stellt. Achten Sie auch auf die Quotierung mit einfachen Hochkommas – mit doppelten Hochkommas würde bereits die Shell auf dem Control Host die Variable ersetzen, und es würde viermal dasselbe Ergebnis zurückkommen.)

3.2 Use cases

Ich gebe hier nun einige Beispiele für Anwendungen von Ad-hoc-Kommandos in der Praxis. Alle verwendeten Module werden Sie später noch genauer kennenlernen.

- Hosts neu starten:

    ```
    $ ansible all -m reboot
    ```

    Dieses Modul ist erst in Ansible 2.7 hinzugekommen. Falls Sie noch eine ältere Version einsetzen, müssen Sie sich mit einem simplen `ansible all -a /sbin/reboot` behelfen.

    Das Verhalten ist damit allerdings ein anderes, da Ihnen sofort einfach alle Verbindungen wegfliegen und Sie nicht erfahren, wann die Hosts wieder online sind.

- Ein Verzeichnis anlegen:

    ```
    $ ansible all -m file -a "dest=/opt/test1 state=directory"
    ```

- Einen User anlegen:

    ```
    $ ansible all -m user -a "name=john shell=/bin/bash"
    ```

- Ein Paket installieren:

    ```
    $ ansible all -m package -a "name=tree"
    ```

    (Natürlich muss man hier das Glück haben, dass das Paket bei allen Distributionen denselben Namen hat.)

- Eine Datei hochladen:

    ```
    $ ansible all -m copy -a "src=/etc/passwd dest=/tmp/test.txt"
    ```

Woher soll man das alles wissen?

(Falls Sie sich das gerade gefragt haben.) Es sind dieselben Module, die Sie bald tagtäglich verwenden werden, und die wichtigsten Parameter kennt man irgendwann auswendig. In Kapitel 9 gebe ich auch eine Kurzübersicht über die gängigsten Module, aber in der Praxis werden Sie wahrscheinlich meist mit der offiziellen Dokumentation arbeiten.

Der schnellste Weg dahin ist (wie so oft) Google; versuchen Sie bspw. einmal »ansible user module« oder »ansible copy module«. Der erste Treffer ist in 99,9 % der Fälle auch schon der richtige.

Wenn Sie lieber Links abtippen:

- http://docs.ansible.com/ansible/modules/user_module.html
- http://docs.ansible.com/ansible/modules/copy_module.html

Immerhin müssen Sie in der URL jeweils nur den Modulnamen abändern, sobald Sie eine dieser Seiten erfolgreich in Ihrem Browser geöffnet haben.

3.3 Idempotenz

Eine Eigenschaft, auf die bei Ansible sehr großer Wert gelegt wird, ist die *Idempotenz*. Dieser Begriff kommt ursprünglich aus der Mathematik und bezeichnet dort eine Eigenschaft von Funktionen:

$$f * f = f$$

Etwas salopp gesagt bedeutet dies, dass es egal ist, ob man eine Funktion einmal oder zweimal ausführt – wiederholtes Ausführen ändert nichts (mehr) am Ergebnis. Beispiele in der Mathematik sind etwa Projektionen oder Betragsfunktionen.

Für ein Konfigurationsmanagementsystem bedeutet dies: *Wenn ein Konfigurationszustand bereits erreicht ist, dann sind alle weiteren Ausführungen der entsprechenden Anweisung ohne Effekt.* (Insbesondere gibt es keine negativen Effekte wie Fehlermeldungen.)

Beispiel: Ein Softwarepaket soll installiert werden. Der erste Aufruf erledigt das; weitere identische Aufrufe stellen nur noch fest, dass nichts mehr zu tun ist. Das klingt banal, trifft aber auf nahezu alle Ansible-Funktionen zu:

- Eine Konfigurationsdatei enthält schon eine gewünschte Zeile – es ist nichts mehr zu tun.
- Ein symbolischer Link ist schon wie gewünscht vorhanden – es ist nichts mehr zu tun.
- Ein Benutzer ist schon in einer Gruppe – es ist nichts mehr zu tun.

Dieses sehr angenehme Verhalten würde man mit einer selbst geskripteten Lösung niemals in dieser Konsequenz erreichen. Idempotenz ist also eine der vielen Annehmlichkeiten von Ansible!

Aber genug der Theorie, testen wir das Ganze auch mal mit einem Aufruf aus dem letzten Abschnitt:

```
$ ansible debian -m user -a "name=john shell=/bin/bash"
debian | CHANGED => {
    "changed": true,
```

```
    "comment": "",
    "create_home": true,
    "group": 1002,
    "home": "/home/john",
    "name": "john",
    "shell": "/bin/bash",
    "state": "present",
    "system": false,
    "uid": 1002
}
```

Exakt dasselbe noch mal:
```
$ ansible debian -m user -a "name=john shell=/bin/bash"
debian | SUCCESS => {
    "append": false,
    "changed": false,
    "comment": "",
    "group": 1002,
    "home": "/home/john",
    "move_home": false,
    "name": "john",
    "shell": "/bin/bash",
    "state": "present",
    "uid": 1002
}
```

Für unser Thema entscheidend ist hier der Wert von changed. Beim ersten Aufruf »war es ein Change«, beim zweiten nicht mehr. (Gewöhnen Sie sich schon einmal an diesen Jargon!)

3.4 Interne Funktionsweise

Zum Verständnis mancher Begrifflichkeiten ist es hilfreich, ein wenig hinter die Kulissen von Ansible zu schauen. Jedoch ist das momentan kein Pflichtwissen – Sie könnten Ansible hier weitestgehend auch als Black Box betrachten und dennoch genauso erfolgreich damit arbeiten.

3.4.1 Parallele Ausführung

Ansible greift pro Task grundsätzlich parallel auf seine Hosts zu. Die Anzahl der *Forks* (also der gleichzeitigen Verbindungen) ist mit dem Default-Wert von 5 allerdings eher konservativ bemessen.

Sie können den gewünschten Wert entweder dynamisch mit der Option -f auf der Kommandozeile angeben:

```
$ ansible all -f 10 -m ping
```

Oder ihn dauerhaft in der Konfiguration im Abschnitt [defaults] setzen:

```
# [defaults]
forks = 10
```

Listing 3.1 »ansible.cfg«: Ausschnitt

In der Praxis sieht man durchaus Werte wie 50 oder mehr. Hauptsache, Ihr Control Host und Ihr Netzwerk halten das aus.

In unserem Testlabor werden Sie hingegen durch Änderung dieses Werts kaum spürbare Unterschiede feststellen. Allenfalls könnten Sie durch einen Fork-Wert von 1 eine Verlangsamung der Ausführung erreichen (nur so aus Spaß).

3.4.2 Persistente Verbindungen

Sie wissen bereits, dass Ansible seine Hosts standardmäßig über SSH anspricht. Um hier eine adäquate Performance zu erreichen (der Auf- und Abbau von SSH-Verbindungen ist durchaus ein Faktor!), arbeitet Ansible mit *persistenten Verbindungen*.

Lassen Sie uns diese einmal sichtbar machen. Das geht bspw. mit Tools wie netstat, ss oder lsof; eines davon wird Ihnen sicherlich zur Verfügung stehen. Wichtig ist es, zunächst eine Ansible-Aktion auf den Zielhosts durchzuführen, da die Verbindungen nach 30 Sekunden Inaktivität wieder weggeräumt werden:

```
$ ansible all -m ping
[...]

$ netstat -tan
[...]
tcp   0   0 192.168.150.129:48398   192.168.150.20:22      ESTABLISHED
tcp   0   0 192.168.150.129:48866   192.168.150.40:22      ESTABLISHED
tcp   0   0 192.168.150.129:55968   192.168.150.10:22      ESTABLISHED
tcp   0   0 192.168.150.129:58532   192.168.150.30:22      ESTABLISHED
[...]

$ lsof -i :22
COMMAND   PID    USER  FD   TYPE DEVICE SIZE/OFF NODE NAME
ssh      4922 ansible  3u   IPv4 124343      0t0  TCP
         192.168.150.129:55968->debian.example.org:ssh (ESTABLISHED)
ssh      4925 ansible  3u   IPv4 124385      0t0  TCP
```

```
                192.168.150.129:48866->ubuntu.example.org:ssh (ESTABLISHED)
ssh     4928 ansible    3u  IPv4 123818      0t0 TCP
                192.168.150.129:48398->centos.example.org:ssh (ESTABLISHED)
ssh     4931 ansible    3u  IPv4 123824      0t0 TCP
                192.168.150.129:58532->suse.example.org:ssh (ESTABLISHED)

$ ss -tn
ESTAB   0        0        192.168.150.129:48398      192.168.150.20:22
ESTAB   0        0        192.168.150.129:48866      192.168.150.40:22
ESTAB   0        0        192.168.150.129:55968      192.168.150.10:22
ESTAB   0        0        192.168.150.129:58532      192.168.150.30:22

$ ls -l ~/.ansible/cp/
srw------- 1 ansible ansible 0 Apr 25 08:12 10a3936e29
srw------- 1 ansible ansible 0 Apr 25 08:12 1d56f7f978
srw------- 1 ansible ansible 0 Apr 25 08:12 fd16229d61
srw------- 1 ansible ansible 0 Apr 25 08:12 fdd167f24a
```

(Die Ausgaben der Kommandos wurden aus Platzgründen teilweise etwas modifiziert.)

Das abschließende Verzeichnislisting zeigt Ihnen die von SSH verwendeten Socket-Dateien (»cp« steht für »ControlPath«).

Hängende Verbindungen

In ganz seltenen Fällen können die persistenten Verbindungen auch schon mal Probleme bereiten. Ein häufiger Grund ist, dass man sich mit Ansible an den Firewall-Einstellungen des Zielsystems zu schaffen gemacht hat und die Verbindungen nun quasi tot sind. Das äußert sich dann so, dass Ansible vom entsprechenden Zielhost einfach keine Antwort mehr bekommt, obwohl netzwerktechnisch (normales Ping, SSH) alles in Ordnung ist.

Abhilfe schafft in dem Moment entweder ein kurzes Warten oder die hängenden SSH-Prozesse ausfindig zu machen und zu beenden:

```
$ lsof -i :22
COMMAND   PID   USER   FD   TYPE  DEVICE  SIZE/OFF NODE NAME
[…]
ssh     12314  user1   3u   IPv4  1249038      0t0 TCP […]-><host>:ssh
[…]

$ kill -HUP 12314
```

Aber da ungenutzte Verbindungen standardmäßig nach 30 Sekunden sowieso weggeräumt werden, wäre einfaches Warten wahrscheinlich effizienter gewesen.

Die Thematik der Verbindungen ist erheblich umfangreicher, als wir dies an dieser Stelle besprechen könnten. Alles ist modular gestaltet, wodurch Ansible noch viele andere Verbindungstechniken wie Docker oder WinRM beherrscht. Wenn Sie sich hier einen Eindruck verschaffen möchten, schauen Sie bitte einmal unter *http://docs.ansible.com/ansible/plugins/connection.html*.

3.4.3 Was passiert beim Aufruf eines Moduls?

Bislang wissen wir, dass Ansible (typischerweise) über SSH arbeitet und auf den Zielhosts außer einem Python-Interpreter (im Prinzip) nichts weiter benötigt. Alle Ansible-Module existieren also nur auf dem Control Host, müssen aber auf einem Zielhost ausgeführt werden. Wie funktioniert dies?

Starten Sie noch einmal einen `ping`-Aufruf, dieses Mal mit Verbosity-Level 3 (-vvv). Dadurch erzeugen Sie extrem viel informativen Zusatzoutput; wir greifen hier nur einige relevante Zeilen heraus (Ausgabe wurde stark gekürzt und angepasst):

```
$ ansible debian -m ping -vvv
[...]
Using module file /usr/lib/python3/dist-packages/ansible/
    modules/system/ping.py
<debian> SSH: EXEC ssh [...] mkdir -p /home/ansible/.ansible/tmp/
    ansible-tmp-1587806016.888666-214053797275925 [...]
<debian> PUT /home/ansible/.ansible/tmp/
    ansible-local-53838zlrvng8/tmpu3gowgkr
        TO /home/ansible/.ansible/tmp/
    ansible-tmp-1587806016.888666-214053797275925/AnsiballZ_ping.py
[...]
<debian> SSH: EXEC ssh [...] /home/ansible/.ansible/tmp/
    ansible-tmp-1587806016.888666-214053797275925/AnsiballZ_ping.py [...]
[...]
<debian> SSH: EXEC ssh [...] rm -f -r /home/ansible/.ansible/tmp/
    ansible-tmp-1587806016.888666-214053797275925/ [...]
[...]
```

Daraus lässt sich erahnen, was hinter den Kulissen abläuft:

1. Ansible legt auf dem Zielsystem ein temporäres Arbeitsverzeichnis an.
2. Ansible generiert aus dem aufgerufenen Modul (im Beispiel `ping`) ein Standalone-Executable, das alle zum Ablauf nötigen Informationen/Parameter enthält.
3. Dieses Executable wird zum Zielsystem in den temporären Arbeitsbereich übertragen und dort gestartet.
4. Zum Ende wird der temporäre Arbeitsbereich wieder entfernt.

Damit sollten Sie nun eine ungefähre Vorstellung von Ansibles Arbeitsweise haben. Wenn Sie es irgendwann noch *viel* genauer wissen möchten, gibt es als Möglichkeit natürlich immer den Blick in den Quellcode von Ansible. Aber selbst wenn Sie irgendwann eigene Module entwickeln möchten, ist ein allzu detailliertes Wissen über interne Abläufe nicht erforderlich. Richten wir unser Augenmerk wieder auf praktischere Dinge!

3.5 Die Ansible-Konsole

Wenn Sie für längere Zeit interaktiv mit diversen Target Hosts arbeiten wollen, können Sie das Kommando `ansible-console` nutzen, das quasi eine intergrierte Shell-Umgebung zur Verfügung stellt:

```
$ ansible-console
```
oder falls es Farbprobleme gibt:
```
$ ANSIBLE_NOCOLOR=1 ansible-console
```

Das erste Wort auf jeder Kommandozeile wird als Ansible-Modul interpretiert. Existiert kein solches Modul, so wird die ganze Zeile stattdessen mit dem Shell-Modul als Linux-Kommando ausgeführt:

```
ansible@all (4)[f:5]$ ping
[…]
```

```
ansible@all (4)[f:5]$ df -h /
[…]
```

- Sie verlassen die Konsole mit **exit** oder dem UNIX-üblichen `Strg`+`D`.
- In den seltenen Fällen, in denen Sie ein Kommando ausführen wollen, das genauso heißt wie ein Modul (z. B. **hostname**), schreiben Sie am einfachsten **command** oder **shell** davor!
- Mit dem eingebauten `cd`-Kommando können Sie in einzelne Target Hosts oder -Gruppen (oder in generell jedes Pattern) »wechseln«. Ein `cd` ohne Argument weitet die Adressierung wieder auf alle Hosts aus.
- Mit dem eingebauten `list`-Kommando können Sie sich anzeigen lassen, welche Hosts Sie momentan adressieren.

Farbgebung

Wenn Sie (wie auch ich) gerne mit weißen Terminalfenstern arbeiten, so ist die standardmäßige weiße Schrift der Konsole etwas ungünstig. Seit Version 2.7 können Sie in der Konfigurationsdatei im Abschnitt `[colors]` die Schriftfarbe der Eingabeaufforderung auch festlegen. Ergänzen Sie also bei Bedarf etwas wie:

```
# ...

[colors]
console_prompt = black
```
Listing 3.2 »ansible.cfg«: Ausschnitt Anpassung der Schriftfarbe der Ansible-Konsole

3.6 Patterns zum Adressieren von Hosts

Bislang haben wir in den meisten Fällen mit dem Bezeichner all alle Hosts aus unserem Inventory angesprochen. Mit Ansible können Sie Ihre Aktionen natürlich auch an einzelne Hosts oder Gruppen richten:

```
$ ansible suse.example.org -m ping
$ ansible suse_hosts        -m ping
```

(Wie bereits erwähnt, ist ja »all« auch nur eine Gruppe, die stets per Default zur Verfügung steht, ohne dass man sie eigens definieren müsste.)

Mittels gewisser Sonderzeichen stehen auch andere Auswahlmöglichkeiten zur Verfügung. Beispielsweise steht der übliche Joker »*« zur Verfügung, den Sie wegen der Shell aber quotieren sollten:

```
$ ansible '*'    -m ping
$ ansible 'su*' -m ping
```

Mit Komma oder Doppelpunkt können Sie Vereinigungsmengen von Hosts oder Gruppen bilden:

```
$ ansible 'debian,centos,ubuntu_hosts' -m ping
```

Folgt vor einem Pattern ein Ausrufezeichen, so ist das als Ausschluss zu verstehen – bspw. wie folgt:

Alle außer suse:
```
$ ansible 'all:!suse' -m ping
```

Für ganz ausgefuchste Anwender stehen auch reguläre Ausdrücke zur Verfügung. Das Pattern muss dann mit einer Tilde (~) beginnen:

```
$ ansible '~^ub.*u$' -m ping
```

Dieses exemplarische Pattern passt auf alle Hosts, deren Name mit »ub« beginnt und mit »u« endet. Sämtliche Möglichkeiten sind unter *http://docs.ansible.com/ansible/intro_patterns.html* beschrieben.

Kapitel 4

Die Konfigurations- und Serialisierungssprache YAML

In diesem Kapitel geht es um die Sprache YAML. Diese Sprache müssen Sie zunächst lernen, wenn Sie produktiv mit Ansible arbeiten wollen. YAML ist eine syntaktisch recht einfache Sprache zur Datenserialisierung, die meist als »Konfigurationssprache« genutzt wird (nicht nur von Ansible, sondern bspw. auch von Docker Compose oder Kubernetes). Die Abkürzung YAML bedeutet *YAML Ain't Markup Language* (ursprünglich: *Yet Another Markup Language*).

4.1 Syntax und Struktur

YAML weist hinsichtlich Syntax und Struktur die folgenden Merkmale auf:

- YAML-Dateien tragen per Konvention die Dateiendung .yml oder .yaml.
- YAML-Dateien sind in UTF-8 oder UTF-16 codiert.
- YAML-Dokumente sollten stets mit drei Minuszeichen starten (---).
- Kommentare sind mit dem üblichen #-Zeichen möglich.
- Die *Einrückung* definiert die Struktur.
- Es können Einzelwerte (Skalare), Listen (Arrays) und Maps (assoziative Arrays/Dictionarys) und beliebig verschachtelte Kombinationen davon abgebildet werden.
- Skalare Textwerte können (falls möglich) einfach so notiert werden; bei Bedarf ist auch die Quotierung mit "..." oder '...' möglich.

Ein erstes Beispiel dafür, wie YAML sich »anfühlt«, mag die Website des YAML-Projekts liefern. Sie präsentiert sich in syntaktisch korrektem YAML: *http://yaml.org/*.

4.2 YAML-Files editieren

Für anspruchsvollere YAML-Dokumente ist ein Editor mit YAML-Support empfehlenswert, der nicht nur Syntax-Highlighting, sondern auch eine möglichst intelligente Einrück-Hilfe bieten sollte. Einige Kandidaten möchte ich Ihnen kurz vorstellen.

vim ohne spezielles Plugin

Für viele Admins ist der Editor vim das Lieblingswerkzeug, aber so richtig YAML-tauglich ist er im Auslieferungszustand noch nicht. Für das allgemeine und produktive Arbeiten mit YAML-Dateien sind daher einige Anpassungen zu empfehlen:

- Das Highlighting von YAML-Strings ist fehlerhaft. Falls Sie überhaupt Farben sehen möchten, kommentieren Sie in der Datei */usr/share/vim/vim*/syntax/yaml.vim* die zwei Bereiche aus, die mit »syn region yamlFlowString« beginnen (es sind sechs Textzeilen in Folge).

  Achtung: Das Kommentarzeichen ist hier das doppelte Hochkomma!

- Ich habe einige sinnvolle Einstellungen zusammen getragen, die Sie in Ihre persönliche *~/.vimrc* übernehmen können:

  ```
  filetype indent on
  syntax on
  set pastetoggle=<F2>
  autocmd FileType yaml setlocal tabstop=2 softtabstop=2 shiftwidth=2
                        \ expandtab autoindent
  ```

  Listing 4.1 »*~/.vimrc*«: exemplarische vim-Konfiguration für YAML-Dateien ohne spezielles Plugin

vim mit Ansible-Plugin

Speziell für die Arbeit mit Ansible könnten Sie das vim-Plugin *ansible-vim* (*https://github.com/pearofducks/ansible-vim*) einsetzen. Ich formuliere das absichtlich etwas vorsichtig, weil das Plugin mit seiner vermeintlichen Intelligenz manchmal auch ganz schön nerven kann. Testen Sie es einfach.

Für einen vim mit Version ≥ 8 richten Sie es wie folgt ein:

1. Legen Sie einen Ordner an, in dem vim-Plugins gesucht werden:

   ```
   $ mkdir -p ~/.vim/pack/vendor/start
   ```

2. Installieren Sie das Plugin dort hinein:

   ```
   $ git clone --depth 1 \
       https://github.com/pearofducks/ansible-vim.git \
       ~/.vim/pack/vendor/start/ansible-vim
   ```

3. Legen Sie eine persönliche *~/.vimrc* mit folgenden Einstellungen an:

   ```
   filetype plugin indent on
   syntax on
   au BufRead,BufNewFile */playbooks/*.yml set filetype=yaml.ansible
   ```

   Listing 4.2 »*~/.vimrc*«: exemplarische vim-Konfiguration für YAML-Dateien

> **Anmerkung**
> Vim-Experten können statt der hier angegebenen Methode natürlich auch ihren Lieblings-Plugin-Manager verwenden.

Zur Arbeit mit »vim« abschließend noch ein Tipp: Falls Ihnen doch einmal irgendwelche unsichtbaren Tabulator- oder Leerzeichen Ärger machen, dann ist ein Umschalten auf `:set list` sehr hilfreich, um diese nicht druckbaren Zeichen sichtbar zu machen!

nano

Der beliebte `nano`-Editor bietet leider meist keinen Support für YAML. Auf GitHub finden sich aber durchaus Syntax-Highlighting-Dateien, die Sie dann mittels `include` in eine *~/.nanorc*-Datei einbinden könnten (googeln Sie einfach nach »nano yaml«).

Sie haben damit allerdings nach wie vor keinerlei Unterstützung beim Editieren – für korrektes Einrücken sind Sie komplett selbst zuständig!

Emacs

Hervorragenden YAML-Support out of the box bietet der Editor *Emacs* zusammen mit dem YAML-Mode (Debian/Ubuntu-Pakete *emacs* und *yaml-mode.*) Aber genau wie vi braucht auch der *Emacs* eine gewisse Eingewöhnungszeit.

Selbst wenn Sie die X11-Variante mit grafischer Oberfläche nutzen: Emacs ist definitiv kein Editor, auf den Sie mal eben schnell umsteigen können!

Scite

Scite ist ein netter Editor mit passablen YAML-Support. Es stört eigentlich nur, dass *Scite* immer mit einer Proportionalschriftart startet und nicht UTF-8 als Default-Encoding nutzt.

Dies ändern Sie, indem Sie OPTIONS • OPEN USER OPTIONS FILE öffnen und dort folgende Einträge machen:

```
code.page=65001
font.monospace=font:Consolas,size:18

font.base=$(font.monospace)
font.small=$(font.monospace)
font.comment=$(font.monospace)

font.text=$(font.monospace)
font.text.comment=$(font.monospace)
```

```
font.embedded.base=$(font.monospace)
font.embedded.comment=$(font.monospace)
font.vbs=$(font.monospace)
```
Listing 4.3 Exemplarische User-Konfiguration für den Scite-Editor

Die genaue Schriftart und -größe ist dabei natürlich Geschmackssache.

4.3 Listen und Maps

Ich gebe nun kurze Beispiele für die wesentlichen syntaktischen Elemente von YAML.

Listen

Listen – also geordnete Mengen von Dingen – werden in YAML wie folgt dargestellt:

```
- Hund
- Katze
- Maus

# Dasselbe mit Inline-Notation:
[Hund, Katze, Maus]
```
Listing 4.4 Darstellung von Listen in YAML

Maps (assoziative Arrays)

Maps (assoziative Arrays) sind eine Sammlung von Schlüssel-Wert-Paaren. Sie werden wie folgt dargestellt:

```
Hund: Wuff
Katze: Miau
Maus: Fiep

# Dasselbe mit Inline-Notation:
{Hund: Wuff, Katze: Miau, Maus: Fiep}
```
Listing 4.5 Darstellung einer Map in YAML

4.4 Verschachtelte Strukturen

In YAML sind beliebige Kombinationen von Maps und Listen möglich. **Beachten Sie dabei unbedingt die Einrückung!** (Die genaue Einrück*tiefe* ist dabei unwichtig. Üblich sind zwei Leerzeichen pro Ebene.)

4.4 Verschachtelte Strukturen

- Liste von Listen:

    ```
    -
      - Waldi
      - Bello
    -
      - Mimi
      - Kitty
    ```

    Listing 4.6 Eine Liste von Listen in YAML

    Eine solche Kombination werden Sie aber relativ selten zu Gesicht bekommen. In der Praxis gibt man Listen von Maps immer den Vorzug.

- Liste von Maps:

    ```
    - Hund: Bello
      Laut: Wuff

    - Katze: Kitty
      Laut: Schnurr
    ```

    Listing 4.7 Eine Liste von Maps in YAML

- Map mit Listen:

    ```
    Bello:
      - Wuff
      - Knurr

    Fiffi:
      - Kläff
      - Jaul
    ```

    Listing 4.8 Eine Map mit Listen in YAML

- Map mit Maps:

    ```
    Hund:
      Name: Bello
      Alter: 7
      Futter: Pedigree

    Katze:
      Name: Mimi
      Alter: 9
      Futter: Whiskas
    ```

    Listing 4.9 Eine Map mit Maps in YAML

4.5 Block-Ausdrücke

Möchten Sie Texte mit Zeilenumbrüchen in YAML spezifizieren, so steht Ihnen mit den *Block-Ausdrücken* eine interessante Möglichkeit zur Verfügung.

Hier ein typisches Beispiel – eine längere Textpassage als Map-Wert:

```
brief: |
  Sehr geehrter Herr XY,

  ich hoffe, es geht Ihnen gut!

  Mit freundlichen Grüßen
    Axel Miesen
```
Listing 4.10 Ein Block-Ausdruck in YAML

An der ersten Zeile orientiert sich der ganze Folgetext, Einrückungen bleiben erhalten.

Die Variante mit »>« ersetzt alle Newlines zwischen direkt aufeinanderfolgenden Zeilen (außer dem letzten) durch ein Leerzeichen:

```
text: >
  Dies ist einfach nur ein sehr langer Satz,
  der aber mittendrin nicht umbrochen werden soll!
```
Listing 4.11 Ein Block-Ausdruck ohne Umbruch in YAML

Es existieren auch Variationen dieser Block-Ausdrücke, mit denen Sie das abschließende Newline und darauf folgende Leerzeilen kontrollieren können. Die folgende Tabelle gibt eine Übersicht:

Ausdruck	Bedeutung
| oder >	Abschließendes Newline erhalten, abschließende Leerzeilen entfernen.
|- oder >-	Beides entfernen.
|+ oder >+	Beides erhalten.

Wenn Sie einen langen Text der Übersichtlichkeit halber in mehrere Zeilen schreiben wollen (z. B. eine sehr lange URL), so sind Leerzeichen zwischen den einzelnen Teilen völlig unerwünscht. Hier hilft dann ein »Escapen« der Newlines:

```
text: "\
  Hund\
  Katze\
```

```
    Maus\
"
```

Im Ergebnis wäre der Text dann »HundKatzeMaus«.

4.6 Das Nichts in YAML

Ebenso wie in vielen anderen Sprachen gibt es auch in YAML die Möglichkeit, einen nicht vorhandenen Wert zu spezifizieren. Möglicherweise kennen Sie bereits den NULL-Wert in SQL, den undef-Wert in Perl oder den None-Wert in Python.

Falls Sie mit dem Konzept noch nicht vertraut sind, stellen Sie sich einfach vor, Sie messen zu bestimmten Zeitpunkten Temperaturen und zwischendurch fällt immer wieder mal der Sensor aus, sodass nichts gemessen wird. In der Liste der Messwerte möchten Sie dann zu diesen Zeitpunkten aber auch festhalten, dass *kein* Wert gemessen wurde.

Rein syntaktisch haben Sie in YAML sogar mehrere Möglichkeiten, dies auszudrücken:

```
wert1: # nichts da
wert2: ~
wert3: null
wert4: Null
wert5: NULL
```

Listing 4.12 Nicht vorhandene Werte in YAML

Der Kommentar bei wert1 ist natürlich nicht verpflichtend und dient nur dazu, die Lesbarkeit zu verbessern.

4.7 Anchors und References

In dem Fall, dass sich ganze Passagen von YAML-Code wiederholen, können Sie zur Redundanzvermeidung mit Anchors und References arbeiten, also mit Ankern und Referenzen, die auf sie verweisen:

```
tiere: &viecher
  Hund: Wuff
  Katze: Miau
  Maus: Fiep

und_nochmal_tiere: *viecher

und_ein_drittes_mal: *viecher
```

Bei Bedarf können Sie das referenzierte Objekt nicht nur klonen, sondern sogar erweitern:

```
tiere: &viecher
  Hund: Wuff
  Katze: Miau
  Maus: Fiep

mehr_tiere:
  <<: *viecher
  Esel: I-Ahh
  Uhu: Schuhu
```

Je nach eingesetztem Parser können Sie mit dieser Technik auch bestehende Einträge überschreiben. In Ansible ist das möglich, wird aber von einer Warn- bzw. Hinweismeldung begleitet.

Kapitel 5
Playbooks und Tasks: die Grundlagen

Playbooks sind der Einstieg in jedes Ansible-Projekt. Im einfachsten Fall enthalten sie eine geordnete Menge von einzelnen Schritten (*Tasks*), die beschreiben, wie die gewünschten Konfigurationsziele für die Target Hosts zu erreichen sind.

5.1 Hallo Ansible – das allererste Playbook

Obwohl Ansible keine Programmiersprache im engeren Sinne ist, wollen wir doch der guten alten Tradition folgen und als erste Amtshandlung einmal ein »Hallo Welt«-Playbook erstellen. Playbooks werden in YAML verfasst und tragen per Konvention die Dateiendung .yml oder .yaml. Das Playbook aus Listing 5.1 ist so ziemlich das einfachste, das überhaupt möglich ist:

```
---
- hosts: localhost

  tasks:
    - debug: msg="Hallo Ansible!"
```
Listing 5.1 »hallo-ansible.yml«: ein allererstes Playbook

Speichern Sie die Playbook-Datei in Ihrem *playbooks/*-Ordner.

> **Achtung**
> Falls Sie das Buch bis hierher nicht linear durchgearbeitet haben, sollten Sie entweder das YAML-Format hinreichend gut kennen oder *wirklich* erst Kapitel 4 lesen. Das Wesentliche bei YAML ist die korrekte Einrückung der Textbausteine – diese darf auf keinen Fall einfach irgendwie geschehen!

Bevor wir das Ganze starten, wollen wir zunächst den Inhalt klären:

- Das Schlüsselwort hosts gibt an, welche Target Hosts Sie ansprechen wollen. Anstelle von localhost wäre auch ein beliebiges Pattern (vergleiche Abschnitt 3.6) möglich.

Sehr oft sieht man hier auch den Gruppennamen `all`, um alle Inventory-Hosts anzusprechen. Auch eine Liste von Patterns wäre möglich, z. B.:

```
- hosts:
    - debian
    - centos
```

▸ Das Schlüsselwort `tasks` zeigt an, dass nun die Arbeitsschritte folgen, die die Target Hosts in den gewünschten Zielzustand überführen sollen.

▸ Der Aufruf des `debug`-Moduls ist momentan unser einziger Task; mit dem Parameter `msg` kann man die gewünschte Ausgabe bestimmen.

Auf Anhieb ist wahrscheinlich nicht völlig klar, warum das Playbook mit einer Liste beginnt. (YAML-technisch gesehen ist der Inhalt unseres Playbooks eine Liste mit einem einzigen Element!)

Die Erklärung ist folgende: Ein Playbook kann sich aus mehreren sogenannten *Plays* zusammensetzen – jeweils bestehend aus einer Menge von Hosts, denen gewisse Tasks zugeordnet sind. Playbooks mit mehr als einem Play werden Sie aber erst sehr viel später benötigen.

Um das Ganze (endlich) zu starten, verwenden Sie das Kommando `ansible-playbook` und übergeben Sie den Pfad zum Playbook als Parameter. Wenn Ihr aktuelles Arbeitsverzeichnis also der Wurzelordner unseres Projekts ist, dann so:

```
$ ansible-playbook playbooks/hallo-ansible.yml

PLAY [localhost] ************************************************************

TASK [Gathering Facts] ******************************************************
ok: [localhost]

TASK [debug] ****************************************************************
ok: [localhost] => {
    "msg": "Hallo Ansible!"
}

PLAY RECAP ******************************************************************
localhost                  : ok=2    changed=0    unreachable=0    failed=0
                                     skipped=0    rescued=0        ignored=0
```

Auch die Ausgabe hat etwas Klärungsbedarf:

▸ Die Ausgabe wird zunächst mit PLAY und der Auflistung der entsprechenden Zielsysteme (in unserem Beispiel lediglich `localhost`) eingeleitet. Sie können ein Play auch mit einem `name:`-Attribut versehen, dann würde an dieser Stelle der Wert dieses Attributes ausgegeben. Wenn das Playbook nur ein einziges Play enthält, macht man das in der Regel aber nicht.

▶ Es folgen nun alle Tasks mit einer kurzen Beschreibung und einem entsprechenden Ergebnis.

▶ Den Task »Gathering Facts« haben wir gar nicht bestellt, aber es ist das Default-Verhalten von Ansible, zu Beginn eines Plays erst einmal Informationen über die beteiligten Zielsysteme einzusammeln. Ich komme darauf in Abschnitt 6.2 noch ausführlich zu sprechen. In den meisten realen Playbooks braucht man diese Fakten auch; in unserem einfachen Beispiel könnte man durch die Angabe von gather_facts: no oder gather_facts: false auch auf das Einsammeln verzichten und so etwas Zeit sparen:

```
- hosts: localhost
  gather_facts: no

  # […]
```

▶ Die letzte Zeile liefert schließlich einen Abschlussbericht: Auf dem Zielsystem localhost wurden zwei Tasks mit dem gewünschten (erfolgreichen) Ergebnis beendet (ok=2), es gab keine Änderungen (changed=0), das Zielsystem war erreichbar (unreachable=0), und es schlugen keine Tasks fehl (failed=0). Die weiteren Felder skipped, rescued und ignored können Sie zunächst getrost ignorieren.

Nun ist localhost sicher ein nicht so häufiges Ziel für Verwaltungsaufgaben. Lassen Sie uns stattdessen einmal alle wirklichen Ziele im Testlabor ansprechen:

```
---
- hosts: all

  tasks:
    - debug: msg="Hallo Ansible!"
```

Listing 5.2 »hallo-alle.yml«: Hallo an alle

Und um das Ganze etwas spannender zu machen, fahren Sie doch die SUSE-Maschine vorher mal herunter (vagrant halt suse im *vagrant/*-Ordner). Das Ergebnis sieht dann in etwa so aus:

```
$ ansible-playbook hallo-alle.yml

PLAY [all] *********************************************************

TASK [Gathering Facts] *********************************************
ok: [ubuntu]
ok: [debian]
```

```
ok: [centos]
fatal: [suse]: UNREACHABLE! => {"changed": false, "msg":
"Failed to connect to the host via ssh: ssh: connect to host suse port 22:
No route to host", "unreachable": true}

TASK [debug] ***************************************************
ok: [debian] => {
    "msg": "Hallo Ansible!"
}
ok: [centos] => {
    "msg": "Hallo Ansible!"
}
ok: [ubuntu] => {
    "msg": "Hallo Ansible!"
}

PLAY RECAP *****************************************************
debian                     : ok=2    changed=0    unreachable=0    failed=0
centos                     : ok=2    changed=0    unreachable=0    failed=0
suse                       : ok=0    changed=0    unreachable=1    failed=0
ubuntu                     : ok=2    changed=0    unreachable=0    failed=0
```

Hier fällt zunächst auf, dass es pro Task keine fixe Reihenfolge der Zielsysteme zu geben scheint. Durch die parallele Abarbeitung ist das auch tatsächlich ziemlich zufällig; wir hatten dies in Abschnitt 3.4.1 bereits besprochen. Außerdem ist zu bemerken, dass suse komplett aus dem Spiel ausgeschieden ist, nachdem seine Unerreichbarkeit festgestellt wurde, denn der zweite Task hat erst gar nicht mehr versucht, diesen Host anzusprechen. Schließlich sollte die abschließende Statistik auch hier keine Rätsel aufgeben. Wenn Sie das Beispiel im Labor so nachvollzogen haben, denken Sie daran, die SUSE-Maschine wieder mitspielen zu lassen (vagrant up suse).

5.2   Formulierung von Tasks

Die allermeisten Tasks bestehen aus dem Aufruf eines Ansible-Moduls, gegebenenfalls mit geeigneter Parametrisierung.

[!] **Wichtig**

Der Deutlichkeit halber möchte ich dies noch einmal klar festhalten: Sie können pro Task nur *ein* Modul aufrufen! Wenn Ihre Aufgabe mit zwei (oder mehr) Modulaufrufen erledigt werden muss, benötigen Sie zwei (oder mehr) Tasks.

5.2 Formulierung von Tasks

Davon abgesehen, gestattet Ansible bei der Formulierung von Tasks aber durchaus gewisse Freiheiten – umso mehr sollten Sie sich im Team möglichst früh auf einen Style Guide bzw. einige Best Practices einigen.

Das Wichtigste ist, dass jeder Task ein `name`-Attribut bekommt. Bei einem `debug`-Task muss man das sicher nicht ganz so eng sehen, aber für die meisten anderen Arten von Tasks sollten Sie es sich zur Regel machen. Eine Leerzeile zwischen den einzelnen Tasks schadet sicher auch nicht. Sehen Sie hier ein Beispiel, wie man es besser nicht macht:

```
tasks:  # so eher nicht:
  - debug: msg="Hallo"
  - command: df -h /
  - service: name=sshd state=started
```

Viel besser wäre es so:

```
tasks:
  - name: Eine Test-Ausgabe
    debug: msg="Hallo"

  - name: Platzbedarf der Root-Partition ermitteln
    command: df -h /

  - name: Den SSH-Dienst starten
    service: name=sshd state=started
```

Anmerkung
Diese Tasks sind als reine Beispiele für guten und weniger guten Stil gedacht. Was `command`- oder `service`-Aufrufe wirklich tun, werden wir in Kürze besprechen.

Die Task-Namen erscheinen beim Playbook-Lauf auch in der Ausgabe, was Übersicht und Orientierung immens erleichtert. Der letzte der drei Tasks ist ein typisches Beispiel für einen parametrisierten Modulaufruf, bei dem die Parameter in der Form `<name1=wert1> <name2=wert2>` ... spezifiziert werden können.

Um lange (oder gar überlange) Zeilen zu vermeiden, kommt hier manchmal ein YAML-Block-Ausdruck zum Einsatz:

```
  - name: Den SSH-Dienst starten
    service: >
      name=sshd
      state=started
```

Alternativ können und sollten Sie die Parameter eher als YAML-Map spezifizieren. Achten Sie dabei penibel auf die Einrückebenen:

```
- name: Den SSH-Dienst starten
  service:
    name: sshd
    state: started
```

> **Tipp**
> Die Formulierung von Modul-Parametern als YAML-Map sollte die Methode der Wahl sein, sobald Sie zwei oder mehr Parameter übergeben möchten!

Maps haben keine Reihenfolge

Auch darauf sei an dieser Stelle noch einmal hingewiesen: Eine Map ist eine *ungeordnete* Menge von Schlüssel-Wert-Paaren. Deswegen ist es aus technischer Sicht auch völlig egal, in welcher Reihenfolge Sie diese hinschreiben. Hier drei Beispiele, die intern völlig identisch sind:

```
- name: Den SSH-Dienst starten
  service:
    name: sshd
    state: started

- name: Den SSH-Dienst starten
  service:
    state: started
    name: sshd

- service:
    state: started
    name: sshd
  name: Den SSH-Dienst starten
```

Sehr wohl ist das Ganze aber wieder eine Frage des Geschmacks – und im Team sehr schnell auch von Style Guides. Ein `name`-Attribut nach unten zu schreiben ist sicher ziemlich ungewöhnlich, und Sie würden sich damit recht schnell unbeliebt machen.

5.3 Beenden von Plays

Wollen Sie (meist zu Testzwecken) ein Play vorzeitig beenden, so steht Ihnen die Anweisung

```
  - meta: end_play
```

zur Verfügung, die Sie auf derselben Einrückebene wie einen normalen Task platzieren.

Das Play wird dann an dieser Stelle beendet.

5.4 Der problematische Doppelpunkt

Früher oder später möchten Sie irgendwo einen Doppelpunkt verwenden, z. B. in einer Debug-Message oder wie im Beispiel aus Listing 5.3 in einem Task-Namen:

```
---
- hosts: localhost

  tasks:
    - name: Sag mal: Wie geht das mit dem Doppelpunkt?
      debug: msg="So jedenfalls nicht..."
```
Listing 5.3 »error-colon.yml«: ein fehlerhaftes Playbook

Da ein Doppelpunkt gefolgt von einem Leerzeichen in YAML eine besondere Bedeutung hat, werden Sie sich hier einen Syntax-Error einhandeln:

```
ERROR! Syntax Error while loading YAML.
[...]
The offending line appears to be:

  tasks:
    - name: Sag mal: Wie geht das mit dem Doppelpunkt?
                   ^ here
```

Wenn Sie nicht auf Doppelpunkte verzichten können oder wollen, ist Abhilfe oft mit einer einfachen Quotierung ("..." oder '...') zu haben. Sollte jedoch auch der `msg`-Parameter des `debug`-Moduls einen Doppelpunkt enthalten, müssen Sie aus internen Gründen sogar doppelt quotieren:

```
---
- hosts: localhost

  tasks:
    - name: "Sag mal: Wie geht das mit dem Doppelpunkt?"
      debug: 'msg="So geht es: Hurra!"'
```
Listing 5.4 »colon.yml«: alle Doppelpunkte korrekt eingesetzt

Natürlich könnten die Rollen der doppelten und einfachen Hochkommas dabei auch vertauscht werden. Einfacher wäre es in diesem Fall jedoch gewesen, die YAML-Map-Parametrisierung zu wählen, denn dann würde eine simple Quotierung ausreichen:

```
---
- hosts: localhost

  tasks:
    - name: "Sag mal: Wie geht das mit dem Doppelpunkt?"
      debug:
        msg: "So geht es auch: Hurra!"
```

Listing 5.5 »colon2.yml«: ebenfalls alles korrekt

5.5 Kommandoaufrufe mit den Modulen »command« und »shell«

Gerade in der Anfangsphase, wenn man beginnt, sich mit Ansible vertraut zu machen, wird man des Öfteren Linux-Kommandos mit `command` oder `shell` aufrufen. Im Nachhinein wäre dabei ein spezielles Modul meist die bessere Wahl gewesen: das `file`-Modul statt eines `mkdir`-Aufrufs, das `user`-Modul statt eines `useradd`-Aufrufs, das `synchronize`-Modul statt eines `rsync`-Aufrufs.

Aber erstens muss man das alles erst mal wissen, und zweitens gibt es auch nicht für alles ein Modul. Wir sollten uns also frühzeitig einmal anschauen, wie sich `command`- und `shell`-Aufrufe im Playbook verhalten. (Als Ad-hoc-Aufrufe kennen Sie diese schon; siehe Abschnitt 3.1) Beginnen wir wieder mit einem simplen Beispiel:

```
---
- hosts: debian
  gather_facts: no

  tasks:
    - name: Platzbedarf der Root-Partition ermitteln
      command: df -h /
```

Listing 5.6 »command1.yml«: Aufruf eines Linux-Kommandos

```
$ ansible-playbook command1.yml

PLAY [debian] ************************************************************

TASK [Platzbedarf der Root-Partition ermitteln] **************************
```

```
changed: [debian]

PLAY RECAP *********************************************************
debian                     : ok=1    changed=1    unreachable=0    failed=0
```

Es fällt sofort auf, dass man – im Gegensatz zu einem Ad-hoc-Aufruf – nichts sieht. Und auf den zweiten Blick sehen Sie noch, dass Ansible einen Change berichtet (obwohl wir ziemlich sicher sind, dass ein `df -h` keine Änderungen am Zielsystem verursachen sollte).

Letzteres ist immerhin einfach erklärt: Ansible macht keine Analyse der aufzurufenden Linux-Kommandos und weiß deshalb einfach nicht, was wir hier tun. Per Default geht es daher bei einem solchen Task stets von einer Änderung aus. Sie können jedoch mit dem Task-Attribut `changed_when` diese Beurteilung selbst definieren.

Sobald Sie Bedingungen in Ansible kennengelernt haben (Abschnitt 6.3), stehen Ihnen hier alle Möglichkeiten offen; in unserem aktuellen Fall hilft aber bereits eine grundsätzliche Verneinung mittels `changed_when: false`.

Ein `df`-Kommando verursacht schließlich nie eine Änderung am System:

```
---
- hosts: debian
  gather_facts: no

  tasks:
    - name: Platzbedarf der Root-Partition ermitteln
      command: df -h /
      changed_when: false
```

Listing 5.7 »command2.yml«: Aufruf eines Linux-Kommandos ohne Change

Es bleibt aber noch das Problem, dass Sie die Ausgabe des Kommandos nicht sehen, was leider auch nicht ganz so schnell zu lösen ist.

Zunächst einmal sollten Sie sich mit der Tatsache anfreunden, dass Playbooks nicht dazu gedacht sind, schönen Output zu produzieren. Sie sollen vielmehr Aktionen auf Zielsystemen durchführen, damit diese einen gewünschten Zielzustand erreichen; hübsche Ausgaben sind dabei irrelevant. Demzufolge werden auch alle Standardausgaben von `command`- oder `shell`-Aufrufen unterdrückt.

Durch einen kleinen Umweg kommen wir aber doch an sie heran (und noch an viele weitere Informationen): Ansible bietet die Möglichkeit, alle Informationen zum Ablauf eines Tasks strukturiert in einer Variablen zu speichern (Schlüsselwort `register`). Auf diese können Sie dann in einem späteren Task zugreifen:

```yaml
---
- hosts: debian
  gather_facts: no

  tasks:
    - name: Platzbedarf der Root-Partition ermitteln
      command: df -h /
      changed_when: false
      register: df_cmd

    - debug:
        msg: '{{df_cmd.stdout_lines}}'
```
Listing 5.8 »command3.yml«: Aufruf eines Linux-Kommandos mit anschließender Ausgabe

```
$ ansible-playbook command3.yml

PLAY [debian] ****************************************************

TASK [Platzbedarf der Root-Partition ermitteln] ******************
ok: [debian]

TASK [debug] *****************************************************
ok: [debian] => {
    "msg": [
        "Filesystem                    Size  Used Avail Use% Mounted on",
        "/dev/mapper/debian--10--vg-root   62G   1.2G   58G   2% /"
    ]
}

PLAY RECAP *******************************************************
debian                     : ok=2    changed=0    unreachable=0    failed=0
```

Eine registrierte Variable hat – je nach Art des Tasks – verschiedenste weitere Felder bzw. Attribute. Wir haben hier auf das Feld stdout_lines zugegriffen, es enthält eine Liste der einzelnen Ausgabezeilen und kommt damit der gewohnten Ausgabe relativ nahe.

(Die Darstellung solcher Strukturen auf dem Bildschirm kann man dabei durchaus etwas beeinflussen; siehe dazu Abschnitt 11.2.2.)

An die für den Variablenzugriff nötige Syntax mit den doppelten geschweiften Klammern '{{...}}' werden Sie sich recht schnell gewöhnen – Sie werden das später gefühlt in fast jedem Task benötigen. Tabelle 5.1 zeigt, welche Felder insgesamt zum Vorschein kämen, würden Sie sich im debug-Task die komplette Variable df_cmd ausgeben lassen:

Attribute	Wert
changed	Hat der Task eine Änderung am System durchgeführt?
failed	Ist der Task fehlgeschlagen?
cmd	Kommando mit Parametern
rc	UNIX-Returncode des Kommandos
start	Startzeit
end	Endezeit
delta	benötigte Ausführungszeit
stdout	Standardausgabe am Stück mit Newlines als \n
stdout_lines	Liste der einzelnen Standardausgabezeilen
stderr	Standardfehlerausgabe analog zu stdout
stderr_lines	Standardfehlerausgabe analog zu stdout_lines

Tabelle 5.1 Attribute eines »command«- oder »shell«-Tasks

Tipp

Das debug-Modul bietet noch eine einfachere Methode, den Inhalt einer Variable auszugeben. Alternativ zu

    - debug: msg='{{name_der_variable}}'

können Sie auch einfach

    - debug: var=name_der_variable

verwenden.

5.6 Fehler und Retry-Files

Fehler passieren – leider sogar mitunter dann, wenn man selbst alles richtig gemacht hat. In diesem Abschnitt wollen wir klären, wie Ansible mit Fehlern umgeht. Man unterscheidet zwei Arten von Fehlern:

1. Parsezeit-Fehler
2. Laufzeit-Fehler

Parsezeit-Fehler sind Fehler, die Ansible entdecken kann, bevor das Playbook überhaupt richtig »losläuft«: Vertipper bei Modul- oder Attributnamen, falsche YAML-Einrückung (sehr beliebt) oder Ähnliches. Dieser Fehlertyp ist eigentlich recht langweilig: Ansible gibt mehr oder weniger hilfreiche Erklärungen aus, Sie beheben den Fehler und versuchen es noch einmal.

Die eigentlich relevanten Fehler sind hingegen die *Laufzeit-Fehler*: Auf irgendeinem Host kann ein Task nicht erfolgreich durchgeführt werden – sozusagen ein schwerer Ausnahmefehler. Standardmäßig verhält sich Ansible bei einem Laufzeit-Fehler wie folgt:

> *Wenn ein Task auf einem Host in einen Fehler läuft, wird der entsprechende Host von allen weiteren Aktionen ausgeschlossen. Für die übrigen bis hierhin fehlerfreien Hosts geht das Play weiter.*

Sie können dies mit folgendem kleinen Playbook aus Listing 5.9 testen, das nur auf Debian-artigen Systemen erfolgreich ist. (Wenn Sie in Ihrem Inventory keine Unterscheidung zwischen Debian- und Nicht-Debian-Systemen treffen können, nehmen Sie bitte irgendein anderes Kommando, das nur auf einem Teil Ihrer Target Hosts erfolgreich sein kann.)

```
---
- hosts: all
  gather_facts: no

  tasks:
    - name: Suche nach "debian" in der Datei /etc/os-release
      command: grep -i debian /etc/os-release
      changed_when: false

    - debug: msg="Es geht weiter..."
```

Listing 5.9 »fail-on-non-debian.yml«: schlägt auf CentOS und SUSE fehl

Hier der Effekt (mit etwas gekürzter Ausgabe):

```
$ ansible-playbook fail-on-non-debian.yml

PLAY [all] *********************************************************

TASK [Suche nach "debian" in der Datei /etc/os-release] *******************
ok: [debian]
ok: [ubuntu]
```

```
fatal: [centos]: FAILED! => {"changed": false, "cmd": ["grep", "-i", "debian"
fatal: [suse]:   FAILED! => {"changed": false, "cmd": ["grep", "-i", "debian",

TASK [debug] ****************************************************
ok: [ubuntu] => {
    "msg": "Es geht weiter…"
}
ok: [debian] => {
    "msg": "Es geht weiter…"
}

PLAY RECAP ******************************************************
centos                     : ok=0    changed=0    unreachable=0    failed=1
debian                     : ok=2    changed=0    unreachable=0    failed=0
suse                       : ok=0    changed=0    unreachable=0    failed=1
ubuntu                     : ok=2    changed=0    unreachable=0    failed=0
```

Retry-Files

Im Fehlerfall kann Ansible eine Datei namens *<PLAYBOOKNAME>.retry* anlegen, die die Namen aller Failed Hosts enthält. Diese können Sie bei Bedarf bei einem erneuten Playbook-Lauf zum Limitieren verwenden (Option `--limit @<RETRYFILE>`), womit die Menge der Target Hosts gegebenenfalls sehr verkleinert wird.

Die Hosts, auf denen bereits alles erfolgreich gelaufen ist, muss man ja schließlich nicht noch einmal behelligen – auch das Feststellen der Idempotenz belastet die Systeme ein wenig.

Es gibt zwei Konfigurationsdirektiven, die dieses Verhalten steuern:

1. `retry_files_enabled` legt fest, ob überhaupt Retry-Files erzeugt werden (Default ab Ansible 2.8: `false`, vorher `true`).
2. `retry_files_save_path` legt ein Verzeichnis fest, in das die Retry-Files geschrieben werden (per Default neben dem Playbook).

Meine Empfehlung: Retry-Files sind grundsätzlich nicht schlecht, nur der Default-Ablageort stört manchmal. Daher sollten Sie Ansible wie folgt konfigurieren:

```
# [defaults]
retry_files_enabled = yes
retry_files_save_path = ~/.ansible/retry-files
```

Listing 5.10 »ansible.cfg«: Aktivieren von Retry-Files

5.7 Tags

Mitunter ist es wünschenswert, anstelle eines kompletten Playbooks nur Teile davon laufen zu lassen. Wenn Sie bspw. gerade den 37. Task eines Playbooks entwickeln, kann es recht lästig sein, bei einem Testlauf immer die ersten 36 Tasks abwarten zu müssen.

Eine Möglichkeit in Ansible ist, Tasks optional mit *Tags* zu versehen, wie es das folgende Beispiel aus Listing 5.11 zeigt:

```
---
- hosts: localhost
  gather_facts: no

  tasks:
    - name: Sag hallo
      debug: msg="Hallo Ansible!"
      tags: hallo

    - name: Auslastung Root-FS bestimmen
      command: df -h /
      register: df_cmd
      changed_when: false
      tags: df

    - name: Ausgabe-Format 1
      debug: msg="{{ df_cmd.stdout }}"
      tags: [test, format1]

    - name: Ausgabe-Format 2
      debug: var=df_cmd.stdout_lines
      tags: [test, format2]

    - name: Das wars
      debug: msg="Fertig"
      tags: always
```

Listing 5.11 »tags.yml«: ein Beispiel für den Einsatz von Tags

Bei den zwei Ausgabetasks sehen sie, dass auch Listen von Tags möglich sind. Das spezielle Tag `always` bewirkt, dass der entsprechende Task immer ausgeführt wird (außer er wird explizit geskippt). Denkbare Aufrufe wären jetzt z.B.:

Alle mit "hallo" markierten Tasks:
```
$ ansible-playbook tags.yml -t hallo
```

Alle mit "df" oder "format1" markierten Tasks:
`$ ansible-playbook tags.yml -t df,format1`

Alle mit Tasks außer die mit "test" markierten:
`$ ansible-playbook tags.yml --skip-tags test`

Was aber nicht funktionieren kann, wäre der Aufruf

Das geht schief:
`$ ansible-playbook tags.yml -t test`

Das Problem ist natürlich, dass die hier benötigte Variable `df_cmd` nun überhaupt nicht existiert beziehungsweise definiert ist, da ja der df-Task, der sie hätte setzen sollen, nie gelaufen ist.

Wichtig

Wenn Sie mit Tags arbeiten, achten Sie stets darauf, dass auch *alle* Tasks, die Sie benötigen, entsprechend getaggt sind!

5.8 Das Kommando »ansible-playbook«

Das Kommando `ansible-playbook` ist bei der Arbeit mit Ansible sicher das zentrale Werkzeug (jedenfalls solange Sie die Kommandozeile nutzen). Wie jedes Linux-Kommando bietet es eine Vielfalt von Optionen; ich gebe nun zur Referenz einmal eine Übersicht der wichtigsten Möglichkeiten. `ansible-playbook` wird grundsätzlich wie folgt aufgerufen:

`ansible-playbook [OPTIONEN] playbook.yml [playbook2.yml …]`

Ja, Sie können `ansible-playbook` auch mit mehreren Playbooks aufrufen, was aber in der Praxis eher selten vorkommt. Dabei werden alle enthaltenen Plays in der entsprechenden Reihenfolge ausgeführt, und spätere Plays können auch auf Ergebnisse früherer Plays zugreifen (z. B. registrierte Variablen). Tabelle 5.2 gibt nun eine Übersicht der nützlichsten Optionen.

Option	Bedeutung
`-l <HOST_OR_GROUP>`	Aktionen auf gewisse Hosts beschränken.
`--list-hosts`	Ausgabe der Hosts, die vom Aufruf betroffen sind

Tabelle 5.2 »ansible-playbook«: die wichtigsten Optionen

Option	Bedeutung
`--list-tasks`	Übersicht über die Tasks eines Playbooks
`--start-at-task <NAME>`	Starte mit Task <NAME>. Joker wie »*« sind möglich.
`-i <INVENTORY_FILE>`	Alternatives Inventory benutzen.
`-v`	Verbose-Mode (bis zu 4 Wiederholungen möglich)
`-f <NUM>`	Anzahl der Forks (Default: 5)
`--syntax-check`	syntaktische Überprüfung des Playbooks
`--check`	»Dry Run«: Lauf ohne Durchführung von Änderungen
`--diff`	Dateiänderungen anzeigen. Oft mit `--check`.
`--step`	Schritt-für-Schritt-Abarbeitung
`-t <TAGS>`	Nur markierte Tasks ausführen.
`--skip-tags <TAGS>`	Markierte Tasks *nicht* ausführen.
`-e <VAR=WERT> / -e @<file.yml>`	Parametrisierung; siehe Abschnitt 6.1.2

Tabelle 5.2 »ansible-playbook«: die wichtigsten Optionen (Forts.)

Das sollte für die meisten Anwendungen ausreichen. Rufen Sie bitte, um die komplette Übersicht zu erhalten, den Befehl `ansible-playbook -h` auf.

5.9 Eine exemplarische Apache-Installation

Lassen Sie uns nun erstmalig einer anspruchsvolleren, aber dennoch überschaubaren Aufgabe zuwenden: eine Apache-Installation mit kleinen Anpassungen, nämlich der Startseite und Konfiguration. Das Ziel soll hier sein, gewisse typische Vorgehensweisen zu demonstrieren, und nicht etwa, ein komplettes Beispiel für eine Real-Life-Webserverinstallation zu liefern. Außerdem wollen wir uns zunächst einmal auf Target Hosts aus der Debian-Familie beschränken, da der Apache-Server in unseren Testdistributionen doch sehr unterschiedlich gehandhabt wird. Diese Unterschiede (elegant) in den Griff zu bekommen, wird eine Aufgabe für später sein.

Nennen Sie Ihr Playbook z. B. *apache.yml*. Wir werden uns Task für Task voranarbeiten; am Ende finden Sie das komplette Playbook am Stück.

5.9.1 Schritt für Schritt

Zu Beginn klären wir die beteiligten Hosts und leiten die Tasks-Sektion ein:

```
---
- hosts: [debian, ubuntu]

  tasks:
```

Sie sehen hier die zwei Zielhosts dargestellt mit der Inline-Notation einer YAML-Liste, die ein wenig kompakter daherkommt.

Beginnen wir mit dem ersten Task. Auf Debian-artigen Systemen sollte man stets mit aktuellen Paketlisten arbeiten, wenn man Installationen oder Upgrades durchführt.

Debian-Anwender kennen dafür die Kommandos `apt update` oder `apt-get update`; im Ansible-Kontext erledigen Sie das mit dem `apt`-Modul.

Um die Idempotenz zu ermöglichen bzw. um ständige unnötige Aktualisierungen zu vermeiden, können Sie mit dem Parameter `cache_valid_time` einen Zeitraum in Sekunden angeben, in dem der Apt-Cache als »frisch« betrachtet wird:

```
  - name: Paketlisten aktualisieren
    apt:
      update_cache: yes
      cache_valid_time: 3600
```

Die eigentliche Installation erledigen Sie ebenfalls mit dem `apt`-Modul:

```
  - name: Apache-Paket installieren
    apt:
      name: apache2
```

Der Start des Dienstes und die Integration in den Bootprozess sind auf Debian-Systemen eigentlich nicht nötig, weil die Postinstall-Routinen des Paketes das schon erledigen.

Aber später werden wir uns ja auch um CentOS- oder SUSE-Systeme kümmern, und da benötigt man diesen Schritt sehr wohl:

```
  - name: Dienst starten und in Bootprozess integrieren
    service:
      name: apache2
      state: started
      enabled: yes
```

Schließlich tauschen Sie die Standard-Begrüßungsseite des Apachen noch durch eine eigene Version aus. Eine Möglichkeit zum Hochladen von Dateien ist das copy-Modul. Typischerweise würden Sie mit dem Parameter src eine Quelldatei auf dem Control Host angeben, aber wir verwenden hier einmal aus Gründen der Übersichtlichkeit die direkte Inline-Notation mit dem Parameter content. Beachten Sie insbesondere den mit »|« eingeleiteten YAML-Block – eine sehr elegante Möglichkeit, kleinere Textpassagen unterzubringen:

```yaml
- name: Minimale Startseite einrichten
  copy:
    dest: /var/www/html/index.html
    mode: 0644
    content: |
      <!doctype html>
      <html>
        <head>
          <meta charset="utf-8">
          <title>Test</title>
        </head>
        <body>
          <h1>Willkommen auf unserer Homepage!</h1>
        </body>
      </html>
```

5.9.2 Das komplette Playbook

Das komplette Playbook sehen Sie in Listing 5.12:

```yaml
---
- hosts: [debian, ubuntu]

  tasks:
    - name: Paketlisten aktualisieren
      apt:
        update_cache: yes
        cache_valid_time: 3600

    - name: Apache-Paket installieren
      apt:
        name: apache2

    - name: Dienst starten und in Bootprozess integrieren
      service:
```

```yaml
      name: apache2
      state: started
      enabled: yes

  - name: Minimale Startseite einrichten
    copy:
      dest: /var/www/html/index.html
      mode: 0644
      content: |
        <!doctype html>
        <html>
          <head>
            <meta charset="utf-8">
            <title>Test</title>
          </head>
          <body>
            <h1>Willkommen auf unserer Homepage!</h1>
          </body>
        </html>
```

Listing 5.12 »apache.yml«: erstes einfaches Playbook zur Apache-Installation

Nach dem Aufruf mit `ansible-playbook apache.yml` sollten Sie im Browser die Startseiten bewundern können. Für ernsthaftere Arbeiten im HTTP-Umfeld ist auch das Tool `curl` eine große Hilfe; installieren Sie es bitte einmal aus dem gleichnamigen Paket, falls es auf Ihrem System noch nicht zur Verfügung steht.

Damit können Sie dann blitzschnell und ganz ohne Browser den Content über HTTP abrufen (sogar auf das Präfix `http://` könnten Sie noch verzichten):

```
$ curl http://debian
<!doctype html>
[…]
    <h1>Willkommen auf unserer Homepage!</h1>
[…]
```

5.9.3   »--start-at-task«, »--check«, »--diff«

Lassen Sie uns noch einen Blick auf drei nützliche Optionen für `ansible-playbook` werfen. Angenommen, Sie entwickeln gerade den letzten Task, der den Inhalt der Webseite hochlädt.

Selbst bei unserem kleinen Playbook ist es dann schon fast lästig, bei jedem Lauf alle vorangehenden Tasks abwarten zu müssen.

Hier kann die Option --start-at-task hilfreich sein, mit der man den Einstieg ins Play selbst festlegen kann. Sie müssen dabei den *Namen* des Tasks angeben, aber der Joker »*« ist dankenswerterweise erlaubt:

```
$ ansible-playbook apache.yml --start-at-task "Minimale Start*"

PLAY [debian,ubuntu] ************************************************

TASK [Gathering Facts] **********************************************
ok: [ubuntu]
ok: [debian]

TASK [Minimale Startseite einrichten] *******************************
ok: [debian]
ok: [ubuntu]

PLAY RECAP **********************************************************
debian                     : ok=2    changed=0    unreachable=0    failed=0
ubuntu                     : ok=2    changed=0    unreachable=0    failed=0
```

Die Idempotenz auch an dieser Stelle ist Ihnen sicher schon aufgefallen: Wenn Sie keine inhaltliche Änderung der Startseite durchführen, ist es für Ansible auch kein Change. *Falls* Sie jedoch eine Änderung durchführen, gibt es die interessante Möglichkeit eines Dry-Runs nebst Ausgabe der Unterschiede, d. h., Ansible kann Ihnen sagen, was es *tun würde*, ohne wirklich etwas zu tun. Angenommen wir ändern die Überschrift der Startseite:

```
$ ansible-playbook apache.yml --check --diff
[…]
--- before: /var/www/html/index.html
+++ after: /home/ansible/.ansible/tmp/ansible-local-9647f_m3pf8v/tmp53n38lny
@@ -5,6 +5,6 @@
     <title>Test</title>
   </head>
   <body>
-    <h1>Willkommen auf unserer Homepage!</h1>
+    <h1>Willkommen auf unserer Seite!</h1>
   </body>
 </html>

changed: [debian]
[…]
```

Man sieht, wie sich in der `<h1>`-Zeile das Wort »Homepage« in »Seite« ändern würde. Auf Ihrem System ist die Ausgabe natürlich bunt und damit noch viel besser verständlich.

5.10 Handler: Tasks nur bei Changes durchführen

Wir wollen nun unser Apache-Playbook noch etwas erweitern: Der Apache-Server soll eine kleine Konfigurationsanpassung in Form einer Plugin-Konfigurationsdatei bekommen.

5.10.1 Schritt für Schritt

Nehmen wir exemplarisch ein Redirect (dafür muss man in aller Regel kein weiteres Apache-Modul einbinden):

```
- name: Plugin-Config hochladen
  copy:
    dest: /etc/apache2/conf-available/redirect.conf
    content: |
      Redirect /go http://www.google.de
```

Auf Debian-Systemen reicht das aber nicht; die neue Konfiguration muss auch eingebunden werden. Dazu steht das Debian-Kommando `a2enconf` zur Verfügung, das im benachbarten *conf-enabled*-Verzeichnis einen symbolischen Link anlegt.

Das machen wir uns auch sogleich mit dem `create`-Parameter zunutze, um für Idempotenz zu sorgen:

```
- name: Config aktivieren
  command:
    cmd: a2enconf redirect
    creates: /etc/apache2/conf-enabled/redirect.conf
```

Was passiert hier? Das auszuführende Kommando ist `a2enconf redirect` und wird durch `cmd` definiert. Wenn das bereits alles wäre, würde Ansible dieses Kommando bei jedem Lauf ausführen und stets einen Change berichten, weil Commands (wie Sie bereits wissen) nicht idempotent sind.

Das wäre in diesem Fall nicht einmal schlimm – nur unschön. Um jetzt noch die Idempotenz zu erreichen, können Sie mit dem Zusatz `creates` eine Datei angeben, und wenn diese bereits vorhanden ist, spart sich Ansible einfach die Ausführung des Kommandos und berichtet »ok«. Das passt in unserem Fall prima, denn das Kommando legt bei erfolgreicher Ausführung tatsächlich eine Datei an (genauer: einen symbolischen Link). In anderen Situationen muss man mit `creates` vielleicht kritischer umgehen, denn es geht dabei immer nur um das *Vorhandensein* einer Datei und nicht um die Frage, *ob auch das Richtige drinsteht.*

Zu guter Letzt wird natürlich noch ein Reload des Apache-Dienstes fällig:

```
- name: reload apache
  service:
    name: apache2
    state: reloaded
```

Lassen Sie das Playbook mit den neuen Schritten ablaufen. Danach testen Sie im Browser oder wieder einfach mit `curl`:

```
$ curl http://debian/go
<!DOCTYPE HTML PUBLIC "-//IETF//DTD HTML 2.0//EN">
<html>
<head>
<title>302 Found</title>
</head>
<body>
<h1>Found</h1>
<p>The document has moved <a href="http://www.google.de">here</a>.</p>
<hr>
<address>Apache/2.4.38 (Debian) Server at debian Port 80</address>
</body>
</html>
```

So weit ist alles prima. Etwas störend ist nur noch die Tatsache, dass die `reloaded`- und `restarted`-Zustände des `service`-Moduls *niemals idempotent* sind. Oder einfacher: Der Reload wird immer durchgeführt, egal ob eine Konfigurationsänderung stattgefunden hat oder nicht. Und das ist die Stelle, wo die *Handler* ins Spiel kommen.

5.10.2 Handler

Eine elegante Lösung des Problems sind *Handler*, die nur dann aufgerufen werden, wenn auch wirklich eine Änderung stattgefunden hat.

Dazu müssen Sie in dem Task, der die Änderung gegebenenfalls durchführt, den Handler mit `notify` benachrichtigen:

```
- name: Plugin-Config hochladen
  copy:
    dest: /etc/apache2/conf-available/redirect.conf
    content: |
      Redirect /go http://www.google.de
  notify: reload apache
```

Beachten Sie dabei wieder die Einrückung: notify steht auf der Ebene das Tasks, es ist kein copy-Parameter!

Der eigentliche Reload-Task wandert nun in eine neue Play-Sektion namens handlers, die auf derselben Ebene wie tasks eröffnet wird:

```
handlers:

  - name: reload apache
    service:
      name: apache2
      state: reloaded
```

Wenn Sie das Ganze nun testen, sollte alles wie gewünscht funktionieren: keine Änderung – kein Reload. Wenn Sie aber das Redirect testweise irgendwie abändern, dann erhalten Sie folgendes Ergebnis:

```
$ ansible-playbook apache.yml
[…]
TASK [Plugin-Config hochladen] *******************************************
changed: [debian]
changed: [ubuntu]
[…]

RUNNING HANDLER [reload apache] ******************************************
changed: [debian]
changed: [ubuntu]

PLAY RECAP ***************************************************************
debian                     : ok=8    changed=2    unreachable=0    failed=0
ubuntu                     : ok=8    changed=2    unreachable=0    failed=0
[…]
```

Erläuterungen

- Ein Handler wird im Task durch ein notify benachrichtigt. Er wird über seinen Namen angesprochen.

  (Falls mehrere Handler benachrichtigt werden müssen, können Sie an notify auch eine Liste übergeben.)

- Die Handler laufen (wenn überhaupt) stets am Ende des Plays.
- Die Handler laufen in genau der Reihenfolge, in der sie unter handlers spezifiziert werden.
- **Wenn ein Play fehlschlägt, laufen die Handler nicht!**

Der letzte Punkt ist wirklich beachtenswert (und eigentlich nicht wünschenswert). Seit Version 1.9.1 können Sie dieses Standardverhalten ändern, und zwar gleich auf drei verschiedene Weisen:

1. mit dem Kommandozeilenschalter `--force-handlers`
2. mit der Einstellung `force_handlers: true` im Playbook
3. mit der Einstellung `force_handlers = true` in der *ansible.cfg* (empfohlen):

   ```
   # [defaults]
   force_handlers = true
   ```

   Listing 5.13 »ansible.cfg«: Ausschnitt

Handler früher aufrufen

Recht häufig besteht die Anforderung, gewisse Handler nicht erst am Ende des Plays aufzurufen, sondern schon früher. Bei Bedarf können Sie den Aufruf aller bislang benachrichtigten Handler wie folgt erzwingen:

```
#   [… Tasks …]

  - meta: flush_handlers

#   [… Tasks …]
```

Listing 5.14 Handler zu einem früheren Zeitpunkt aufrufen

Entkopplung vom Namen

Seit Ansible 2.2 ist es auch möglich, mit `listen` die Notification vom Handler-Namen zu entkoppeln. Hier folgt sinngemäß ein Beispiel aus der Ansible-Dokumentation:

```
tasks:
  - name: restart everything
    command: echo "this task will restart the web services"
    notify: "restart web services"

handlers:
  - name: restart memcached
    service: name=memcached state=restarted
    listen: "restart web services"

  - name: restart apache
    service: name=apache state=restarted
    listen: "restart web services"
```

5.10.3 Das komplette Playbook bis hierhin

Wir geben der neuen Version den Namen *apache2.yml* (der hoffentlich nicht missverständlich ist):

```yaml
---
- hosts: [debian, ubuntu]

  tasks:
    - name: Paketlisten aktualisieren
      apt:
        update_cache: yes
        cache_valid_time: 3600

    - name: Apache-Paket installieren
      apt:
        name: apache2

    - name: Dienst starten und in Bootprozess integrieren
      service:
        name: apache2
        state: started
        enabled: yes

    - name: Minimale Startseite einrichten
      copy:
        dest: /var/www/html/index.html
        mode: 0644
        content: |
          <!doctype html>
          <html>
            <head>
              <meta charset="utf-8">
              <title>Test</title>
            </head>
            <body>
              <h1>Willkommen auf unserer Homepage!</h1>
            </body>
          </html>

    - name: Plugin-Config hochladen
      copy:
        dest: /etc/apache2/conf-available/redirect.conf
        content: |
```

```
            Redirect /go http://www.google.de
      notify: reload apache

  - name: Config aktivieren
    command:
        cmd: a2enconf redirect
        creates: /etc/apache2/conf-enabled/redirect.conf

  handlers:

  - name: reload apache
    service:
      name: apache2
      state: reloaded
```
Listing 5.15 »apache2.yml«: Handler definieren und benachrichtigen

Kapitel 6
Playbooks und Tasks: fortgeschrittene Methoden

Das zentrale Thema dieses Kapitels ist der Umgang mit *Variablen*. So gut wie kein reales Playbook kommt ohne sie aus, denn erst mit Variablen wird es möglich, Unterschiede zwischen Zielsystemen effizient auszugleichen.

Weitere Punkte sind u. a. der Umgang mit Jinja-Templates und Kontrollstrukturen wie Bedingungen und Schleifen.

6.1   Variablen

Ansible bietet die Möglichkeit, in Tasks auf Variablen zuzugreifen. Dazu muss eine solche Variable zuvor an anderer Stelle definiert worden sein.

Es gibt unzählige Möglichkeiten, um dies zu tun (etwas genauer: über 20). In der Folge schauen wir uns einige dieser Möglichkeiten an.

6.1.1   Play Vars

Eine der vielen Möglichkeiten zur Variablendefinition ist eine vars-Sektion im Play. Im folgenden Beispiel aus Listing 6.1 sehen Sie, wie zwei Variablen definiert werden, deren Inhalt dann im einzigen Task mit dem debug-Modul ausgegeben wird:

```
---
- hosts: localhost
  gather_facts: false

  vars:
    farbe: blau
    zahl:  42

  tasks:
    - debug:
        msg: "Farbe: {{farbe}}, Zahl: {{zahl}}"
```
Listing 6.1 »vars1.yml«: erstes Beispiel für eine Variablendefinition im Playbook

```
$ ansible-playbook vars1.yml
[…]
ok: [localhost] => {
    "msg": "Farbe: blau, Zahl: 42"
}
[…]
```

So weit gibt es keine Überraschungen. Die für den Variablenzugriff benötigte Syntax mit den doppelten geschweiften Klammern '{{…}}' ist uns ja auch bereits im Abschnitt 5.5 begegnet.

6.1.2 Extra Vars

Eine weitere Möglichkeit zur Variablendefinition ist die Übergabe per Kommandozeile (Ansible nennt dies *Extra Vars*). Zur Demonstration nutzen wir einmal dasselbe Beispiel-Playbook aus dem letzten Abschnitt:

```
$ ansible-playbook vars1.yml -e zahl=100
[…]
ok: [localhost] => {
    "msg": "Farbe: blau, Zahl: 100"
}
[…]
```

Die Übergabe per Kommandozeile übertrumpft die Definition im Play – auch keine große Überraschung. Den Schalter -e können Sie bei Bedarf natürlich beliebig oft wiederholen:

```
$ ansible-playbook vars1.yml -e farbe=rot -e zahl=100
```

6.1.3 Präzedenzen

Wenn Sie dieselbe Variable an unterschiedlichen Stellen definieren, dann wird eine davon »gewinnen«. Nach unserem jetzigen Kenntnisstand ist bspw. eine Extra-Vars-Variable stärker als eine Play-Variable. Natürlich sind die Präzedenzregeln klar definiert; die ausführliche Rangliste der Prioritäten finden Sie unter *http://docs.ansible.com/ansible/playbooks_variables.html* im Abschnitt »*Variable Precedence: Where Should I Put A Variable?*«.

Die Ordnung der Liste geht von *schwach nach stark*, d.h.: **Was weiter unten steht, gewinnt.**

```
1. command line values (eg "-u user")
2. role defaults
3. inventory file or script group vars
```

4. inventory group_vars/all
5. playbook group_vars/all
6. inventory group_vars/*
7. playbook group_vars/*
8. inventory file or script host vars
9. inventory host_vars/*
10. playbook host_vars/*
11. host facts / cached set_facts
12. play vars
13. play vars_prompt
14. play vars_files
15. role vars (defined in role/vars/main.yml)
16. block vars (only for tasks in block)
17. task vars (only for the task)
18. include_vars
19. set_facts / registered vars
20. role (and include_role) params
21. include params
22. extra vars (always win precedence)

Die Play Vars finden Sie an Position 12 und die Extra Vars an Position 22. Damit können Sie jetzt wirklich sicher sein: Extra Vars auf der Kommandozeile gewinnen immer!

6.1.4 »set_fact«

Mitunter können Variablen erst während der Laufzeit eines Plays definiert werden – nichts anderes tut ja eine Variablendefinition mittels register, wie in Abschnitt 5.5 dargestellt. Mittels set_fact können Sie ebenfalls jederzeit bei Bedarf Variablen ins Spiel bringen bzw. vorhandene Variablen mit einem neuen Wert versehen:

```
---
- hosts: localhost
  gather_facts: false

  tasks:
    - name: Variablen definieren
      set_fact:
        farbe: blau
        zahl:  42

    - debug:
        msg: "Farbe: {{farbe}}, Zahl: {{zahl}}"
```

Listing 6.2 »set_fact.yml«: Variablendefinition mit set_fact

In der Präzedenzliste finden Sie set_fact gemeinsam mit register auf Position 19 (es ist also ziemlich stark).

> **Anmerkung**
>
> Etwas Erklärungsbedarf hat vielleicht noch der ungewöhnliche Name »set_fact«. Wäre etwas wie »set_variable« nicht plausibler gewesen?
>
> Fakten bzw. Facts, die Sie in Kürze in Abschnitt 6.2 kennenlernen werden, sind in Ansible *host-spezifische Variablen*. Und dasselbe trifft auf Variablen zu, die Sie mittels set_fact definieren: Sie sind ab dem Zeitpunkt der Definition nur für den Host sichtbar, der den set_fact-Task gerade ausgeführt hat.
>
> Man hat diesen Namen also wohl gewählt, um die konzeptuelle Verwandtschaft zu den Facts deutlich zu machen.

6.1.5 »group_vars«

Um Unterschiede zwischen Systemen zu handhaben, brauchen wir Methoden, mit denen eine Variable je nach System einen anderen Wert zugewiesen bekommt. Wir nehmen dazu erst einmal alle Hosts an Bord, und sämtliche Variablendefinitionen lassen wir heraus:

```
---
- hosts: all
  gather_facts: false

  tasks:
    - debug:
        msg: "Farbe: {{farbe}}, Zahl: {{zahl}}"
```
Listing 6.3 »vars2.yml«: ein von externer Parametrisierung abhängiges Playbook

Damit können wir nebenbei auch direkt verifizieren, dass der Zugriff auf eine undefinierte Variable mit einem fatalen Laufzeit-Fehler endet:

```
$ ansible-playbook vars2.yml

TASK [debug] ****************************************************
fatal: [ubuntu]: FAILED! => {"msg": "The task includes an option with an
undefined variable. The error was: 'farbe' is undefined[…]
```

[… dasselbe für alle anderen Hosts …]

Welche Möglichkeiten gibt es nun, Variablen außerhalb eines Playbooks zur Verfügung zu stellen (abgesehen von den Extra Vars)?

Ansible sucht u. a. in einem Verzeichnis mit dem Namen group_vars, und zwar

- parallel zur benutzten Inventory-Datei oder
- parallel zum benutzten Playbook.

In diesem Verzeichnis erwartet Ansible dann wahlweise

- *entweder* eine Datei *<GRUPPENNAME>.yml*
- *oder* ein Verzeichnis *<GRUPPENNAME>/* mit beliebig benannten *.yml*-Dateien.

Wenn Sie unserem Vorschlag zum Aufbau der Verzeichnisstruktur gefolgt sind (Abschnitt 2.1), dann haben Sie den *group_vars*-Ordner bereits zur Verfügung. Lassen Sie uns nun die Tatsache nutzen, dass die Gruppe all jeden Host enthält, und platzieren Sie in *inventories/devel/group_vars/* die folgende Datei *all.yml*, die somit Default-Werte für alle Hosts zur Verfügung stellt:

```
---
farbe: LightGray
zahl: 50
```

Listing 6.4 »inventories/devel/group_vars/all.yml«: Default-Werte für alle Hosts

Und schon sollte unser Playbook auch erfolgreich laufen können:

```
$ ansible-playbook vars2.yml
[…]
TASK [debug] ********************************************************
ok: [debian] => {
    "msg": "Farbe: LightGray, Zahl: 50"
}
ok: [ubuntu] => {
    "msg": "Farbe: LightGray, Zahl: 50"
}
ok: [centos] => {
    "msg": "Farbe: LightGray, Zahl: 50"
}
ok: [suse] => {
    "msg": "Farbe: LightGray, Zahl: 50"
}
[…]
```

Damit haben wir zwar immer noch keine individuelle Parametrisierung, aber nun könnten wir ja problemlos weitere Dateien für speziellere Gruppen bereitstellen. Angenommen, Sie möchten alle SUSE-Hosts »grün färben«. In unserem Inventory haben wir eine Gruppe suse_hosts definiert, also würde Ansible auch eine Datei *group_vars/suse_hosts.yml* als Parameterdatei beachten und einlesen:

```
---
farbe: Green
```

Listing 6.5 »inventories/devel/group_vars/suse_hosts.yml«: gesonderte Einstellung für SUSE-Hosts

Und damit:

```
$ ansible-playbook vars2.yml
[…]
TASK [debug] ****************************************************************
ok: [ubuntu] => {
    "msg": "Farbe: LightGray, Zahl: 50"
}
ok: [centos] => {
    "msg": "Farbe: LightGray, Zahl: 50"
}
ok: [suse] => {
    "msg": "Farbe: Green, Zahl: 50"
}
ok: [debian] => {
    "msg": "Farbe: LightGray, Zahl: 50"
}
[…]
```

Wie gehabt, möchte ich auch bei dieser Methode den Präzedenzrang benennen: Mit unserer Datei *group_vars/all.yml* liegen wir auf Rang 4 (sehr schwach), und mit einer spezielleren Datei *group_vars/*.yml* immerhin auf Rang 6 (etwas stärker).

6.1.6 »host_vars«

Vermutlich können Sie sich schon denken, wie es hier weitergeht: Ansible unterstützt auch individuelle Parametrisierung bis auf die Ebene einzelner Hosts.

Alle Konzepte funktionieren analog zu group_vars, aber ich halte trotzdem noch mal fest:

Ansible sucht auch in einem Verzeichnis mit dem Namen host_vars, und zwar

- parallel zur benutzten Inventory-Datei oder
- parallel zum benutzten Playbook.

In diesem Verzeichnis erwartet Ansible dann wahlweise

- *entweder* eine Datei *<HOSTNAME>.yml*
- *oder* ein Verzeichnis *<HOSTNAME>/* mit beliebig benannten **.yml*-Dateien darin.

Natürlich müssen individuelle Hostparameter stärker sein als Gruppenparameter, und ein kurzer Blick in die Präzedenzliste bestätigt dies auch: Wir liegen mit dieser Methode auf Rang 9.

6.1.7 »vars_files«: Variablen in beliebigen externen Dateien

Neben `host_vars`- und `group_vars`-Dateien können Sie Variablen auch in beliebigen externen Dateien vorhalten, die Sie dann im Play mittels `vars_files` einbinden. Ein Beispiel sehen Sie in Listing 6.6:

```
- hosts: all

  vars_files:
    - vars/setup.yml
    - [ vars/additional.yml, vars/common.yml ]
```

Listing 6.6 Exemplarische Verwendung von vars_files

Hier würde Ansible der Reihenfolge nach die angegebenen Dateien laden, wobei die Datei *vars/setup.yml* auf jeden Fall vorhanden sein muss (sonst bricht das Play ab). Wenn wie in der zweiten Zeile eine Liste von Dateien spezifiziert wird, versucht Ansible der Reihe nach eine davon zu finden und zu laden. Die erste vorhandene Datei gewinnt – falls jedoch keine gefunden wird, bricht das Play auch hier mit einem Fehler ab. Die Methode belegt Ranglistenplatz 14.

6.1.8 Prompting

Seltener genutzt wird die (durchaus nicht uninteressante) Möglichkeit, mittels einer `vars_prompt`-Sektion Variablen erst zu Beginn der Laufzeit als Benutzereingabe abzufragen:

```
---
- hosts: localhost
  gather_facts: false

  vars_prompt:
    - name: var1
      prompt: Bitte einen Wert fuer var1 eingeben
      default: 42
      private: false

    - name: var2
      prompt: Und noch einen fuer var2 (darf niemand sehen)
```

```
      private: true

  tasks:
    - debug:
        msg: "var1 ist {{var1}}, var2 ist {{var2}}"
```
Listing 6.7 »prompting.yml«: interaktive Variableneingabe während der Laufzeit

```
$ ansible-playbook prompting.yml
Bitte einen Wert fuer var1 eingeben [42]: $ 100
Und noch einen fuer var2 (darf niemand sehen): $ _____
[…]
ok: [localhost] => {
    "msg": "var1 ist 100, var2 ist geheim"
}
[…]
```

Ein Aufruf mit entsprechenden Extra Vars würde das Prompting übergehen (die etwas vertrackte Quotierung ist nur nötig wegen des enthaltenen Leerzeichens):

```
$ ansible-playbook -e var1=111 -e var2="'Ein Text'" prompting.yml
```

Der Ranglistenplatz dieser Methode ist 13.

6.1.9 Zugriffe auf komplexe Strukturen

Variablen können nicht nur simple Einzelwerte enthalten, sondern auch komplexe verschachtelte Strukturen, wie das folgende Beispiel zeigt:

```
---
- hosts: all
  gather_facts: no

  vars:
    motd:
      gruss: Hallo lieber Besucher!
      spruch:
        - Früher Vogel fängt den Wurm.
        - Was Hänschen nicht lernt, lernt Hans nimmermehr.
      lotto: [2, 8, 17, 33, 34, 42]

  tasks:
    - name: /etc/motd hochladen
      copy:
        dest: /etc/motd
        content: |
```

```
    {{ motd.gruss }}

    Spruch des Tages: {{ motd.spruch[0] }}

    Lottozahlen vom Wochenende: {{ motd.lotto | join(', ') }}
```
Listing 6.8 »vars-complex.yml«: Arbeiten mit komplex strukturierten Variablen

Hierzu einige Erklärungen:

- Auf Werte in verschachtelten Hashes greifen Sie mit folgender Notation zu:
  `hash.key1.key2…`
  Alternativ steht die Syntax
  `hash['key1']['key2'][…]`
  zur Verfügung.

- Auf Listenwerte greifen Sie mit folgender Notation zu:
  `liste[POS]`
  Die Indizierung beginnt wie üblich bei 0.

- Um die Listenelemente wieder zu einem Text »zusammenzukleben«, steht Ihnen der Jinja2-Filter `join()` zur Verfügung; dazu mehr in Abschnitt 6.5.

6.1.10 Seid ihr alle da?

In größeren Umgebungen hat man schnell die Situation, dass es auf der einen Seite die Playbook-Autoren und auf der anderen die Playbook-Anwender gibt. Wie aber kann nun der Anwender eines Playbooks wissen, welche Variablen überhaupt benötigt werden? Soll er einfach das Playbook laufen lassen, um festzustellen, ob es mittendrin »knallt«?

An erster Stelle wäre hier eine geeignete Dokumentation hilfreich, aber damit ist es in der Realität leider oft nicht weit her. Eine Verbesserung könnte es immerhin sein, mithilfe des `assert`-Moduls in einem sehr frühen Task das Vorhandensein aller benötigten Werte zu überprüfen:

```
---
- hosts: debian
  gather_facts: no

  tasks:
    - assert:
        that:
          - hostname is defined and hostname != ''
```

```
            fail_msg: Die Variable hostname ist nicht vorhanden oder leer

  - name: Hostname setzen
    hostname:
      name: "{{ hostname }}"
```
Listing 6.9 »assert.yml«: Sicherstellen gewisser Anforderungen

Alle Bedingungen unter that müssen erfüllt sein, ansonsten steigt das Play an dieser Stelle aus. In diesem Beispiel gibt es nur eine Bedingung, und das ist auch sinnvoll, wenn Sie optional mit einer angepassten Fehlermeldung (fail_msg) arbeiten möchten. (Gibt es mehrere Bedingungen, so kann die Fehlermeldung natürlich nicht wissen, welche gegebenenfalls fehlgeschlagen ist.)

Über die bei Bedingungen mögliche Syntax werden wir in Kürze sprechen. Wenn man Bedingungen nur lesen muss (wie in diesem Fall), sollte es meist keine Verständnisprobleme geben.

6.2 Facts und implizite Variablen

6.2.1 Facts

Wenn Sie in einem Playbook gather_facts auf true/yes setzen oder die Zeile gleich ganz weglassen, so sammelt Ansible zu Beginn erst einmal Informationen über den/die Target Host(s). Diese stehen dann in der Datenstruktur ansible_facts zur Verfügung und können genau wie normale Variablen verwendet werden.

Am besten führen Sie für irgendeinen Host einmal

```
$ ansible <HOST> -m setup
```

aus und schauen sich das Ganze in Ruhe an. (Der Host debian aus unserer Laborumgebung produziert dabei bspw. über 760 Textzeilen. Diese hier abzudrucken ersparen ich Ihnen einfach mal.)

Im Ad-hoc-Modus können Sie auch filtern, wenn Sie nicht alle Facts sehen möchten. So setzen Sie bspw. einen Filter auf alle Facts, die Distributionsinformationen enthalten:

```
$ ansible debian -m setup -a 'filter=ansible_distribution*'
debian | SUCCESS => {
    "ansible_facts": {
        "ansible_distribution": "Debian",
        "ansible_distribution_file_parsed": true,
        "ansible_distribution_file_path": "/etc/os-release",
        "ansible_distribution_file_variety": "Debian",
```

```
        "ansible_distribution_major_version": "10",
        "ansible_distribution_release": "buster",
        "ansible_distribution_version": "10.3"
    },
    "changed": false
}
```

Zugriff auf Facts

Die Ausgabe des `setup`-Moduls ist leider etwas irreführend. Schauen Sie sich einmal den oberen Bereich an, so finden Sie dort bspw. den Schlüssel `ansible_architecture` mit einem einfachen Wert wie `x86_64`:

```
$ ansible -m setup debian
debian | SUCCESS => {
    "ansible_facts": {
        "ansible_all_ipv4_addresses": [
            "192.168.150.130",
            "192.168.150.10"
        ],
        "ansible_all_ipv6_addresses": [
            "fe80::20c:29ff:fe55:a423",
            "fe80::20c:29ff:fe55:a42d"
        ],
        "ansible_apparmor": {
            "status": "enabled"
        },
        "ansible_architecture": "x86_64",
[…]
```

Wenn Sie diesen Wert nun in einem Playbook verwenden möchten, würden Sie nach allem, was Sie in Abschnitt 6.1.9 erfahren haben, sicher etwas schreiben wie

```
- debug: var=ansible_facts.ansible_architecture
- debug: var=ansible_facts['ansible_architecture']
```

Nur leider bekommen Sie mit beiden Varianten nur »Undefiniert« als Wert zurück. Erfolgreich wären Sie hingegen mit

```
- debug: var=ansible_facts.architecture

# oder (nur andere Notation)
- debug: var=ansible_facts['architecture']

# oder(!)
- debug: var=ansible_architecture
```

Halten wir daher fest:

- Wenn Sie über die Map `ansible_facts` auf Fakten zugreifen, so müssen Sie die Schlüssel der ersten Ebene stets *ohne* das Präfix `ansible_` verwenden.
- Die Schlüssel der ersten Ebene stehen außerdem als normale Variablen *mit* dem Präfix `ansible_` zur Verfügung.

Ob man Letzteres will oder nicht, ist sogar konfigurierbar mit der Einstellung `inject_facts_as_vars`. Diese wurde mit Ansible 2.5 eingeführt und steht defaultmäßig auf `true`.

6.2.2 Cachen von Facts

Das Zusammensuchen der Facts auf einem Host kann sich durchaus zeitintensiv oder performance-lastig gestalten. Es gibt aber die Möglichkeit, das Ergebnis für einen definierten Zeitraum zu cachen – in einfachen JSON- oder YAML-Dateien oder in einer NoSQL-Datenbank (zumeist Redis). Mit folgender Konfiguration erreichen Sie ein Caching mit JSON-Files (in den allermeisten Fällen ist das völlig ausreichend):

```
# [defaults]
gathering = smart
fact_caching = jsonfile
fact_caching_connection = ~/.ansible/fact_cache
fact_caching_timeout = 86400
```

Listing 6.10 »ansible.cfg«: Ausschnitt

`fact_caching_connection` und `fact_caching_timeout` sind dabei natürlich frei wählbar.

Um den Cache vorzeitig zu erneuern, stehen Ihnen mehrere Möglichkeiten zur Verfügung:

- das manuelle Löschen der Cache-Dateien
- ein Aufruf des `setup`-Moduls als Ad-hoc-Kommando oder Playbook-Task
- der Aufruf von **ansible-playbook --flush-cache <playbook.yml>**

> [!] **Achtung: Alles wird gecacht!**
> Mit aktivem Fakten-Cache werden alle Facts gecacht – auch solche, bei denen es (zumindest auf den ersten Blick) eigentlich wenig Sinn ergibt, wie z. B. `ansible_date_time`. Dies ist auch schon in der Ansilbe Community diskutiert worden; letztlich wäre es aber zu aufwendig, einzelne Facts vom Caching auszunehmen. Die Ansible-Entwickler gaben außerdem den Hinweis, dass `ansible_date_time` sowieso *nie* exakt der momenta-

nen Serverzeit entspricht, da das Einsammeln der Fakten auch ohne Caching ja immer schon zu Beginn des Playbook-Laufs passiert.

Andere Anwender meinten zudem, dass sie mittels `ansible_date_time` bestimmen, wie alt der Cache-Inhalt ist (und deswegen sehr genervt wären, wenn sich das gewohnte Verhalten ändern sollte).

6.2.3 Implizite Variablen

In Ansible gibt es auch *implizite Variablen*, die auf jeden Fall immer da sind. Die folgende Tabelle zeigt die wichtigsten:

Variable	Bedeutung
`inventory_hostname`	der Name des Hosts im Inventory
`inventory_hostname_short`	Inventory-Hostname ohne Domain
`groups`	Hash mit allen Inventory-Gruppen und deren Inhalt
`hostvars`	Hostvariablen aller Inventory-Hosts (inkl. Facts)
`playbook_dir`	Verzeichnis, in dem das aktuelle Playbook liegt
`inventory_dir, inventory_file`	Directory bzw. Datei des aktuellen Inventory-Hosts
`role_path, role_name`	Datei bzw. Name der aktuellen Rolle (dazu später mehr)
`ansible_version`	Versionsinformationen zum eingesetzten Ansible

Für eine komplette Übersicht siehe auch *http://docs.ansible.com/ansible/reference_appendices/special_variables.html*.

6.2.4 Ein Beispiel

Facts oder implizite Variablen – für die Verwendung ist es völlig egal, von welcher Art die Variable ist. Hier folgt ein Beispiel, in dem eine Menge typischer Facts und impliziter Variablen benutzt werden:

```
---
- hosts: all
```

```
tasks:
  - name: Einige Fakten
    debug:
      msg: >-
        {{inventory_hostname}} ({{ansible_host}})
        ist ein {{ansible_distribution}},
        Version {{ansible_distribution_major_version}}
        ({{ansible_distribution_version}}),
        Familie {{ansible_os_family}}

  - name: Einige implizite Variablen
    debug:
      msg: >-
        Dein Playbook liegt in {{playbook_dir}},
        Dein Inventory in {{inventory_dir}}
    run_once: true

  - name: Gruppeninfo
    debug:
      msg: Deine Gruppen inkl. Hosts sind {{groups}}
    run_once: true

  - name: Hosts
    debug:
      msg: Alle Deine Hosts sind {{groups.all | sort}}
    run_once: true

  - name: Hostinfo
    debug:
      msg: >-
        Die IPv4-Adressen von {{item}} sind
        {{hostvars[item].ansible_all_ipv4_addresses}}
    with_items: '{{groups.all | sort}}'
    run_once: true
```

Listing 6.11 »facts-and-magic-vars.yml«

Die run_once-Zusätze sorgen dafür, dass die jeweiligen Tasks nur einmal laufen anstatt für jeden Host immer wieder (was unsinnig wäre, da sie immer gleich sind). Der letzte Task ist eine Schleife über alle Inventory-Hosts. Auf diese Technik komme ich in Kürze zu sprechen.

6.2.5 Externe Informationsbeschaffer: »facter« und »ohai«

Wenn auf einem Target Host die Kommandos `facter` bzw. `ohai` installiert sind, so werden diese bei der Informationsbeschaffung *automatisch zusätzlich* aufgerufen.

Die entsprechenden Facts werden dann mit dem Präfix »`facter_`« bzw. »`ohai_`« in die Ansible-Facts mit eingebunden.

6.2.6 Noch nicht genug Fakten? »/etc/ansible/facts.d«!

Wenn Ihnen das alles noch nicht reicht, können Sie auch eigene Facts zur Verfügung stellen. Dies erreichen Sie, indem Sie **auf einem Target Host** ein Verzeichnis */etc/ansible/facts.d/* anlegen und dort dann **.fact*-Dateien im JSON-Format ablegen:

```
{
  "os_coolness_factor": 9,
  "preferred_coffee_strength": "strong"
}
```

Listing 6.12 »/etc/ansible/facts.d/test.fact«: eine exemplarische Facts-Datei

Diese zusätzlichen Facts werden dann unter `ansible_local` mit in die Facts des entsprechenden Target Hosts eingebunden.

Anmerkung

Statt JSON kann auch das etwas unflexiblere INI-Format genutzt werden.

Anmerkung

Alternativ zu statischen Files können dort auch ausführbare Programme deponiert werden, die das gewünschte Ergebnis nach STDOUT schreiben!

6.3 Bedingte Ausführung mit »when«

In Ansible können Sie Tasks mit einer Bedingung verknüpfen, d. h. nur dann ausführen lassen, wenn eine Bedingung erfüllt ist. Dies gelingt mit dem zusätzlichen Task-Attribut »when«; dabei können Facts sowie eigene Variablen mit einbezogen werden:

```
- name: Ausgabe nur auf Debian-Systemen
  debug: msg="Hallo Debian-System!"
  when: ansible_os_family == "Debian"
```

Bedingungen können wie üblich mit not, and und or verknüpft werden. Natürlich sind auch runde Klammern »(...)« erlaubt, um Präzedenzen zu klären oder die Verständlichkeit zu erhöhen.

Ähnlich wie in SQL steht auch ein in-Operator zur Verfügung, um das Vorkommen in Listen zu prüfen:

```
when: ansible_os_family in ["Debian", "RedHat"]
```

Sehr subtil wird die Syntax, wenn das zu überprüfende Element ein Textliteral ist. Sie müssen dann doppelt quotieren:

```
when: '"Katze" in tierliste'
```

Wenn Sie einfach eine Variable prüfen oder vergleichen möchten, aber nicht klar ist, ob diese überhaupt einen definierten Wert hat, verwenden Sie Konstrukte wie:

```
[...]
when: myvar is defined

[...]
when: myvar is undefined

[...]
when: myvar is defined and myvar == "wasauchimmer"
```

Mitunter gibt es noch die Anforderung, Software-Versionsnummern zu vergleichen. Die einfache Herangehensweise scheitert oft daran, dass die Nummern intern in einer Textrepräsentation vorliegen:

```
# DAS FUNKTIONIERT NICHT:
[...]
when: ansible_distribution_version >= 9
```

Und wenn Sie an Versionen wie »19.10« oder gar »4.19.0« denken, dann wird ein Zahlenvergleich sowieso schnell sehr fragwürdig. Ansible bietet hierfür den version-Test, z. B. so:

```
---
- hosts: all

  tasks:
    - debug: msg="Ein ziemlich neues Ubuntu"
      when: ansible_distribution == "Ubuntu"
            and
            ansible_distribution_version is version('19.10', '>=')
```

Listing 6.13 »version-compare.yml«: Vergleich von Versionsnummern

Das sollte erst einmal genügen. Weitere Möglichkeiten entnehmen Sie bei Bedarf bitte diesen Seiten:

- *http://docs.ansible.com/ansible/playbooks_conditionals.html*
- *http://docs.ansible.com/ansible/playbooks_tests.html*

6.4 Systemunterschiede ausgleichen – wie denn jetzt?

Sie erinnern sich sicher noch an unser Apache-Beispiel. Der letzte Stand der Dinge (Abschnitt 5.10.3) war eine sehr ordentlich funktionierende Variante für Debian- und Ubuntu-Systeme. Mittlerweile haben Sie eine Fülle von Möglichkeiten an der Hand, um die Installation auf alle Hosts (also auch suse und centos) auszudehnen. Aber wie genau?

Das erste Problem ist ja bereits, dass das Apache-Paket nicht auf allen Distributionen denselben Namen trägt. Lassen Sie uns anhand dieser Problemstellung einmal verschiedene Möglichkeiten betrachten.

Für den Fall, dass Sie jetzt schnellstmöglich die richtige Antwort brauchen: Alle Methoden außer der plumpen sind gut, und letztlich ist es mal wieder eine Geschmacksfrage. Ich würde in den meisten Fällen die modulare Methode empfehlen, und die solide Methode nur dann, wenn keine weiteren externen Dateien erwünscht sind.

6.4.1 Die plumpe Methode

Die plumpe Methode zum Ausgleich von Systemunterschieden sieht wie folgt aus:

```
---
- hosts: all

  tasks:
    - name: Apache auf Debian-Systemen installieren
      apt:
        name: apache2
      when: ansible_os_family == "Debian"

    - name: Apache auf CentOS-Systemen installieren
      yum:
        name: httpd
      when: ansible_os_family == "RedHat"

    - name: Apache auf SUSE-Systemen installieren
      zypper:
```

```
        name: apache2
      when: ansible_os_family == "Suse"
```
Listing 6.14 »apache-idee1.yml«

Das funktioniert prima, ist aber ungefähr so elegant wie der berühmte Elefant im Porzellanladen. Sie müssen sich ja vorstellen, dass Sie diese Unterscheidung ab sofort in so ziemlich jedem Task benötigen würden (das Paket heißt anders, der Dienst heißt anders, die Startseite muss an eine andere Stelle kopiert werden, ebenso die Konfigurationsdatei. Nein, danke).

6.4.2 Die solide Methode

Die solide Methode sieht so aus:

```
---
- hosts: all

  tasks:
    - name: Parameter für Debian-Systeme
      set_fact:
        apache_package_name: apache2
      when: ansible_os_family == "Debian"

    - name: Parameter für CentOS-Systeme
      set_fact:
        apache_package_name: httpd
      when: ansible_os_family == "RedHat"

    - name: Parameter für SUSE-Systeme
      set_fact:
        apache_package_name: apache2
      when: ansible_os_family == "Suse"


    - name: Apache installieren
      package:
        name: "{{apache_package_name}}"
```
Listing 6.15 »apache-idee2.yml«

Hier wird systemabhängig eine Variable gesetzt, die den Paketnamen enthält. Dank des generischen Paketmoduls `package` wird für die eigentliche Installation dann nur noch ein Task benötigt.

6.4 Systemunterschiede ausgleichen – wie denn jetzt?

Auf den ersten Blick wirkt das sogar etwas aufwendiger, aber wenn Sie sich einmal klarmachen, dass Sie in den ersten drei Tasks *alle* systemabhängigen Eigenschaften parametrisieren können und in den eigentlichen Arbeitstasks dann nur noch darauf zugreifen, sollten die Vorteile klar sein.

Lassen Sie uns das aber tatsächlich einmal auf die ersten beiden Arbeitstasks des Playbooks ausdehnen:

```yaml
---
- hosts: all

  tasks:
    - name: Parameter für Debian-Systeme
      set_fact:
        apache_package_name: apache2
        apache_service_name: apache2
      when: ansible_os_family == "Debian"

    - name: Parameter für CentOS-Systeme
      set_fact:
        apache_package_name: httpd
        apache_service_name: httpd
      when: ansible_os_family == "RedHat"

    - name: Parameter für SUSE-Systeme
      set_fact:
        apache_package_name: apache2
        apache_service_name: apache2
      when: ansible_os_family == "Suse"


    - name: Apache installieren
      package:
        name: "{{apache_package_name}}"

    - name: Dienst starten und in Bootprozess integrieren
      service:
        name: "{{apache_service_name}}"
        state: started
        enabled: yes
```

Listing 6.16 »apache-idee2b.yml«

6.4.3 Die trickreiche Methode

Die trickreiche Methode stellt sich wie folgt dar:

```yaml
---
- hosts: all

  vars:
    apache:
      Debian:
        package_name: apache2
        service_name: apache2
      RedHat:
        package_name: httpd
        service_name: httpd
      Suse:
        package_name: apache2
        service_name: apache2

  tasks:
    - name: Apache installieren
      package:
        name: "{{apache[ansible_os_family].package_name}}"

    - name: Dienst starten und in Bootprozess integrieren
      service:
        name: "{{apache[ansible_os_family].service_name}}"
        state: started
        enabled: yes
```
Listing 6.17 »apache-idee3.yml«

Hier wird eine Map aufgebaut, in der die eigentlichen Werte über den Familiennamen als Schlüssel erreichbar sind. Die große Eleganz liegt offensichtlich darin, dass so weit *keine* Fallunterscheidungen mit when mehr nötig sind!

6.4.4 Die modulare Methode

Die modulare Methode sieht so aus:

```yaml
---
- hosts: all

  tasks:
    - include_vars: apache_{{ansible_os_family}}.yml
```

```
  - name: Apache installieren
    package:
      name: "{{apache_package_name}}"

  - name: Dienst starten und in Bootprozess integrieren
    service:
      name: "{{apache_service_name}}"
      state: started
      enabled: yes
```
Listing 6.18 »apache-idee4.yml«

Hier lagern wir die distributionsspezifischen Parameter jeweils in eine eigene Datei aus. Im Falle von SUSE bspw. *apache_Suse.yml*. Die include_vars-Anweisung sucht nach diesen Dateien direkt neben dem Playbook oder in einem Unterordner *vars/* neben dem Playbook. Aus Gründen der besseren Übersichtlichkeit wird man meist letztere Variante bevorzugen:

```
---
apache_package_name: apache2
apache_service_name: apache2
```
Listing 6.19 »vars/apache_Debian.yml«

```
---
apache_package_name: httpd
apache_service_name: httpd
```
Listing 6.20 »vars/apache_RedHat.yml«

```
---
apache_package_name: apache2
apache_service_name: apache2
```
Listing 6.21 »vars/apache_Suse.yml«

Auch bei dieser Methode sind so weit keine Fallunterscheidungen nötig. Wir hätten damit also Eleganz und Übersichtlichkeit – sicher eine gute Mischung!

Wichtig

Bitte achten Sie beim Erstellen der externen Parameterdateien ganz penibel auf die korrekte Groß-/Kleinschreibung der Dateinamen; diese müssen wegen der include_vars-Anweisung den exakten Familiennamen enthalten! Schauen Sie sich im Zweifelsfall noch einmal schnell die Facts an:

```
$ ansible all -m setup | grep ansible_os
        "ansible_os_family": "Debian",
        "ansible_os_family": "RedHat",
        "ansible_os_family": "Suse",
        "ansible_os_family": "Debian",
```

Wenn Sie gar keine Lust auf verzwickte Groß-/Kleinschreibung haben, könnten Sie den Namen beim Include auch komplett in Kleinbuchstaben transformieren:

```
- include_vars: apache_{{ansible_os_family | lower}}.yml
```

Das ist thematisch allerdings ein Vorgriff auf Abschnitt 6.5.5.

6.4.5 Das komplette Playbook bis hierhin

Mit den neuen Erkenntnissen können wir nun die Apache-Installation auf alle vier Systeme (also auch auf CentOS und SUSE) ausdehnen. Die rein Debian-spezifischen Tasks haben wir mit when-Bedingungen versehen, und zur Paketinstallation verwenden wir nun das generische package-Modul. Wir geben der neuen Version den Namen *apache3.yml*:

```
---
- hosts: all

  tasks:
    - name: System-spezifische Parameter laden
      include_vars: apache_{{ansible_os_family}}.yml

    - name: Paketlisten auf Debian-Systemen aktualisieren
      apt:
        update_cache: yes
        cache_valid_time: 3600
      when: ansible_os_family == "Debian"

    - name: Apache-Paket installieren
      package:
        name: "{{apache_package_name}}"

    - name: Dienst starten und in Bootprozess integrieren
      service:
        name: "{{apache_service_name}}"
        state: started
        enabled: yes
```

```yaml
  - name: Minimale Startseite einrichten
    copy:
      dest: "{{apache_document_root}}/index.html"
      mode: 0644
      content: |
        <!doctype html>
        <html>
          <head>
            <meta charset="utf-8">
            <title>Test</title>
          </head>
          <body>
            <h1>Willkommen auf unserer Homepage!</h1>
          </body>
        </html>

  - name: Plugin-Config hochladen
    copy:
      dest: "{{apache_config_directory}}/redirect.conf"
      content: |
        Redirect /go http://www.google.de
    notify: reload apache

  - name: Config aktivieren (nur auf Debian-System nötig)
    command:
      cmd: a2enconf redirect
      creates: /etc/apache2/conf-enabled/redirect.conf
    when: ansible_os_family == "Debian"


  handlers:

  - name: reload apache
    service:
      name: "{{apache_service_name}}"
      state: reloaded
```

Listing 6.22 »apache3.yml«: Apache auf allen vier Distributionen

Hier noch die benötigten Vars-Dateien:

```yaml
---
apache_package_name: apache2
apache_service_name: apache2
```

```
apache_document_root: /var/www/html
apache_config_directory: /etc/apache2/conf-available
```

Listing 6.23 »vars/apache_Debian.yml«

```
---
apache_package_name: httpd
apache_service_name: httpd
apache_document_root: /var/www/html
apache_config_directory: /etc/httpd/conf.d
```

Listing 6.24 »vars/apache_RedHat.yml«

```
---
apache_package_name: apache2
apache_service_name: apache2
apache_document_root: /srv/www/htdocs
apache_config_directory: /etc/apache2/conf.d
```

Listing 6.25 »vars/apache_Suse.yml«

6.5 Jinja und Templates

Sie haben bereits das `copy`-Modul kennengelernt, mit dem Sie Dateien bzw. Inhalte auf Target Hosts transferieren können.

Das ist sicher eine sehr nützliche Sache, aber mitunter reicht es noch nicht, alle Zielsysteme mit derselben Version einer Datei auszustatten. An diesem Punkt kommen dann Begriffe wie *Templates* und *Jinja* ins Spiel, die ich in diesem Abschnitt beleuchten möchte.

6.5.1 Begriffsklärung: Templates und Template-Engines

Template bedeutet »Vorlage« oder »Schablone«. Fortgeschrittene Linux-User kennen Kommandos wie

```
$ find . -name "*.sh" -exec chmod 700 {} \;
```

oder

```
$ echo 'Hallo %NAME%!' | sed 's/%NAME%/John/'
```

Dabei sind `chmod 700 {}` und `Hallo %NAME%!` die Vorlagen, aus denen durch Ersetzen der Platzhalter ein konkretes Ergebnis gewonnen wird.

Die Kommandos `find` bzw. `sed` wären dann die *Template-Engines*, also die »Maschinen«, die aus der Vorlage ein konkretes, »lebendiges« Ergebnis herstellen.

Blickt man in die Welt der Programmiersprachen, so lässt sich feststellen, dass auch jede prominente Sprache eine Template-Engine besitzt. Diese steht in den meisten Fällen als Zusatzbibliothek zur Verfügung; nicht selten hat man hier sogar mehrere Varianten zur Verfügung. In der Programmiersprache Python ist die Template-Engine Jinja (*https://jinja.palletsprojects.com*) gewissermaßen der Hoflieferant in Sachen Templates und kommt deswegen auch in Ansible zum Einsatz. Da diese Bibliothek in Version 2 vorliegt, ist genauso oft auch die Rede von *Jinja2*. Für uns sind die Begriffe Jinja und Jinja2 synonym.

Jinja ist uns schon sehr oft begegnet. Immer wenn wir in einem Playbook einen Variablenzugriff realisieren, kommt Jinja zum Einsatz:

```
- debug: msg="Die Farbe ist {{farbe}}"
```

Sie denken sich jetzt möglicherweise: »Na ist das denn so schwierig, dass man für ein simples Suchen-und-Ersetzen eine komplette Bibliothek benötigt?« Sicher nicht, wenn das schon alles wäre. Aber wir nutzen damit momentan vielleicht ein Prozent der Fähigkeiten von Jinja; das soll sich auf den folgenden Seiten ändern.

6.5.2 Eine individuelle Startseite für unsere Apache-Server

Lassen Sie uns noch mal den letzten Stand unseres Apache-Beispiels aus Abschnitt 6.4.5 aufgreifen. Mithilfe von Jinja sollen unsere Apache-Server eine individuellere Startseite bekommen. Wir könnten jetzt sofort im Task »Minimale Startseite einrichten« loslegen, aber lassen Sie uns den Task etwas abändern und den HTML-Code zunächst in eine externe Datei auslagern:

```
- name: Minimale Startseite einrichten
  template:
    src: index.html.j2
    dest: "{{apache_document_root}}/index.html"
    mode: 0644
```

Nun kommt das `template`-Modul zum Einsatz, das seine Quelldatei durch Jinja »hindurchschickt«. Die Dateiendung *.j2* steht für »Jinja2« und zeigt an, dass es sich um eine Template-Datei handelt. Sie ist aber keineswegs verpflichtend und eher eine Konvention.

Das `template`-Modul sucht Quelldateien mit relativen Pfadangaben direkt neben dem Playbook oder in einem Unterordner *templates/*. Letzteres ist aus Gründen der Übersichtlichkeit zu bevorzugen. Legen Sie diese Datei dort ab:

```
<!doctype html>
<html>
  <head>
```

```
    <meta charset="utf-8">
    <title>{{inventory_hostname}}</title>
  </head>
  <body>
    <h1>Willkommen auf {{inventory_hostname}}!</h1>
  </body>
</html>
```

Listing 6.26 »templates/index.html.j2«

Lassen Sie Ihr Playbook erneut durchlaufen – jeder Apache-Server sollte Sie nun mit seinem Ansible-Namen begrüßen. Aber natürlich ist die Neuerung auch nur ein simpler Variablenzugriff. Lassen Sie uns die Möglichkeiten von Jinja tatsächlich einmal etwas ausreizen:

```
<!doctype html>
<html>
  <head>
    <meta charset="utf-8">
    <title>{{inventory_hostname}}</title>
  </head>
  <body bgcolor="{{farbe | default('LightGray')}}">
    <h1>Willkommen auf {{inventory_hostname}}!</h1>
    <h2>Lernen Sie unser Team kennen:</h2>
    <ul>
    {% for host in groups['all'] %}
      <li>
      {% if host != inventory_hostname %}
        <a href="http://{{ hostvars[host]['ansible_all_ipv4_addresses'] |
                    map('regex_search','^192\..*')                      |
                    select('string')                                    |
                    first }}">
        {{host}}
        </a>
      {% else %}
          <span style="background-color: LightCyan">{{host}}</span>
      {% endif %}
      </li>
    {% endfor %}
    </ul>
  </body>
</html>
```

Listing 6.27 »templates/index.html.j2«

Hier kommen Kontrollstrukturen wie if und for zum Einsatz – im Prinzip ist Jinja in der Tat eine Programmiersprache. Auch *Filter* wie default() spielen im Ansible-Kontext oft eine Rolle. Ich werde dies alles in den nächsten Abschnitten etwas genauer beleuchten. Was bei der neuen Version des Templates herauskommen sollte, zeigt Ihnen Abbildung 6.1.

Abbildung 6.1 Startseite eines der vier Apache-Server

Anmerkung

Zum Generieren der Links benötigen wir jeweils die IP-Adresse eines Hosts – das ist ein schwierigeres Problem, als man denken würde. Wenn Sie das Beispiel außerhalb unserer definierten Laborumgebung testen wollen, so ist die Filterung nach 192er-Adressen womöglich nicht passend. Lesen Sie im Bedarfsfall bitte Abschnitt 15.6, dort erhalten Sie Informationen, welche anderen Möglichkeiten Ihnen noch zur Verfügung stehen.

6.5.3 Schnelles Testen von Jinja-Templates

Die korrekte Funktion von Jinja-Templates ist mitunter nicht leicht zu testen. In der Regel entstehen durch das Templating ja Dateien auf entfernten Rechnern; Sie müssten also erst irgendein Playbook starten und sich nach dessen Ausführung auf einem entfernten System anmelden und nachsehen, ob das gewünschte Ergebnis entstanden ist. Mit ein paar kleinen Kniffen können Sie aber auch lokal und viel direkter testen.

Einfache »Inline«-ad-hoc-Tests

Jinja-Ausdrücke dürfen durchaus arithmetisch sein – damit können Sie sehr gut testen, ob Jinja wirklich etwas tut:

```
$ ansible localhost -m debug -a 'msg={{ 3 + 4 }}'
localhost | SUCCESS => {
    "msg": "7"
}
```

Bei diesem Ausdruck ist es natürlich völlig egal, ob Sie localhost oder irgendeinen anderen Target Host verwenden. Beim Zugriff auf Fakten müssen Sie dagegen umsichtig sein:

```
$ ansible suse -m debug -a 'msg={{ ansible_distribution }}'
suse | SUCCESS => {
    "msg": "openSUSE Leap"
}
```

[!] **Wichtig**
Der Zugriff auf Fakten in einem Ad-hoc-Kommando funktioniert nur, wenn Sie einen gefüllten und gültigen Fakten-Cache zur Verfügung haben (siehe Abschnitt 6.2.2)!

Testen von Template-Dateien

Wenn Ihr Template sich eher über eine ganze Datei erstreckt (so wie unsere Apache-Homepage), dann brauchen Sie etwas Trickreicheres. Nehmen Sie als Ausgangspunkt einmal dieses Shellskript:

```
#!/bin/bash
TARGET_HOST=$1
TEMPLATE_FILE=$2

if [ $# -ne 2 ]; then
    echo "Usage: $0 TARGET_HOST TEMPLATE_FILE" 1>&2
    exit 1
fi

ansible $TARGET_HOST -m debug \
    -a "msg={{lookup('template', '$TEMPLATE_FILE')}}" |
    sed '1s/.*=> //' |
    jq -r '.msg'
```

Listing 6.28 »jinja.sh«

Um das Skript nutzen zu können, benötigen Sie auf dem Control Host noch das Tool jq aus dem gleichnamigen Paket; bitte installieren Sie es gegebenenfalls nach.

Grundsätzlich läuft auch hier wieder ein debug-Aufruf, der dieses Mal aber mittels eines Lookups eine Template-Datei einliest, durch Jinja schickt und das Ergebnis ausgibt.

Das sed-Kommando macht dann richtiges JSON daraus, und der JSON-Prozessor jq gibt den Inhalt des msg-Attributs aus.

Sehen wir das Ganze in Aktion. Hier eine kleine Template-Datei:

```
Hallo von einem {{ansible_distribution}}-System!
Die Summe ist: {{3 + 4}}
```

Listing 6.29 »test.j2«

Und der Test:

```
$ ./jinja.sh ubuntu test.j2
Hallo von einem Ubuntu-System!
Die Summe ist: 7
```

Listing 6.30 Testen von »test.j2«

Bezüglich der Verwendung von Facts gelten natürlich dieselben oben genannten Einschränkungen!

6.5.4 Jinja-Syntax: Ausgabeausdrücke, Anweisungen, Kommentare

Dieser Abschnitt richtet sich ausdrücklich an DevOps mit ausgeprägtem Development-Hintergrundwissen!

Im Wesentlichen stellt Jinja diese drei syntaktischen Elemente zur Verfügung:

1. {{ … }} für Ausdrücke, die nach Auswertung in die Ausgabe übernommen werden
2. {% … %} für Anweisungen bzw. Kontrollstrukturen
3. {# … #} für Kommentare, die nicht in die Ausgabe übernommen werden

Ausdrücke

Die einfachsten Jinja-Ausdrücke sind Zahlen (Integer oder Fließkomma) und Texte (quotiert mit einfachen oder doppelten Hochkommas). Dazu kommen noch die boolschen Ausdrücke true und false.

Mit diesen Grundbausteinen können Sie dann komplexere Ausdrücke aufbauen. Hier stehen die für Programmiersprachen typischen Möglichkeiten zur Verfügung:

- **mathematische/arithmetische Ausdrücke**
  mit üblichen Rechensymbolen wie +, -, (...) etc.
- **Vergleiche**
  mit üblichen Symbolen wie ==, != etc.
- **logische Verknüpfungen**
  mit and, or, not
- **diverse weitere Operatoren**
  wie z. B. in (Listenzugehörigkeit), | (Filter; siehe Abschnitt 6.5.5) oder ~ (Stringkonkatenation)
- **Listen und Maps**
  [<objekt1>, <objekt2>, ...] bzw. { 'key1': <value1>, 'key2': <value2>, ...}

https://jinja.palletsprojects.com/templates/#expressions gibt die komplette Übersicht.

Anweisungen

Zur Steuerung des Kontrollflusses stehen u. a. folgende Elemente zur Verfügung:

- **Zuweisungen mit set**
  Beispiel:
  ```
  {% set zahl  = 70 %}
  {% set tiere = ['Hund', 'Katze', 'Maus'] %}
  ```
- **Testen von Bedingungen mit if**
  Beispiel:
  ```
  {% if zahl >= 0 and zahl < 50 %}
  Die Zahl ist zu klein.
  {% elif zahl >= 50 and zahl <= 100 %}
  Die Zahl ist gross genug.
  {% else %}
  Die Zahl ist nicht im gültigen Bereich.
  {% endif %}
  ```
- **Schleifen mit for**
  Beispiel:
  ```
  {% for t in tiere %}
  {{ t }}
  {% endfor %}
  ```

https://jinja.palletsprojects.com/templates/#list-of-control-structures gibt die komplette Übersicht.

6.5.5 Filter

Im Ansible-Alltag oft nützlich sind die Jinja-Filter; in Syntax und Semantik sind sie mit dem UNIX-Pipe-Mechanismus vergleichbar. Es folgen einige Beispiele, beginnend mit dem `int`-Filter, der Fließkommazahlen in ganze Zahlen konvertiert:

`{{ (10 / 3) | int }}`   `{# --> 3 #}`

Der `join`-Filter »verklebt« Listenelemente zu einem Text mit frei wählbarem Kleber:

`{% set tiere = ['Hund', 'Katze', 'Maus'] %}`

`{{ tiere | join(', ') }}`   `{# --> Hund, Katze, Maus #}`

Die `upper`- und `lower`-Filter konvertieren Text in Groß- bzw. Kleinbuchstaben:

`{{ "Das wird gross" | upper }}`   `{# --> DAS WIRD GROSS #}`
`{{ "DAS WIRD KLEIN" | lower }}`   `{# --> das wird klein #}`

Der `default()`-Filter sorgt im Falle einer undefinierten Variable für einen Wert, mit dem gearbeitet werden kann:

`{{ zahl | default(42) }}`

Es gibt in Jinja etwa 50 dieser Filter; in der offiziellen Jinja-Dokumentation ist ihnen natürlich auch ein eigener Abschnitt gewidmet: *https://jinja.palletsprojects.com/templates/#builtin-filters*. Verschaffen Sie sich bitte dort bei Gelegenheit einmal einen groben Überblick.

Ansible definiert darüber hinaus sogar noch zahlreiche zusätzliche Filter. Es existieren Filter zum Generieren von (Passwort)-Hashes wie `hash()` oder `password_hash()`, Filter zur Pfadnamenanalyse wie `basename` und `dirname`, Filter zur URL-Analyse (`urlsplit`), Filter für RegExes (`regex_search()`, `regex_replace()`) und vieles andere mehr.

Ich möchte und muss auch an dieser Stelle auf die offizielle Online-Dokumentation verweisen: *http://docs.ansible.com/ansible/user_guide/playbooks_filters.html*.

6.6 Schleifen

Genauso nützlich wie das Testen von Bedingungen ist Ansibles Fähigkeit, einzelne Tasks zu wiederholen. Im Developer-Jargon nennt man das *Schleife* oder – wenn es etwas wissenschaftlicher klingen soll – *Iteration*. Iteriert werden kann u. a. über Listen oder über Maps. Sie können auch Tasks so lange wiederholen lassen, bis eine gewisse Bedingung erfüllt ist. Für diese genannten Konzepte gebe ich nun Beispiele; eine vollständige Übersicht der Möglichkeiten finden Sie unter *http://docs.ansible.com/ansible/playbooks_loops.html*.

6.6.1 Iteration über eine Liste mit »with_items« oder »with_list«

Mit dem Schleifentyp `with_items` können Sie z.B. wie folgt über eine Liste iterieren:

```
---
- hosts: localhost
  vars:
    tiere:
      - Hund
      - Katze
      - Maus

  tasks:
    - name: Schleife über Liste
      debug: msg="Hallo {{ item }}!"
      with_items: "{{tiere}}"
```
Listing 6.31 »list-loop.yml«

Die Variable `item` ist gewissermaßen die »magische« Laufvariable. Sie enthält in jedem Schleifendurchlauf den aktuellen Listenwert.

So sieht das Ganze aus:

```
$ ansible-playbook list-loop.yml
[...]
TASK [Schleife über Liste] **************************************
ok: [localhost] => (item=Hund) => {
    "msg": "Hallo Hund!"
}
ok: [localhost] => (item=Katze) => {
    "msg": "Hallo Katze!"
}
ok: [localhost] => (item=Maus) => {
    "msg": "Hallo Maus!"
}
[...]
```

Seien wir aber einmal etwas neugierig: Wie verhält sich `with_items`, wenn die einzelnen Listenelemente selbst wieder Listen sind? Was würden Sie beim folgenden Beispiel erwarten: Zwei Schleifendurchläufe oder fünf?

```
---
- hosts: localhost
  vars:
    tiere:
```

```
      - [Hund, Katze, Maus]
      - [Ameise, Esel]

  tasks:
    - name: Schleife über verschachtelte Liste
      debug: msg="Hallo {{ item }}!"
      with_items: "{{tiere}}"
```
Listing 6.32 »nested-list-loop.yml«

Wenn Sie es ausprobieren, stellen Sie fast, dass es fünf sind:

```
$ ansible-playbook nested-list-loop.yml
[…]
TASK [Schleife über verschachtelte Liste] *********************************
ok: [localhost] => (item=Hund) => {
    "msg": "Hallo Hund!"
}
ok: [localhost] => (item=Katze) => {
    "msg": "Hallo Katze!"
}
ok: [localhost] => (item=Maus) => {
    "msg": "Hallo Maus!"
}
ok: [localhost] => (item=Ameise) => {
    "msg": "Hallo Ameise!"
}
ok: [localhost] => (item=Esel) => {
    "msg": "Hallo Esel!"
}
[…]
```

Aber das ist in der Tat kein Bug, sondern ein Feature namens *List Flattening*. Wenn Sie das nicht möchten, steht Ihnen noch die sehr verwandte `with_list`-Schleife zur Verfügung, die ohne Flattening arbeitet:

```
---
- hosts: localhost
  vars:
    tiere:
      - [Hund, Katze, Maus]
      - [Ameise, Esel]

  tasks:
    - name: Schleife über verschachtelte Liste
```

```
            debug: msg="Hallo {{ item }}!"
            with_list: "{{tiere}}"
```
Listing 6.33 »nested-list-loop2.yml«

Das sieht dann so aus:

```
$ ansible-playbook nested-list-loop2.yml
[…]
TASK [Schleife über verschachtelte Liste] ********************************
ok: [localhost] => (item=['Hund', 'Katze', 'Maus']) => {
    "msg": "Hallo ['Hund', 'Katze', 'Maus']!"
}
ok: [localhost] => (item=['Ameise', 'Esel']) => {
    "msg": "Hallo ['Ameise', 'Esel']!"
}
[…]
```

6.6.2 Iteration über eine Map mit »with_dict«

Die Iteration über eine Map mit with_dict könnte z. B. wie folgt aussehen:

```
---
- hosts: localhost
  vars:
    tiere:
      Hund:  Wuff
      Katze: Miau
      Maus:  Fiep

  tasks:
    - name: Schleife über Map
      debug: msg="{{ item.key }} macht {{ item.value }}."
      with_dict: "{{tiere}}"
```
Listing 6.34 »map-loop.yml«

Auch hier gibt es wieder die magische item-Variable; dieses Mal besteht sie jeweils aus einem Schlüssel-Wert-Paar. Mit den Selektoren key bzw. value können Sie dann auf den gewünschten Teil zugreifen:

```
$ ansible-playbook map-loop.yml
[…]
TASK [Schleife über Map] *************************************************
ok: [localhost] => (item={'key': 'Hund', 'value': 'Wuff'}) => {
    "msg": "Hund macht Wuff."
```

```
}
ok: [localhost] => (item={'key': 'Katze', 'value': 'Miau'}) => {
    "msg": "Katze macht Miau."
}
ok: [localhost] => (item={'key': 'Maus', 'value': 'Fiep'}) => {
    "msg": "Maus macht Fiep."
}
[…]
```

6.6.3 Iteration über eine generierte Folge mit »with_sequence«

Mit dem Schleifentyp `with_sequence` können Sie Folgen generieren und darüber iterieren. Ein Beispiel:

```
---
- hosts: localhost

  tasks:
    - name: Schleife über eine Folge
      debug: msg="{{item}}"
      with_sequence: start=6 end=12 stride=2 format=test%02d.txt
```

Listing 6.35 »sequence-loop.yml«

Alle Parameter von `with_sequence` sind optional und per Default 0 (das Format hat keinen Default und würde einfach Zahlen produzieren). Formate können in der üblichen `printf`-Syntax angegeben werden.

```
$ ansible-playbook sequence-loop.yml
[…]
TASK [Schleife über eine Folge] *******************************************
ok: [localhost] => (item=test06.txt) => {
    "msg": "test06.txt"
}
ok: [localhost] => (item=test08.txt) => {
    "msg": "test08.txt"
}
ok: [localhost] => (item=test10.txt) => {
    "msg": "test10.txt"
}
ok: [localhost] => (item=test12.txt) => {
    "msg": "test12.txt"
}
[…]
```

6.6.4 Verschachtelte Schleife mit »with_subelements«

Der Einsatzort des Schleifentyps with_subelements ist schon etwas anspruchsvollerer Natur: Sie haben eine Liste von »Objekten« (= Maps), die ein bestimmtes Attribut besitzen, das wiederum eine Liste ist. (Das könnten User mit verschiedenen SSH-Keys oder Apache-VirtualHosts mit verschiedenen Aliasen und vieles andere mehr sein). Wir bemühen aus Gründen der Einfachheit mal wieder Hunde, Katzen und Mäuse:

```yaml
---
- hosts: localhost
  vars:
    tiere:
      - name: Hund
        laute:
          - Wuff
          - Knurr
      - name: Katze
        laute:
          - Miau
      - name: Maus

  tasks:
    - name: Verschachtelte Schleife über Subelemente
      debug: msg="{{ item[0].name }} macht {{ item[1] }}."
      with_subelements:
        - '{{ tiere }}'
        - laute
        - { skip_missing: 1 }
```
Listing 6.36 »subelements-loop.yml«

Der dritte Eintrag unter with_subelements ist optional. Fehlt er, so würde das Playbook mit einem Fehler abbrechen, da bei der Maus keine Laute vorhanden sind. So aber läuft es fehlerfrei, und die Maus taucht gar nicht auf:

```
$ ansible-playbook subelements-loop.yml
[…]
TASK [Verschachtelte Schleife über Subelemente] ****************************
ok: [localhost] => (item=[{'name': 'Hund'}, 'Wuff']) => {
    "msg": "Hund macht Wuff."
}
ok: [localhost] => (item=[{'name': 'Hund'}, 'Knurr']) => {
    "msg": "Hund macht Knurr."
}
ok: [localhost] => (item=[{'name': 'Katze'}, 'Miau']) => {
```

```
      "msg": "Katze macht Miau."
  }
  [...]
```

6.6.5 Tasks wiederholen mit »until«

Nachstehend sehen Sie ein Beispiel für den Schleifentyp until:

```
---
- hosts: localhost

  tasks:
    - name: Würfeln
      shell: "echo $(( $RANDOM % 6 + 1))"
      register: wurf
      args:
        executable: /bin/bash
      until: "'6' in wurf.stdout"
      retries: 10
      delay: 1

    - debug: msg="Eine 6 wurde gewürfelt!"
```

Listing 6.37 »until-loop.yml«: Task wiederholen, bis ein Ereignis eintritt

Mit diesem Schleifentyp können Sie einen Task so lange wiederholen lassen, bis eine bestimmte Bedingung eintritt. In Ansible sind aber keine Endlosschleifen möglich (also ein ewiges Warten auf eine Bedingung, die niemals eintritt). Dies wird durch den retries-Parameter sichergestellt, mit dem Sie eine Maximalanzahl von Versuchen festlegen müssen. Die Zeitspanne zwischen zwei Versuchen (in Sekunden) legen Sie mit delay fest. Der Defaultwert für retries ist 3 und der für delay ist 5.

Wenn nach retries Versuchen kein Erfolg eintritt, endet der Task mit einem Fehler. In diesem Fall hatte der Aufrufer aber Glück:

```
$ ansible-playbook until-loop.yml
[...]
TASK [Würfeln] *************************************************
FAILED - RETRYING: Würfeln (10 retries left).
FAILED - RETRYING: Würfeln (9 retries left).
FAILED - RETRYING: Würfeln (8 retries left).
FAILED - RETRYING: Würfeln (7 retries left).
FAILED - RETRYING: Würfeln (6 retries left).
changed: [localhost]
```

```
TASK [debug] *********************************************************
ok: [localhost] => {
    "msg": "Eine 6 wurde gewürfelt!"
}
[…]
```

6.6.6 Mehr Kontrolle mit »loop_control«

Mit dem Task-Parameter `loop_control` können Sie das Verhalten einiger Schleifentypen noch genauer steuern. Ich zeige nun einige Möglichkeiten.

Umbenennen der Laufvariable mit »loop_var«

Mitunter möchten Sie die magische Laufvariable `item` umbenennen; in seltenen Fällen *müssen* Sie es sogar (bspw. bei einer Schleife über `include_tasks`-Anweisungen, bei denen die inkludierten Tasks im Inneren auch wieder Schleifen verwenden). Das Umbenennen gelingt ganz einfach mit `loop_control/loop_var`:

```
---
- hosts: localhost
  vars:
    tiere:
      - Hund
      - Katze
      - Maus

  tasks:
    - name: Schleife über Liste
      debug: msg="Hallo {{ t }}!"
      with_items: "{{tiere}}"
      loop_control:
        loop_var: t
```

Listing 6.38 »loop_var.yml«: Umbenennen der Laufvariable

Ausgabe-Limitierung mit »label«

Bei Schleifen über größere Objekte fällt oft unangenehm auf, das Ansible zu viel Output generiert, wie z. B. in diesem Fall:

```
---
- hosts: debian

  vars:
    users:
```

```
      - name: willi
        home: /home/willi
        pass: geheim
      - name: fritz
        shell: /bin/sh
        pass: supergeheim

  tasks:
    - name: Benutzer anlegen
      user:
        name:     '{{item.name}}'
        shell:    '{{item.shell | default("/bin/bash")}}'
        home:     '{{item.home  | default(omit)}}'
        password: '{{item.pass  | password_hash("sha512") }}'
        update_password: on_create
      with_items: '{{users}}'
```
Listing 6.39 »users.yml«

```
$ ansible-playbook users.yml
[…]
TASK [Benutzer anlegen] *******************************************
changed: [debian] => (item={'name': 'willi', 'home': '/home/willi',
                            'pass': 'geheim'})
changed: [debian] => (item={'name': 'fritz', 'shell': '/bin/sh',
                            'pass': 'supergeheim'})
[…]
```

Dass dabei nicht nur zu viele, sondern sogar sensible Daten protokolliert werden, kommt noch erschwerend hinzu. Abhilfe schafft ein loop_control/label, mit dem Sie das zu protokollierende Attribut wählen können:

```
      # … alles wie oben …
      loop_control:
        label: '{{item.name}}'
```

Damit fällt die Ausgabe dann weniger umfangreich aus:

```
$ ansible-playbook users.yml
[…]
TASK [Benutzer anlegen] *******************************************
changed: [debian] => (item=willi)
changed: [debian] => (item=fritz)
[…]
```

> **Anmerkung**
>
> Mitunter liest man die Empfehlung, man solle, um die Ausgabe sensibler Daten zu verhindern, mit no_log: true arbeiten. Das kann man zwar machen – aber dann wird leider gar nichts mehr protokolliert. Würden sich bspw. die Eigenschaften eines Benutzers ändern, sähen Sie Folgendes:
>
> ```
> TASK [Benutzer anlegen] ****************************************
> ok: [debian] => (item=None)
> changed: [debian] => (item=None)
> ```
>
> Tja, zweimal dürfen Sie raten, welcher User jetzt den Change verursacht hat ...

Indexposition tracken mit »index_var«

Mittels `loop_control/index_var` können Sie Ansible veranlassen, beim Iterieren die Position des momentan verarbeiteten Elementes zur Verfügung zu stellen:

```yaml
---
- hosts: localhost
  vars:
    tiere:
      - Hund
      - Katze
      - Maus

  tasks:
    - name: Schleife über Liste
      debug: msg="Tier Nr. {{nr + 1}} ist {{ item }}!"
      with_items: "{{tiere}}"
      loop_control:
        index_var: nr
```

Listing 6.40 »index_var.yml«

Ansible beginnt die Zählung bei 0, deswegen haben wir in der Ausgabe noch ein wenig Kosmetik betrieben. So sieht's dann aus:

```
$ ansible-playbook index_var.yml
[...]
TASK [Schleife über Liste] *****************************************
ok: [localhost] => (item=Hund) => {
    "msg": "Tier Nr. 1 ist Hund!"
}
ok: [localhost] => (item=Katze) => {
    "msg": "Tier Nr. 2 ist Katze!"
```

```
}
ok: [localhost] => (item=Maus) => {
    "msg": "Tier Nr. 3 ist Maus!"
}
[…]
```

6.7 Fehlerbehandlung mit »failed_when« und »ignore_errors«

Sollten Sie bei einem Task einmal selbst bestimmen wollen, was ein Fehler ist, so steht Ihnen die `failed_when`-Direktive zur Verfügung.

Diese wird (wenn überhaupt) höchstens bei `command`- oder `shell`-Tasks zur Anwendung kommen, wenn die auszuführenden Kommandos eine andere Vorstellung von »fehlerhaft« haben als Sie selbst.

Beispielsweise ist es ja beim `find`-Kommando technisch gesehen kein Fehler, wenn nichts gefunden wird. Dies ändern wir (aus der Sicht von Ansible) in diesem Beispiel:

```
---
- hosts: all

  tasks:
    - name: Mit find nichts finden soll Fehler sein
      command: find /etc -name blabla.conf
      changed_when: false
      register: find_cmd
      failed_when: find_cmd.stdout == '' or find_cmd.rc != 0

    - debug: msg={{ find_cmd.stdout }}
```
Listing 6.41 »failed-when.yml«

Sofern nun nicht tatsächlich in irgendeinem */etc*-Ordner eine Datei namens *blabla.conf* liegt, wird das Play nach dem ersten Task enden.

Ansible kennt noch einen weiteren Task-Parameter namens `ignore_errors`, der jedoch so gut wie nie zur Anwendung kommen sollte. Wenn Sie diesen Parameter auf yes/true setzen, wird Ansible jegliche Fehler an dieser Stelle übergehen; die Gefahr dabei ist also, dass das Play weiterläuft, obwohl es vielleicht ein wirklich ernstes Problem gab.

Hier ein simples Beispiel ohne ernste Konsequenzen:

```
---
- hosts: localhost
```

```
tasks:
  - name: Dieser Task würde normalerweise fehlschlagen…
    command: /bin/false
    changed_when: false
    ignore_errors: true    # …deswegen aber nicht!
```

Listing 6.42 »ignore-errors.yml«

So sieht das Verhalten aus:

```
$ ansible-playbook ignore-errors.yml
[…]
TASK [Dieser Task würde normalerweise fehlschlagen…] **********************
fatal: [localhost]: FAILED! => {"changed": false, "cmd": ["/bin/false"], […
[…ignoring

PLAY RECAP ****************************************************************
localhost                  : ok=2   [[…]         failed=0  [[…]  ignored=1
```

6.8 Blocks (und noch mal Fehlerbehandlung)

Eines der vielen neuen Features in Ansible 2.0 war die Möglichkeit, Tasks zu logischen Blöcken zusammenzufassen. Hier folgt ein simples Beispiel, das den Nutzen sofort verdeutlichen sollte:

```
---
- hosts: all

  tasks:
    - block:

      - name: Nur auf Debian
        debug: msg="Nur auf Debian"

      - name: Noch was nur auf Debian
        debug: msg="Das auch nur auf Debian"

      when: ansible_os_family == "Debian"
```

Listing 6.43 »block.yml«: Zusammenfassung von Tasks zu einem Block

Nun können Sie also Parameter wie when, ignore_errors, become_user … auf Block-Ebene spezifizieren, anstatt sie in jedem einzelnen Task wiederholen zu müssen. Das war sicher ein Feature, auf das die Welt damals gewartet hat.

6.8 Blocks (und noch mal Fehlerbehandlung)

Seit Version 2.3 können Blöcke auch ein name-Feld haben, so wie gewöhnliche Tasks auch.

Technisch hat so ein Name aber weiter keine Auswirkung, daher wird er in der Regel weggelassen.

Exception Handling mit »rescue«

Blöcke haben auch nützliche Eigenschaften für die Fehlerbehandlung (Stichwort: *Exception Handling*). In einem block kann ein optionaler rescue-Abschnitt definiert werden, was in etwa einem catch in vielen gängigen Programmiersprachen entspricht.

Falls irgendeiner der block-Tasks auf einen Fehler läuft, verzweigt Ansible dann in diesen rescue-Abschnitt, und für die entsprechenden Hosts geht die Abarbeitung dort ganz normal weiter.

Sie können in einem rescue-Abschnitt alles tun; typischerweise versucht man, irgendwie auf das Problem zu reagieren oder einfach aufzuräumen oder »zurückzurollen«, wie das folgende simple Beispiel demonstriert:

```yaml
- hosts: debian

  tasks:
    - block:
      - name: Verzeichnis anlegen
        file:
          path: /tmp/download
          state: directory

      - name: Dateien von benachbartem Server herunterladen
        get_url:
          url: http://192.168.150.20/{{item}}
          dest: /tmp/download/{{item}}
        with_items: [index.html, test1.txt]

      rescue:
      - debug: msg="Beim Herunterladen ging was schief"

      - name: Aufräumen
        file:
          path: /tmp/download
          state: absent
```

Listing 6.44 »rescue.yml«: Block mit rescue-Abschnitt

Noch zwei Anmerkungen, bevor wir diesen Abschnitt verlassen:

- Ansible kennt neben dem rescue- auch einen always-Abschnitt. Dortige Anweisungen werden *immer* ausgeführt, egal ob eine block-Anweisung gescheitert ist oder nicht.
- Ein nicht erreichbarer Host löst *keinen* rescue-Sprung aus!

6.9 Asynchrone Ausführung

Wenn Sie es mit sehr zeitintensiven Tasks zu tun haben, so können Sie diese zeitlich begrenzen oder sogar asynchron im Hintergrund absetzen. Das Verhalten von Ansible wird hierbei durch die Parameter async und poll gesteuert.

Dabei spezifiziert die async-Direktive *eine maximale Laufzeit*, und poll gibt an, *in welchen Intervallen intern der Status abgefragt werden soll* (Default: alle 10 Sekunden).

Tabelle 6.1 zeigt, welche Szenarien hier möglich sind.

Wert für async	Wert für poll	Effekt
nicht vorhanden oder gleich 0	egal	normale (synchrone) Ausführung
größer als 0	größer als 0	Nach max. async Sekunden wird der Task abgeschossen. Alle poll Sekunden wird geprüft (hält die Verbindung offen, damit eventuell auftretende SSH-Timeouts nicht zuschlagen können). Fühlt sich an wie eine normale synchrone Ausführung.
größer als 0	0	Task starten und gleich zum nächsten übergehen. Der Task wird auch hier gegebenenfalls abgeschossen.

Tabelle 6.1 Mögliche Kombinationen von »async« und »poll«

Bei Bedarf können Sie auch später auf die Fertigstellung der asynchronen Tasks warten. In Listing 6.45 sehen Sie ein komplettes Beispiel mit zwei Tasks:

```
---
- hosts: localhost

  tasks:
    - name: Dieser Task braucht etwa 10 Sekunden
      shell: |
        for i in $(seq 10); do date >>/tmp/task1; sleep 1; done
```

```
      async: 1000
      poll: 0
      register: task1

    - name: Dieser Task braucht etwa 15 Sekunden
      shell: |
        for i in $(seq 15); do date >>/tmp/task2; sleep 1; done
      async: 1000
      poll: 0
      register: task2

    - name: Check task 1
      async_status: jid={{ task1.ansible_job_id }}
      register: result1
      until: result1.finished
      retries: 30
      delay: 1

    - name: Check task 2
      async_status: jid={{ task2.ansible_job_id }}
      register: result2
      until: result2.finished
      retries: 30
      delay: 1
```

Listing 6.45 »async.yml«: zwei asynchrone Tasks

Sie sehen zwei länger laufende Tasks, simuliert durch kleine Shell-Einzeiler. In der Summe würden die beiden Tasks bei normaler Abarbeitung etwa 25 Sekunden Zeit benötigen. Durch die asynchrone Verarbeitung ist das Play aber bereits nach gut 15 Sekunden beendet.

Anwendungsbeispiele in der Realität sieht man eher selten. Denkbar wäre z. B., einen sehr zeitaufwendigen Download zu starten und in der Zwischenzeit schon einmal etwas anderes zu erledigen – vorausgesetzt, Sie haben etwas zu erledigen und müssen nicht einfach nur auf den Download warten ...

6.10 Lokale Tasks

Wenn Sie Ihren Control Host in vereinzelten Tasks mit einbeziehen möchten, steht Ihnen die Direktive `local_action` zur Verfügung, mit der ein Task auf dem Control Host ausgeführt werden kann (statt wie gewöhnlich auf den Target Hosts).

Das folgende Beispiel zeigt, wie der Control Host zunächst eine Datei aus dem Internet herunterlädt, um sie danach auf die Zielhosts zu verteilen (weil diesen vielleicht in der Praxis ein direkter Internetzugriff unmöglich ist oder weil es nicht effizient wäre, dass 100 Server dieselbe Ressource aus dem Internet ziehen.

```
- hosts: [debian, centos, ubuntu]

  tasks:
    - name: Pinguin-Bild herunterladen
      local_action:
        module: get_url
        url: https://upload.wikimedia.org/wikipedia/commons/a/af/Tux.png
        dest: /tmp/tux.png
      run_once: true

    - name: Auf Zielhosts verteilen
      copy:
        src: /tmp/tux.png
        dest: /var/www/html
        mode: 0644
```

Listing 6.46 »local-action.yml«: Ausführung eines Tasks auf dem Control Host

Wir haben die SUSE-Maschine hier ausgeschlossen, da das Zielverzeichnis dort ein anderes hätte sein müssen. Im Kontext unseres Apache-Playbooks aus 6.4.5 wäre das wegen der Parametrisierung natürlich kein Problem gewesen, aber dieses kleine Beispiel hier soll wirklich nur das Wesentliche demonstrieren.

Sie sehen auch noch den neuen Task-Parameter `run_once`. Damit vermeiden Sie, dass unser Control Host dreimal dasselbe tut, da der erste Task ja ansonsten ganz normal für *alle* Zielsysteme ausgeführt würde.

»delegate_to«

Wenn Ihnen die für `local_action` erforderliche Syntax etwas sperrig und merkwürdig vorkommt: Es ist nur eine Abkürzung für `delegate_to: localhost`. Das ist ein Parameter, mit dem Sie noch viel allgemeinere Probleme lösen könnten, da Sie nicht zwangsläufig auf `localhost` beschränkt sind (ich komme zu gegebener Zeit noch mal darauf zu sprechen).

Sehen Sie hier die Umformulierung mit exakt derselben Wirkung:

```
- hosts: [debian, centos, ubuntu]

  tasks:
    - name: Pinguin-Bild herunterladen
```

```
      delegate_to: localhost
      get_url:
        url: https://upload.wikimedia.org/wikipedia/commons/a/af/Tux.png
        dest: /tmp/tux.png
      run_once: true

    - name: Auf Zielhosts verteilen
      copy:
        src: /tmp/tux.png
        dest: /var/www/html
        mode: 0644
```
Listing 6.47 »delegate_to-localhost.yml«: Ausführung eines Tasks auf dem Control Host

6.11 Lookup-Plugins

Lookup-Plugins, (oder kurz: Lookups) sind eine Ansible-spezifische Erweiterung von Jinja2 (siehe Abschnitt 6.5). Damit können Sie auf verschiedenste externe Datenquellen zugreifen, allerdings immer *ausgehend vom Control Host*. Die Ergebnisse der Lookups werden dann typischerweise in Variablen geschrieben oder direkt in Templates verarbeitet.

Sie sehen in Listing 6.48 ein erstes Beispiel: Ein `pipe`-Lookup macht die Standardausgabe eines externen Kommandos zugänglich:

```
---
- hosts: debian

  vars:
    datetime: "{{ lookup('pipe', 'date') }}"

  tasks:
    - debug: var=datetime
    - pause: seconds=2
    - debug: var=datetime
```
Listing 6.48 »lookup_pipe.yml«: ein pipe-Lookup

Der Zielhost ist in diesem Beispiel absolut egal; nichts von diesem Play passiert außerhalb des Control Hosts. Ziemlich unerwartet ist allerdings die Tatsache, dass der Lookup bei jedem Zugriff auf die Variable erneut »frisch« ausgeführt wird:

```
$ ansible-playbook lookup_pipe.yml
TASK [debug] *****************************************************
```

```
ok: [debian] => {
    "datetime": "Sat 16 May 2020 07:44:38 PM UTC"
}

TASK [pause] ********************************************************
Pausing for 2 seconds
(ctrl+C then 'C' = continue early, ctrl+C then 'A' = abort)
ok: [debian]

TASK [debug] ********************************************************
ok: [debian] => {
    "datetime": "Sat 16 May 2020 07:44:40 PM UTC"
}
```

Ansible hat in Version 2.9 etwa 60 Lookup-Plugins an Bord, weswegen ich hier nur einige weitere Beispiele geben kann. Da aber auch die Ihnen bereits bekannten Schleifen with_items, with_dict usw. technisch als Lookup realisiert sind, dürfte die tatsächliche Anzahl so um die 50 liegen. Die komplette Übersicht finden Sie jedenfalls unter *http://docs.ansible.com/ansible/plugins/lookup.html*.

Sehen Sie hier einige weitere Lookups:

```
---
- hosts: localhost

  tasks:
    - name: File lookup
      debug:
        msg: "{{ lookup('file', '/etc/os-release') }}"

    - name: Environment lookup
      debug:
        msg: "{{ lookup('env', 'HOME') }}"

    - name: CSV lookup
      debug:
        msg: "{{ lookup('csvfile',
                        'root file=/etc/passwd delimiter=: col=6') }}"

    - name: DNS lookup
      debug:
        msg: "{{ lookup('dig', 'www.example.com') }}"
```

Listing 6.49 »lookups.yml«

6.12 Umgebungsvariablen setzen

Mit dem `environment`-Parameter können Sie Umgebungsvariablen für Zielsysteme setzen, und zwar auf der Ebene von einzelnen Tasks oder eines ganzen Plays. Eine der typischsten Verwendungen dafür ist wohl die Festlegung eines Proxys, der den Zielsystemen den Internetzugang ermöglicht (bspw. um Distributionspakete zu installieren).

Hier ein fiktives Beispiel auf Task-Ebene:

```yaml
- name: Git installieren
  package:
    name: git
  environment:
    http_proxy: http://proxy.example.org:3128
```

Auf der Play-Ebene können Sie `environment` bei Bedarf genauso spezifizieren, es gilt dann für alle Tasks im Play. Meist möchte man eine solche Einstellung aber komplett außerhalb aller Playbooks verwalten, bspw. in *group_vars*-Dateien.

Dabei ist dann nur zu beachten, dass Sie alle benötigten Umgebungsvariablen in einer Map zusammenfassen müssen; nennen wir Sie exemplarisch einmal `proxy_env`:

```yaml
proxy_env:
  http_proxy:  http://proxy.example.com:3128
  https_proxy: http://proxy.example.com:3128
```

Listing 6.50 »group_vars/all.yml«: exemplarische Proxy-Einstellungen für alle Zielsysteme

Auf der gewünschten Ebene greifen Sie dann einfach darauf zurück:

```yaml
---
- hosts: all

  environment: "{{ proxy_env }}"

  tasks:
    [[…]]
```

Listing 6.51 »some_playbook.yml«: exemplarischer Playbook-Ausschnitt

Kapitel 7
Inventory-Management: fortgeschrittene Methoden

In Kapitel 2 haben wir statische Inventorys betrachtet und mit Absicht noch einige Fragen zum Thema Inventory-Management offen gelassen. Nun ist ein guter Zeitpunkt, um noch einmal auf Inventorys zurückzukommen.

7.1 Das Kommando »ansible-inventory«

Lassen Sie uns mit einem weiteren nützlichen Tool aus der Ansible-Suite beginnen: ansible-inventory. Mit diesem Kommando können Sie Informationen über Ihr Inventory gewinnen und die Parametrisierung von Hosts darstellen.

Versuchen Sie einmal Aufrufe wie:

Übersicht (ASCII-Grafik); ohne und mit Gruppenparametrisierung:
```
ansible-inventory --graph
ansible-inventory --graph --vars
```

Das Gleiche, eingeschränkt auf eine Gruppe:
```
ansible-inventory --graph <GROUPNAME>
ansible-inventory --graph --vars <GROUPNAME>
```

Übersicht (JSON bzw. YAML) mit Parametrisierung:
```
ansible-inventory --list
ansible-inventory --list --yaml
```

Übersicht Parametrisierung von einzelnen Hosts:
```
ansible-inventory --host <HOSTNAME>
ansible-inventory --host --yaml <HOSTNAME>
```

Hier eine exemplarische Ausgabe:

```
$ ansible-inventory --graph
@all:
  |--@centos_hosts:
```

```
|   |--centos
|--@debian_hosts:
|   |--debian
|--@suse_hosts:
|   |--suse
|--@test_hosts:
|   |--centos
|   |--debian
|   |--suse
|   |--ubuntu
|--@ubuntu_hosts:
|   |--ubuntu
|--@ungrouped:
```

7.2   Verschachtelte Gruppen

Anders als bei Benutzergruppen in Linux können Gruppen in einem Ansible-Inventory durchaus verschachtelt sein, d. h., Sie können Gruppen von Gruppen definieren.

Eine solche »Supergruppe« definieren Sie im statischen Inventory, indem Sie an den Gruppennamen das Suffix »:children« anhängen:

```
[debian_hosts]
debian

[centos_hosts]
centos

[suse_hosts]
suse

[ubuntu_hosts]
ubuntu

[apt_hosts:children]
debian_hosts
ubuntu_hosts

[rpm_hosts:children]
centos_hosts
suse_hosts
```

Listing 7.1 »inventory«: Beispiel für verschachtelte Gruppen

Sie sehen in diesem Beispiel die zwei Gruppen `apt_hosts` und `rpm_hosts`, die dann jeweils die Mitglieder der aufgeführten einfachen Gruppen enthalten. Supergruppen können natürlich mit `:vars` genauso parametrisiert werden, wie Sie das von den normalen Gruppen bereits kennen.

Testen wir, ob es auch funktioniert:

```
$ ansible-inventory --graph apt_hosts
@apt_hosts:
  |--@debian_hosts:
  |  |--debian
  |--@ubuntu_hosts:
  |  |--ubuntu
```

Die Verschachtelungstiefe ist übrigens nicht begrenzt; wenn es für Sie zweckdienlich ist, können Sie Gruppen von Gruppen von Gruppen von ... definieren.

7.3   »On-the-fly«-Inventorys erstellen mit »add_host«

Mitunter möchten Sie mit Ansible Target Hosts managen, die weder in einem statischen noch in einem dynamischen Inventory verzeichnet sind. Beispielsweise, weil die Systeme eben erst provisioniert wurden und Sie kein adäquates dynamisches Inventory-Handling zur Verfügung haben.

Als Alternative gibt es in Ansible die Möglichkeit, mit dem `add_host`-Modul Hosts und Gruppen zu einem temporären Inventory hinzuzufügen, um in einem späteren Play mit diesen zu arbeiten. Dieses Inventory befindet sich lediglich im Hauptspeicher und ist nach dem Playbook-Lauf wieder vergessen.

In folgendem Beispiel steckt der Task im ersten Play zwei unserer schon vorhandenen Hosts unter neuem Namen in eine Gruppe namens `temp_group`. Das zweite Play arbeitet dann mit diesen Hosts:

```
---
- hosts: localhost
  tasks:
    - name: Hosts bekanntmachen
      add_host:
        hostname: "{{item.ip}}"
        groups: temp_group
        ansible_become:         yes
        ansible_become_method: "{{item.become_method |default(omit)}}"
        ansible_become_pass:   "ansible"
        ansible_ssh_common_args: '-o StrictHostKeyChecking=no'
```

```
      with_items:
        - ip: 192.168.150.10
        - ip: 192.168.150.20
          become_method: su

- hosts: temp_group
  tasks:
    - debug: msg="Hallo {{inventory_hostname}}"
    - command: head -1 /etc/shadow
```
Listing 7.2 »add_host.yml«

Um ganz sicher zu beweisen, dass unser vorhandenes statisches Inventory das Verhalten nicht beeinflusst, sorgen wir beim Aufruf des Playbooks für ein leeres Inventory:

```
$ ansible-playbook -i, add_host.yml
[WARNING]: provided hosts list is empty, only localhost is available.
Note that the implicit localhost does not match 'all'


PLAY [localhost] ************************************************************

TASK [Hosts bekanntmachen] **************************************************
changed: [localhost] => (item={'ip': '192.168.150.10'})
changed: [localhost] => (item={'ip': '192.168.150.20', 'become_method': 'su'}

PLAY [temp_group] ***********************************************************

TASK [debug] ****************************************************************
ok: [192.168.150.10] => {
    "msg": "Hallo 192.168.150.10"
}
ok: [192.168.150.20] => {
    "msg": "Hallo 192.168.150.20"
}

TASK [command] **************************************************************
changed: [192.168.150.10]
changed: [192.168.150.20]

PLAY RECAP ******************************************************************
192.168.150.10             : ok=2    changed=1    unreachable=0    failed=0
192.168.150.20             : ok=2    changed=1    unreachable=0    failed=0
localhost                  : ok=1    changed=1    unreachable=0    failed=0
```

7.4 Dynamische Gruppen mit »group_by«

Ein weiteres, sehr mächtiges Feature von Ansible ist das group_by-Modul, mit dem Sie während eines Playbook-Laufs dynamische Gruppen bilden können. Wozu dient das? Stellen Sie sich vor, Sie haben in Ihrem Inventory eine Gruppierung nach Standorten oder Themengebieten (Mailserver, Webserver etc.) vorgenommen, brauchen nun aber eine Gruppierung nach Betriebssystemen (Debian, Suse ...).

Sofern es Ihnen genügt, dass diese neue Gruppierung nicht dauerhaft im Inventory verzeichnet ist, sondern nur dynamisch bei Bedarf zur Verfügung steht, kommen Sie mit group_by schnell zum Ziel. Im Prinzip können Sie alle bekannten Facts benutzen, um eine Gruppeneinteilung vorzunehmen.

Sehen Sie im folgenden Playbook aus Listing 7.3, wie im ersten Play eine Gruppierung nach Betriebssystemfamilien gebildet wird und in weiteren Plays die Hosts gruppenweise abgearbeitet werden:

```
---
- name: Gruppieren nach Systemfamilien
  hosts: all

  tasks:
    - group_by: key=os_{{ ansible_os_family }}


- name: Alle aus der Debian-Familie abarbeiten
  hosts: os_Debian

  tasks:
    - debug: msg="Hallo {{ inventory_hostname }}"


- name: Und nun der Rest
  hosts: all:!os_Debian

  tasks:
    - debug: msg="Hallo {{ inventory_hostname }}"
```

Listing 7.3 »group_by.yml«: dynamische Gruppierung nach Betriebssystemfamilien

Und so sieht der Ablauf aus:

```
$ ansible-playbook group_by.yml
[...]
PLAY [Alle aus der Debian-Familie abarbeiten] ********************************
```

```
TASK [debug] *****************************************************
ok: [debian] => {
    "msg": "Hallo debian"
}
ok: [ubuntu] => {
    "msg": "Hallo ubuntu"
}

PLAY [Und nun der Rest] ******************************************

TASK [debug] *****************************************************
ok: [centos] => {
    "msg": "Hallo centos"
}
ok: [suse] => {
    "msg": "Hallo suse"
}
[...]
```

Natürlich müssen Sie die ganzen entstandenen Gruppen von Hosts nicht alle verwenden (es hätte ja auch noch `os_Suse` und `os_RedHat` gegeben). Ein `group_by` stellt Gruppen nur zur Verfügung – was Sie damit anfangen, ist allein Ihnen überlassen.

Listing 7.4 zeigt noch eine andere Idee – eine Gruppierung nach der Major-Kernelversion:

```
---
- name: Gruppieren nach Major-Kernelversion
  hosts: all
  tasks:
    - group_by: key=kernel_{{ ansible_kernel | regex_search('^\d+') }}


- name: Alle Hosts mit Kernel 4.x
  hosts: kernel_4
  tasks:
    - debug: msg="Hier läuft noch ein 4er-Kernel ({{ansible_kernel}})"


- name: Alle Hosts mit Kernel 5.x
  hosts: kernel_5
  tasks:
    - debug: msg="Hier läuft bereits ein 5er-Kernel ({{ansible_kernel}})"
```

Listing 7.4 »group_by_kernelversion.yml«

Der Jinja-Filter `regex_search` ist vergleichbar mit einem `grep -o` auf der Kommandozeile: Nur der Teil des Inputs, der auf den regulären Ausdruck passt, wird zurückgegeben.

Und da der Ausdruck `'^\d+'` einfach bedeutet »Finde eine oder mehr Ziffern am Anfang des Textes«, bekommen wir damit die Major-Version des Kernels geliefert und können sie zur Gruppeneinteilung verwenden:

```
$ ansible-playbook group_by_kernelversion.yml
[…]
PLAY [Alle Hosts mit Kernel 4.x] *******************************************

TASK [debug] ***************************************************************
ok: [debian] => {
    "msg": "Hier läuft noch ein 4er-Kernel (4.19.0-8-amd64)"
}
ok: [suse] => {
    "msg": "Hier läuft noch ein 4er-Kernel (4.12.14-lp151.28.36-default)"
}
ok: [centos] => {
    "msg": "Hier läuft noch ein 4er-Kernel (4.18.0-147.3.1.el8_1.x86_64)"
}

PLAY [Alle Hosts mit Kernel 5.x] *******************************************

TASK [debug] ***************************************************************
ok: [ubuntu] => {
    "msg": "Hier läuft bereits ein 5er-Kernel (5.4.0-26-generic)"
}
[…]
```

7.5 Dynamische bzw. externe Inventorys

Unserem wohlbekannten statischen Inventory sind mitunter Grenzen gesetzt. Wenn die Menge der Target Hosts stark fluktuiert und/oder diese sowieso schon an anderer Stelle inventarisiert sind, dann kann die (zusätzliche) Pflege eines statischen Ansible-Inventorys sehr aufwendig und fehleranfällig werden. Abhilfe schafft hier Ansibles Fähigkeit, *dynamische* bzw. *externe Inventorys* einzubinden.

Dazu gibt es grundsätzlich zwei Methoden:

1. Inventory Scripts (die »klassische« Methode)
2. Inventory-Plugins (die neuere und empfohlene Methode)

Bei beiden Methoden können Sie entweder auf bereits existierende Lösungen zurückgreifen oder selbst neue Lösungen entwickeln (sprich: programmieren). Der vielleicht entscheidende Unterschied ist, dass Sie ein Inventory-Skript in jeder beliebigen Programmiersprache verfassen können, ein Inventory-Plugin jedoch nur in Python.

Da ich persönlich seit über 20 Jahren alle Programmieraufgaben mit Perl erledige, zu Python jedoch nie einen rechten Zugang gefunden habe (es mag mich einfach nicht), werde ich für Methode 1 nur mit einem Beispiel in Perl dienen können. Methode 2 untersuchen wir ausführlicher am Beispiel dreier Plugins:

- Amazon EC2
- Hetzner Cloud
- VMware

Der Einstiegspunkt der offiziellen Dokumentation in diese Thematik ist übrigens *http://docs.ansible.com/ansible/intro_dynamic_inventory.html*.

7.5.1 Beispiel: ein Inventory-Skript in Perl

Angenommen, Sie verwalten Ihre Hosts ohnehin schon in einer Datenbank. Ich habe hier einmal eine »Tabelle« in Form einer CSV-Datei nachgebaut (die erste Zeile definiert die Spaltennamen und damit für uns auch die Bedeutung):

```
host:user:method:password
debian:ansible:sudo:ansible
centos:ansible:su:ansible
suse:root::
ubuntu:ansible:sudo:
```

Listing 7.5 »hosts.csv«

Daraus müssen wir jetzt einen JSON-Output erzeugen, der in wesentlichen Teilen so aussieht wie die momentane Ausgabe von `ansible-inventory --list`. (Genauer ist das beschrieben unter: *http://docs.ansible.com/ansible/developing_inventory.html#developing-inventory-scripts*.)

Das folgende Perl-Skript aus Listing 7.6 ist sogar etwas aufwendiger als eigentlich nötig, da die CSV-Datei mit einem »Datenbanktreiber« verarbeitet wird. Dadurch würde sich am Skript aber auch nicht viel ändern, wenn tatsächlich eine echte SQL-Datenbank eingesetzt würde.

```
#!/usr/bin/perl
use strict;
use warnings;
use DBI;
```

```perl
use JSON;
use FindBin;

# Konnektieren der Datenquelle ( = CSV-Datei )
my $dbh = DBI->connect ("dbi:CSV:f_dir=${FindBin::Bin}", undef, undef, {
    f_encoding      => "utf8",
    csv_eol         => "\n",
    csv_sep_char    => ":",
});
$dbh->{csv_tables}{hosts}  = { file => "hosts.csv"  };


# Grundeinstellungen:
my $group    = "test_hosts";
my $python   = "/usr/bin/python3";
my $ssh_args = "-o StrictHostKeyChecking=no";


# Grundgerüst der Ergebnis-Struktur in Perl:
my $info = {
    _meta => {
        hostvars => {}
    },
    $group => {
        hosts => []
    }
};


# Abfrage aller Daten:
my $sth = $dbh->prepare("SELECT host, user, method, password FROM hosts");
$sth->execute;


# Verarbeiten der Daten und Befüllen der Struktur:
while (my ($host, $user, $method, $pass) = $sth->fetchrow_array) {
    push @{ $info->{$group}{hosts} }, $host;

    $info->{_meta}{hostvars}{$host}{ansible_user}
        = $user;

    my $ansible_become = $method? "yes" : "no";
```

```perl
        $info->{_meta}{hostvars}{$host}{ansible_become}
            = $ansible_become;

        $info->{_meta}{hostvars}{$host}{ansible_become_method}
            = $method if $method;

        $info->{_meta}{hostvars}{$host}{ansible_become_pass}
            = $pass if $pass;

        $info->{_meta}{hostvars}{$host}{ansible_python_interpreter}
            = $python;

        $info->{_meta}{hostvars}{$host}{ansible_ssh_common_args}
            = $ssh_args;
}


# Ausgabe im JSON-Format:
my $json = JSON->new;
print $json->pretty->encode( $info );
```
Listing 7.6 »dyninv.pl«

Legen Sie beide Dateien unter *inventories/devel* ab. Bevor Sie das Programm wie beabsichtigt nutzen können, müssen Sie aber noch zwei Dinge erledigen:

1. Als Admin die benötigten Perl-Module installieren. Auf einem Debian-System reicht dazu ein

   `# apt install libdbd-csv-perl libjson-perl`

2. Das Programm ausführbar machen:

   `$ chmod +x dyninv.pl`

Nun sollten Sie es starten können:

```
$ ./dyninv.pl
{
   "test_hosts" : {
      "hosts" : [
         "debian",
         "centos",
         "suse",
         "ubuntu"
      ]
   },
```

```
      "_meta" : {
        "hostvars" : {
          "debian" : {
            "ansible_user" : "ansible",
            "ansible_ssh_common_args" : "-o StrictHostKeyChecking=no",
            "ansible_python_interpreter" : "/usr/bin/python3",
            "ansible_become_pass" : "ansible",
            "ansible_become" : "yes",
            "ansible_become_method" : "sudo"
          },
          "centos" : {
            "ansible_user" : "ansible",
            "ansible_ssh_common_args" : "-o StrictHostKeyChecking=no",
            "ansible_python_interpreter" : "/usr/bin/python3",
            "ansible_become_pass" : "ansible",
            "ansible_become" : "yes",
            "ansible_become_method" : "su"
          },
          "ubuntu" : {
            "ansible_user" : "ansible",
            "ansible_ssh_common_args" : "-o StrictHostKeyChecking=no",
            "ansible_become" : "yes",
            "ansible_become_method" : "sudo",
            "ansible_python_interpreter" : "/usr/bin/python3"
          },
          "suse" : {
            "ansible_ssh_common_args" : "-o StrictHostKeyChecking=no",
            "ansible_become" : "no",
            "ansible_user" : "root",
            "ansible_python_interpreter" : "/usr/bin/python3"
          }
        }
      }
    }
```

Entscheidend ist aber, dass es auch im Ansible-Kontext wie gewünscht funktioniert. Führen Sie dazu einige Ihnen bereits bekannte Tests durch, aber dieses Mal mit dem dynamischen Inventory:

```
$ ansible-inventory -i ./dyninv.pl --list
[...]

$ ansible all -i ./dyninv.pl -m ping
[...]
```

```
$ ansible all -i ./dyninv.pl -a "head -1 /etc/shadow"
[...]
```

7.5.2 Verwenden von Inventory-Plugins

Wenn Sie ein Inventory spezifizieren (z. B. mit dem `-i`-Schalter), so haben Sie noch viel mehr Möglichkeiten als die bislang gezeigten. Über sogenannte *Inventory-Plugins* können beliebige Quellen eingebunden werden; die eben beschriebene Inventory-Skript-Variante ist intern letztlich auch durch ein Plugin realisiert.

Per Default versteht Ansible auch das Laden eines Plugins über eine YAML-Konfigurationsdatei mit gewissen Eigenschaften, die in der Dokumentation des jeweiligen Plugins beschrieben sind.

Die allgemeine, offizielle Dokumentation zum Thema ist *http://docs.ansible.com/ansible/plugins/inventory.html*. Ganz am Ende finden Sie dort auch eine Liste der aktuell angebotenen Plugins. In der Folge sehen wir uns einige Plugins etwas genauer an. Alle diese Inventory-Plugins werden auch mit einer Offline-Dokumentation geliefert. Diese lesen Sie bei Bedarf mittels:

```
$ ansible-doc -t inventory <PLUGIN_NAME>
```

7.5.3 AWS EC2

Amazons Elastic Compute Cloud (EC2) gehört sicher zu den populärsten IaaS-Plattformen überhaupt (IaaS = Infrastructure as a Service). Wenn Sie dort virtuelle Server betreiben (Amazon nennt das *Instances*), haben Sie sicher ein Interesse daran, das dortige Inventory in Ansible einzubinden.

> **[+] Anmerkung**
> Ich thematisiere hier *nicht* das EC2-Management mittels Ansible, wie z. B. das Erstellen neuer Instanzen. Dazu steht eine Vielzahl an `ec2_*`-Modulen zur Verfügung; ich verweise dazu auf die offizielle Ansible-Dokumentation.

Bevor das EC2-Inventory-Plugin ins Spiel kommen kann, müssen zwei Voraussetzungen erfüllt sein:

1. Sie benötigen auf dem Control Host die Python-Module *boto3* und *botocore*. Auf unserem Labor-Host erledigen Sie das als Admin mit:
   ```
   # apt install python3-boto3 python3-botocore
   ```

2. Sie benötigen Zugangsdaten für die EC2-API. Die Username-Passwort-Kombination, mit der Sie möglicherweise gerade in der Amazon Web-Konsole unterwegs sind, ist dafür nicht geeignet.

    Vielmehr müssen Sie über das Identity and Access Management (IAM) einen Benutzer anlegen, und dort bekommen Sie dann eine *Zugriffsschlüssel-ID* und einen *geheimen Zugriffsschlüssel*. Die Berechtigung `AmazonEC2ReadOnlyAccess` ist für den Inventory-Zugriff ausreichend. Sichern Sie sich am Ende des Prozesses die Anmeldeinformationen! Der geheime Zugriffsschlüssel kann später nicht mehr sichtbar gemacht werden; Sie müssten dann den Benutzer erneut anlegen.

Kommen wir nun zur Ansible-Integration. Da wir hier ein neues Inventory verwalten möchten, sollten wir in unserem Inventory-Ordner auch ein neues Unterverzeichnis anlegen, etwa *ec2_demo*:

```
$ cd inventories
$ mkdir ec2_demo && cd ec2_demo
```

In diesem Ordner erstellen Sie dann die benötigte YAML-Konfigurationsdatei. Das Plugin verlangt, dass der Dateiname auf *aws_ec2.(yml|yaml) endet*, also nennen wir sie bspw. *demo.aws_ec2.yml*.

So sieht die Minimalversion für einen ersten Testlauf aus:

```
---
plugin: aws_ec2
aws_access_key: IHRE_ZUGRIFFSSCHLÜSSEL_ID
aws_secret_key: IHR_GEHEIMER_ZUGRIFFSSCHLÜSSEL
```

Listing 7.7 »inventories/ec2_demo/demo.aws_ec2.yml«: Basis-Plugin-Konfiguration

Alternativ zu den Einträgen in der Datei können Sie auch mit den Umgebungsvariablen `AWS_ACCESS_KEY` bzw. `AWS_SECRET_KEY` arbeiten.

Nun sind Sie bereit für einen ersten Test – nach zehn bis 15 Sekunden Wartezeit sehen Sie mit folgendem Aufruf (hoffentlich) Ihr Inventar:

```
$ ansible-inventory -i demo.aws_ec2.yml --list
```

Mit dem Inventory arbeiten

Ein funktionierendes Inventory ist erst die halbe Miete; Sie wollen ja mit den Target-Hosts auch noch etwas tun!

Grundlage dafür ist ein geeignetes und sauberes Tagging Ihrer Maschinen, denn ohne Zusatzinformationen können Sie nicht einmal wissen, welches Betriebssystem auf einem Target installiert ist oder mit welchem Useraccount Sie sich dort anmelden müssen.

Das Tagging von EC2-Instanzen ist eine Wissenschaft für sich, und jeder hat hier eigene Anforderungen. Nehmen wir exemplarisch einmal an, alle Ihre Maschinen haben Tags, wie in Tabelle 7.1 beschrieben.

Key	mögliche Werte
name	srv01, srv02 ...
role	webapp, db ...
os	ubuntu, amazonlinux ...

Tabelle 7.1 Exemplarische Tags für EC2-Instanzen

Dann können Sie das Inventory-Plugin mittels `keyed_groups` anweisen, entsprechende Gruppen zur Verfügung zu stellen:

```
---
plugin: aws_ec2
aws_access_key: IHRE_ZUGRIFFSSCHLÜSSEL_ID
aws_secret_key: IHR_GEHEIMER_ZUGRIFFSSCHLÜSSEL

keyed_groups:
  - prefix: tag
    key: tags
```

Listing 7.8 »demo.aws_ec2.yml«: Konfiguration mit Gruppenbildung

Damit bekämen Sie dann Gruppen wie `tag_os_ubuntu`, `tag_role_webapp` ... – je nachdem, was bei Ihnen so alles vorhanden ist.

Jetzt müssen die Gruppen nur noch parametrisiert werden (welcher User ist zum Login geeignet, welcher SSH-Schlüssel soll verwendet werden ...). Dazu sollten normale *group_vars*-Parameter ausreichen; legen Sie neben Ihrer YAML-Konfigdatei einen Ordner *group_vars* an, und platzieren Sie darin bspw. folgende Dateien:

```
---
ansible_become: yes
ansible_ssh_private_key_file: '~/.ssh/aws_ec2.pem'
```

Listing 7.9 »group_vars/all.yml«

```
---
ansible_user: ubuntu
```

Listing 7.10 »group_vars/tag_os_ubuntu.yml«

```
---
ansible_user: ec2-user
```
Listing 7.11 »group_vars/tag_os_amazonlinux.yml«

Nun können Sie ernsthaft testen (wichtig ist natürlich, dass der zweite Aufruf problemlos läuft):

```
$ ansible -i demo.aws_ec2.yml all -m ping
$ ansible -i demo.aws_ec2.yml all -a "head -1 /etc/shadow"
```

In Abschnitt 7.5.6 beschreibe ich, wie Sie die nahezu unerträglich langen Antwortzeiten mittels Caching verkürzen können.

7.5.4 Hetzner Cloud

Auch die deutsche Firma Hetzner bietet eine sehr gute und flexible Cloud-Lösung; lassen Sie uns einen Blick auf das entsprechende Ansible-Inventory-Plugin werfen.

> **Anmerkung**
>
> Das Management von Objekten in der Hetzner Cloud mittels Ansible ist hier nicht das Thema; ich komme aber in den Abschnitten 12.2 ff. noch darauf zu sprechen.

Bevor das HCloud-Inventory-Plugin ins Spiel kommen kann, müssen zwei Voraussetzungen erfüllt sein:

1. Sie benötigen auf dem Control Host das Python-Modul *hcloud*. Auf unserem Labor-Host erledigen Sie das als Admin mit:

   ```
   # pip3 install hcloud
   ```

2. Sie benötigen Zugangsdaten für die HCloud-API. Die Username-Passwort-Kombination, mit der Sie möglicherweise gerade in der Hetzner-Web-Konsole unterwegs sind, ist dafür nicht geeignet. Vielmehr müssen Sie in der Web-Konsole im entsprechenden Projekt unter SICHERHEIT im Reiter API-TOKENS ein API-Token generieren. Sichern Sie dieses Token, denn Sie können es später nicht mehr sichtbar machen. Sie müssten dann ein neues anlegen.

Kommen wir nun zur Ansible-Integration. Da wir hier ein neues Inventory verwalten möchten, sollten wir in unserem Inventory-Ordner auch ein neues Unterverzeichnis anlegen, etwa *hcloud_demo*:

```
$ cd inventories
$ mkdir hcloud_demo && cd hcloud_demo
```

In diesem Ordner erstellen Sie dann die benötigte YAML-Konfigurationsdatei. Das Plugin verlangt, dass der Dateiname auf *hcloud.(yml/yaml)* endet, also nennen wir sie bspw. *demo.hcloud.yml*. So sieht die Minimalversion für einen ersten Testlauf aus:

```
---
plugin: hcloud
token: IHR_ACCESS_TOKEN
```

Listing 7.12 »inventories/hcloud_demo/demo.hcloud.yml«: Basis-Plugin-Konfiguration

Alternativ zum Eintrag in der Datei können Sie auch mit der Umgebungsvariablen HCLOUD_TOKEN arbeiten. Nun sind Sie bereit für einen ersten Test. Mit folgendem Aufruf sehen Sie (hoffentlich) Ihr Inventar:

```
$ ansible-inventory -i demo.hcloud.yml --list
```

Mit dem Inventory arbeiten

Mit dem Hetzner-Inventory lässt sich out of the box schon ziemlich gut arbeiten, denn es enthält bereits nützliche Informationen wie Betriebssystemtyp oder Serverstatus. Nach diesen ganzen Eigenschaften können Sie bei Bedarf gruppieren; zumeist versieht man die Server zusätzlich aber noch mit eigenen Labels, über die Sie dann fachliche Gruppen bilden können:

```
---
plugin: hcloud
token: IHR_ACCESS_TOKEN

keyed_groups:
  - key: image_os_flavor
    prefix: os
  - key: status
    prefix: server_status
  - key: labels
    prefix: label
```

Listing 7.13 »demo.hcloud.yml«: Konfiguration mit Gruppenbildung

Damit bekämen Sie dann Gruppen wie `os_debian`, `server_status_running`, `label_type_worker` ... – je nachdem, was bei Ihnen so alles vorhanden ist.

Jetzt müssen die Gruppen nur noch parametrisiert werden. Der Login-User ist bei Hetzner standardmäßig immer `root`, darüber hinaus müssen Sie nur noch den zu verwendenden SSH-Schlüssel festlegen. Dazu sollten normale *group_vars*-Parameter ausreichen; legen Sie neben Ihrer YAML-Konfigdatei einen Ordner *group_vars* an, und platzieren Sie darin im einfachsten Fall folgende Datei:

```
---
ansible_user: root
ansible_ssh_private_key_file: '~/.ssh/hetzner'
```

Listing 7.14 »group_vars/all.yml«

Den öffentlichen Teil des Schlüssels haben Sie bei Hetzner hinterlegt – Sie haben ja hoffentlich keine Server ohne SSH-Key-Zugang angelegt. Den Dateinamen müssen Sie natürlich Ihrer Situation anpassen.

Nun können Sie ernsthaft testen (wichtig ist natürlich, dass der zweite Aufruf problemlos läuft):

```
$ ansible -i demo.hcloud.yml all -m ping
$ ansible -i demo.hcloud.yml all -a "head -1 /etc/shadow"
```

7.5.5 VMware

Auch für die sehr verbreitete Virtualisierungs-Plattform VMware vSphere gibt es natürlich ein Inventory-Plugin. Bevor es zum Einsatz kommen kann, müssen Sie auf dem Control Host mindestens das Modul *pyvmomi* installieren:

```
# pip3 install pyvmomi
```

Sie wollen wahrscheinlich aber auch virtuelle Maschinen taggen und die Tags dann als Ansible-Gruppen abbilden lassen. Dazu müssen Sie *zusätzlich* noch das vSphere Automation SDK installieren:

```
# pip3 install --upgrade pip setuptools
# pip3 install git+https://github.com/vmware/vsphere-automation-sdk-python.git
```

Sie benötigen im zweiten Schritt tatsächlich ein sehr neues `pip`, sonst schlägt die Installation des SDKs gegebenenfalls fehl. Vielleicht wollen Sie das alles lieber in einer Virtualenv-Umgebung testen.

Wenn alle benötigten Python-Komponenten installiert sind, müssen Sie das Inventory-Plugin noch in der *ansible.cfg* aktivieren:

```
[inventory]
enable_plugins = vmware_vm_inventory
```

Listing 7.15 »ansible.cfg«: Ausschnitt

> **Wichtig**
> Beachten Sie dabei die [inventory]-Sektion, die es in Ihrer Konfiguration bislang wahrscheinlich noch nicht gibt!

Kommen wir nun zur eigentlichen Ansible-Integration. Da wir hier ein neues Inventory verwalten möchten, sollten wir in unserem Inventory-Ordner auch ein neues Unterverzeichnis anlegen, etwa *vmware_demo*:

```
$ cd inventories
$ mkdir vmware_demo && cd vmware_demo
```

In diesem Ordner erstellen Sie dann die benötigte YAML-Konfigurationsdatei. Das Plugin verlangt, dass der Dateiname auf *vmware.(yml|yaml) endet*, also nennen wir sie bspw. *demo.vmware.yml*. So sieht eine exemplarische Datei aus, die Sie bitte entsprechend anpassen:

```
---
plugin: vmware_vm_inventory
hostname: <VCENTER_SERVERNAME>
username: <USERNAME>
password: <PASSWORT>
validate_certs: False
with_tags: True
```

Listing 7.16 »inventories/vmware_demo/demo.vmware.yml«: Basis-Plugin-Konfiguration

Die Direktive `with_tags` können Sie aber nur dann verwenden, wenn Sie das vSphere Automation SDK installiert haben (siehe oben).

Nun sind Sie bereit für einen ersten Test. Mit folgendem Aufruf sehen Sie (hoffentlich) Ihr Inventar:

```
$ ansible-inventory -i demo.vmware.yml --list
```

Tags

Im vSphere Client können Sie Tags anlegen (unter MENÜ, TAGS UND BENUTZERDEFINIERTE ATTRIBUTE) und diese Tags dann virtuellen Maschinen zuweisen. Das Inventory-Plugin wird dann (mit der Einstellung `with_tags: True`) für jedes Tag eine Gruppe anlegen, die alle Hosts enthält, denen dieses Tag zugewiesen wurde.

Das ist auch sehr empfehlenswert, denn per Default gibt es nur relativ unschöne Gruppen wie `windows9Server64Guest` oder `other3xLinux64Guest`, die in der Regel nicht für eine weitergehende Parametrisierung (z. B. mittels `group_vars`) taugen.

7.5.6 Inventory-Plugins: Caching

Beim Arbeiten mit dynamischen Inventorys stellt sich mitunter schnell die Frage nach einem Cache. Wenn Sie bspw. das `aws_ecs`-Plugin verwenden und bei jedem Aufruf zehn bis 15 Sekunden warten müssen, kann das die Geduld schon auf eine harte

Probe stellen. Dankenswerterweise unterstützen viele Inventory-Plugins das Inventory-Caching; das aws_ecs-Plugin und das vmware_vm_inventory gehören dazu. Sehen Sie hier am Beispiel von aws_ecs, wie Sie in der Plugin-Konfiguration das Caching aktivieren:

```
---
[…]

cache: yes
cache_plugin: jsonfile
cache_timeout: 3600
cache_connection: ~/.ansible/inventory_cache
cache_prefix: aws_ec2
```

Listing 7.17 »demo.aws_ec2.yml«: Konfiguration mit Cache

Das Ganze erinnert sehr stark an den bereits bekannten Fakten-Cache. In der Tat kann das Caching alternativ auch in der Ansible-Konfiguration aktiviert werden:

```
[…]

[inventory]
cache = yes
cache_plugin = jsonfile
cache_timeout = 3600
cache_connection = ~/.ansible/inventory_cache
```

Listing 7.18 »ansible.cfg«: Ausschnitt: aktivieren des Inventory-Caches

7.6 Inventory-Verzeichnisse

Zum Ende des Kapitels soll nicht unerwähnt bleiben, dass es in Ansible auch die Möglichkeit gibt, anstelle einer einzigen Inventory-Quelle ein ganzes Verzeichnis als Inventory zu benutzen.

Dieses muss dann irgendwelche Inventory-Quellen enthalten (welche auch in weiteren Unterverzeichnissen verteilt sein können), und die Summe aller dieser Quellen bildet dann das Inventory.

Ich empfehle Ihnen aber, diese Methode lieber nicht einzusetzen (wenn es sich vermeiden lässt), denn selbst mit viel Disziplin kann man hier nur schwer den Überblick behalten (von den Problemen, die entstehen wenn widersprüchliche Angaben in verschiedenen Inventory-Quellen existieren, ganz zu schweigen).

Kapitel 8
Modularisierung mit Rollen und Includes

Würden Sie mit den bisherigen Mitteln reale Server konfigurieren, so hätten Sie schnell Playbooks mit mehreren Hundert enthaltenen Tasks. Das wäre weder in puncto Übersicht noch in puncto Wartbarkeit und Wiederverwendbarkeit wünschenswert.

8.1 Erstellung und Verwendung von Rollen

Um diesem Problem zu begegnen, möchte ich Ihnen nun *Rollen* vorstellen. Diese sind in Ansible der primäre Mechanismus, um die Tasks eines Playbooks sinnvoll und wiederverwendbar zu organisieren.

8.1.1 Das Rollenkonzept in Ansible

In Ansible hat jede Rolle einen Namen, der eins zu eins auf ein Verzeichnis umgesetzt wird. Sinnvolle Namen wären also z. B.:

- »*apache*«
- »*common/hostname*«
- »*debian/buster/openldap*«

Wie tief Sie Ihre Rollen-Hierarchien organisieren, ist persönliche Geschmackssache bzw. von der konkreten Problemstellung abhängig. Im Allgemeinen bevorzugt man eher flache Hierarchien.

Suchpfade

Rollen werden per Default unterhalb von *roles/* gesucht, und zwar *relativ zum Playbook*. Selbstverständlich können Sie den Rollen-Suchpfad erweitern. Dazu steht Ihnen die Konfigurationsdirektive `roles_path` zur Verfügung. Auch die Angabe mehrerer Verzeichnisse ist möglich; trennen Sie diese einfach mit einem Doppelpunkt. Für unser Szenario (wir wollen die Rollen *nicht* im Playbook-Ordner, sondern im parallelen Ordner *roles/* ablegen) wäre also folgende Konfiguration erforderlich:

```
# [defaults]
roles_path = ./roles
```
Listing 8.1 »ansible.cfg«: Ausschnitt

Default-Suchpfade bleiben dabei erhalten. Wenn Ihre Rolle nicht gefunden wird, gibt Ansible in der Fehlermeldung aber auch die Suchpfade aus; damit sollten Sie dann schnell zum Ziel kommen.

Struktur von Rollen

Alle Dateien, die zu einer Rolle gehören, werden durch gewisse Unterverzeichnisse strukturiert.

Hier eine Übersicht:

- **<ROLLE>/tasks/main.yml**
  Die Tasks der Rolle
- **<ROLLE>/files/***
  Dateien zum Hochladen
- **<ROLLE>/templates/***
  Jinja-Templates zum Hochladen
- **<ROLLE>/handlers/main.yml**
  Handler, die zur Rolle gehören
- **<ROLLE>/vars/main.yml**
  Variablen, die sehr starke Priorität haben
- **<ROLLE>/defaults/main.yml**
  Variablen mit sehr schwacher Priorität
- **<ROLLE>/meta/main.yml**
  Metainformationen; z. B. Abhängigkeiten von anderen Rollen

> **Anmerkung**
> Verzeichnisse, die Sie nicht benötigen, können Sie gern einfach komplett weglassen. Wenn Ihre Rolle bspw. keine Templates benutzt, brauchen Sie auch den Unterordner *templates/* nicht.

8.1.2 Ein einfaches Beispiel einer Rolle

Um das Ganze etwas zu konkretisieren, wollen wir nun eine erste, sehr simple Rolle erstellen. Nennen wir sie der Einfachheit halber »hallo«. Ausgehend vom Wurzelordner unseres Projekts, benötigen Sie also folgende Struktur:

```
roles/
`-- hallo/
    `-- tasks/
        `-- main.yml
```

Legen Sie die Verzeichnishierarchie unterhalb von *roles/* bitte entsprechend an. Den Inhalt der Datei *main.yml* halten wir auch sehr einfach:

```
---
- name: Hallo sagen
  debug: msg="Hallo aus einer Rolle!"
```
Listing 8.2 »hallo/tasks/main.yml«

Um eine Rolle zu laden und zu starten, würden Sie normalerweise ein entsprechendes Playbook anlegen – im nächsten Abschnitt komme ich sogleich darauf zu sprechen.

Sie können eine Rolle mit einem `include_role`-Aufruf aber durchaus auch ad hoc starten:

```
$ ansible localhost -m include_role -a name=hallo
localhost | SUCCESS => {
    "changed": false,
    "include_args": {
        "name": "hallo"
    }
}
localhost | SUCCESS => {
    "msg": "Hallo aus einer Rolle!"
}
```

8.1.3 Rollen verwenden

Wenn Sie eine Rolle zur Verfügung haben und nutzen möchten, müssen Sie diese nur in einem Playbook einbinden. Es stehen Ihnen hier zwei grundsätzliche syntaktische Varianten zur Verfügung. Die eine haben Sie bereits im Ad-hoc-Kommando kennengelernt; sie funktioniert natürlich auch im Playbook:

```
---
- hosts: all

  tasks:
    - include_role:
        name: hallo
```
Listing 8.3 »hallo-rolle_v1.yml«: Einbinden einer Rolle im Playbook

Die zweite Variante wendet man eher an, wenn durchgängig nur noch mit Rollen gearbeitet wird. Sie ersetzen hier tasks durch roles:

```
---
- hosts: all

  roles:
    - name: hallo
```

Listing 8.4 »hallo-rolle_v2.yml«: Einbinden einer Rolle im Playbook

Anstelle des Attributes name können Sie auch role verwenden:

```
---
- hosts: all

  roles:
    - role: hallo
```

Listing 8.5 »hallo-rolle_v3.yml«: Einbinden einer Rolle im Playbook

Oder das Attribut gleich ganz weglassen:

```
---
- hosts: all

  roles:
    - hallo
```

Listing 8.6 »hallo-rolle_v4.yml«: Einbinden einer Rolle im Playbook

Rollen parametrisieren

Sehr nützlich ist noch die Möglichkeit, eine Rolle bei Aufruf mit Parametern (= Variablen) zu versorgen, die dann auch nur innerhalb der Rolle sichtbar sind:

```
  roles:
    - name: hallo
      farbe: blau
      zahl: 57
```

Erinnern Sie sich noch an die Präzedenzregeln aus Abschnitt 6.1.3?

Mit dieser Methode der Parametrisierung lägen Sie an Position 20, was kaum noch zu übertrumpfen ist.

Plays mit Rollen und Tasks; »pre_tasks« und »post_tasks«

In einem Play(book) können Sie durchaus Rollen *und* auch einfache Tasks verwenden:

```
roles:
  [...]

tasks:
  [...]
```

Denken Sie aber daran, dass Sie hier aus technischer Sicht eine Map verwenden, und diese hat keine Reihenfolge! Ob Sie also zuerst Ihre `roles` und dann Ihre `tasks` im Playbook aufführen oder umgekehrt, spielt *keine* Rolle! Wichtig ist allein, wie Ansible intern vorgeht:

- Erst werden alle Rollen unter `roles` ausgeführt.
- Danach werden alle Tasks unter `tasks` ausgeführt.

Wenn Sie unbedingt mischen wollen/müssen, dann sollte zumindest für alle Leser des Playbooks die Reihenfolge sofort klar sein. Es empfiehlt sich also eher die Variante mit `include_role` (dann hätten Sie nur Tasks), oder Sie spezifizieren Ihre Tasks unter einer `pre_tasks`- bzw. `post_tasks`-Sektion im Play. Damit erreichen Sie, was der Name schon vermuten lässt: eine möglichst frühe bzw. späte Ausführung dieser Tasks.

Sind hauptsächlich Debian-Systeme beteiligt, sieht man bspw. oft die Aktualisierung des Software-Verzeichnisses als Pre-Task:

```
pre_tasks:
  - name: Update apt cache if needed
    apt: update_cache=yes cache_valid_time=3600
    tags: always

roles:
  [...]
```

Listing 8.7 Beispiel für die Anwendung von pre_tasks

8.1.4 Abhängigkeiten zwischen Rollen

Eine Rolle (sagen wir: »X«) kann Abhängigkeiten von anderen Rollen definieren (z. B. von »Y« und von »Z«). Wenn Sie nun X anwenden, würden automatisch *zunächst* Y und Z ausgeführt. Technisch gelingt dies über eine Datei *main.yml* im Rollenverzeichnis *meta/*:

```
---
dependencies:
  - Y
  - Z
```

Listing 8.8 »X/meta/main.yml«: Metainformationen zu einer Rolle

Sie könnten die Basisrollen dabei auch parametrisieren:

```
---
dependencies:
  - role: Y
    var1: value1
    var2: value2

  - role: Z
    var3: value3
```

Listing 8.9 »X/meta/main.yml«

Das Ganze ist auch ziemlich intelligent implementiert: Wenn zwei verschiedene Rollen dieselbe Basisrolle verwenden, so würde diese auch nur einmal gerufen (*wenn* die Parametrisierung exakt gleich ist!).

Bewertung

Aus technischer Sicht sind Role Dependencies eine Spitzenidee. Rolle A ruft automatisch B und C, dadurch ruft B automatisch erst einmal D und E ... In der Praxis werden Sie aber ziemlich oft mit offenem Mund davorsitzen und sich fragen: »Warum hat er das jetzt gemacht?« Und zwar selbst dann, wenn Sie das vor drei Tagen erst alles ganz allein eingerichtet haben. Aber probieren Sie es gern aus, und strafen Sie mich Lügen. Ich möchte jedenfalls an dieser Stelle keine Empfehlung für oder gegen dieses Feature aussprechen.

8.1.5 Erstellen neuer Rollen

Das Erstellen einer Verzeichnisstruktur für eine neue Rolle ist relativ mühsam und auch etwas fehlerträchtig (ein Tippfehler beim Verzeichnisanlegen wie z. B. »*handler*« anstatt »*handlers*« genügt, damit es nicht funktioniert).

Lassen Sie sich lieber vom Kommando `ansible-galaxy` unterstützen. Wechseln Sie in das Verzeichnis, in dem Ihre neue Rolle entstehen soll (in unserem Fall *roles/*), und machen Sie dann folgenden Aufruf:

```
$ ansible-galaxy init <ROLLE>
```

Probieren Sie es aus:

```
$ ansible-galaxy init test
- Role test was created successfully
```

```
$ tree test
test
```

```
|-- defaults
|   `-- main.yml
|-- files
|-- handlers
|   `-- main.yml
|-- meta
|   `-- main.yml
|-- README.md
|-- tasks
|   `-- main.yml
|-- templates
|-- tests
|   |-- inventory
|   `-- test.yml
`-- vars
    `-- main.yml
```

Das ist mehr als komplett. Den *tests/*-Ordner können Sie getrost löschen und ebenso den *meta/*-Ordner, wenn Sie nicht vorhaben, mit Role Dependencies zu arbeiten.

> **Anmerkung**
>
> Ich habe damit übrigens nicht sagen wollen, dass Sie Ihre Rollen nicht testen sollen. Aber wie wollen Sie z. B. *automatisiert, isoliert und reproduzierbar* eine Rolle testen, die auf einem Ubuntu 18.04-System eine PostgreSQL-Datenbank aufsetzt und danach einen Datenbankuser mit gewissen Rechten einrichtet?
>
> Es gibt dafür durchaus Docker-basierte Ansätze wie die Software *Molecule*, aber es ist bestimmt nicht damit getan, einen Ordner namens *tests/* zu haben.

Das Kommando `ansible-galaxy init` hat auch noch einige Optionen. Für uns an dieser Stelle interessant sind `--force` (eine bereits bestehende Rolle überschreiben), `--init-path <PFAD>` (einen anderen Zielordner als das aktuelle Verzeichnis wählen) und `--role-skeleton <PFAD>` (eine andere Rolle als Vorlage nutzen).

8.2 Ansible Galaxy

Die *Ansible Galaxy* ist ein Online-Repository für vorgefertigte Rollen. Sie finden die Projekt-Homepage unter *https://galaxy.ansible.com/*.

Rollen können von dort direkt heruntergeladen werden mit:

```
$ ansible-galaxy install <author.rolename>
```

Weitere Möglichkeiten bieten:

- `ansible-galaxy -h`
- `ansible-galaxy <command> -h`

> [!] **Achtung**
> Wie Sie sich sicher denken können, ist es nicht empfehlenswert, Galaxy-Rollen ohne vorherige Prüfung einfach so zu übernehmen und anzuwenden.
>
> Am besten nutzen Sie die Galaxy als Ideenlieferant für Ihre eigenen Rollen-Projekte!

8.3 Verwendung von Imports/Includes

Neben den Rollen steht in Ansible noch ein einfacheres Konzept zur Modularisierung zur Verfügung. Mit einem Import oder Include können Sie Tasks aus externen Dateien einbinden. Das wird oft genutzt, um ansonsten zu unübersichtliche Task-Ansammlungen in mehrere Teile aufzubrechen.

In umfangreicheren Rollen ist z. B. die *tasks/main.yml* oft in Einzelteile unterteilt:

```
---
- import_tasks: mach_dies.yml
- import_tasks: mach_jenes.yml
```

Listing 8.10 »tasks/main.yml«: exemplarische Anwendung von Imports

Vor Ansible Version 2.4 gab es eine Direktive `include`, die aber seit 2.4 als deprecated (veraltet) gilt. Das aktuelle Ansible unterscheidet zwischen `import_tasks` und `include_tasks`; obiges Beispiel hätte aber auch mit `include_tasks` funktioniert. Was also ist der Unterschied?

Vereinfacht gesagt, erfolgt ein Import während der Parsezeit und ein Include während der Laufzeit des Playbooks. Sie verwenden also:

- **Imports für statische Angelegenheiten**, die von Anfang an feststehen
- **Includes für dynamische Angelegenheiten**, die sich erst während der Laufzeit ergeben

Beispielsweise ist ein wiederholtes Einbinden in einer Schleife oder das Einbinden einer Datei mit dynamischem Dateinamen überhaupt nur mit `include_tasks` möglich:

```
- include_tasks: part.yml
  with_items:
```

```
      - foo
      - bar

  - include_tasks: "{{ ansible_os_family }}.yml"
```
Listing 8.11 Zwei Beispiele, die nur mit include_tasks realisierbar sind

Die Details können Sie bei Bedarf unter *http://docs.ansible.com/ansible/playbooks_reuse.html* nachlesen.

Dynamisches Laden von Variablen mit »include_vars«

Das `include_vars`-Modul ist zum dynamischen Nachladen von Variablen gedacht. Es wird gern auf die folgende Weise zum Ausgleichen von Distributionsunterschieden genutzt:

```
---
- name: Include OS-specific settings
  include_vars: "{{ ansible_os_family }}.yml"
```
Listing 8.12 »tasks/main.yml«: dynamisches Laden von Variablen-Settings

In einer Rolle angewandt, ist das Suchverzeichnis bei relativen Pfadangaben der *vars/*-Ordner.

Wenn Sie nur eine Systemfamilie haben, die aus der Reihe tanzt, ist auch ein Ansatz wie dieser sehr schlau:

```
---
- name: Include OS-specific settings
  include_vars: "{{ item }}"
  with_first_found:
    - "{{ ansible_os_family }}.yml"
    - defaults.yml
```
Listing 8.13 »tasks/main.yml«: Beispiel für den Einsatz von with_first_found in einer Rolle

Wie der Name bereits vermuten lässt, versucht `with_first_found` der Reihe nach die angegebenen Dateien zu finden und bereitzustellen. Der erste Treffer gewinnt, danach wird die Suche beendet.

8.4 Noch mal Apache

Jetzt, da alle Techniken in der Theorie besprochen sind, möchte ich noch einmal unser Apache-Thema aufgreifen und das Playbook aus Abschnitt 6.4.5 in eine Rolle verwandeln. Nennen wir sie der Einfachheit halber »apache«.

Erzeugen Sie als Startpunkt im *roles/-*Ordner eine leere Hülle:

```
$ cd roles
$ ansible-galaxy init apache
- Role apache was created successfully
```

Überflüssige Verzeichnisse entfernen:
```
$ rm -r apache/{files,meta,tests}
```

Zunächst zum Wichtigsten: den Tasks. Im Prinzip übernehmen Sie einfach die Taskliste (sie war im Playbook in Ordnung und ist es natürlich immer noch). Sehen Sie in Listing 8.14 die spannendere Version mit der externen Template-Datei:

```
---
- name: System-spezifische Parameter laden
  include_vars: "{{ansible_os_family}}.yml"

- name: Paketlisten auf Debian-Systemen aktualisieren
  apt:
    update_cache: yes
    cache_valid_time: 3600
  when: ansible_os_family == "Debian"

- name: Apache-Paket installieren
  package:
    name: "{{apache_package_name}}"

- name: Dienst starten und in Bootprozess integrieren
  service:
    name: "{{apache_service_name}}"
    state: started
    enabled: yes

- name: Minimale Startseite einrichten
  template:
    src: index.html.j2
    dest: "{{apache_document_root}}/index.html"
    mode: 0644

- name: Plugin-Config hochladen
  copy:
    dest: "{{apache_config_directory}}/redirect.conf"
    content: |
      Redirect /go http://www.google.de
  notify: reload apache
```

```
- name: Config aktivieren (nur auf Debian-System nötig)
  command:
    cmd: a2enconf redirect
    creates: /etc/apache2/conf-enabled/redirect.conf
  when: ansible_os_family == "Debian"
```
Listing 8.14 »apache/tasks/main.yml«

Die OS-spezifischen Variablen-Files übernehmen Sie auch eins zu eins in den *vars/*-Ordner der Rolle. Auf das Präfix `apache_` in den Dateinamen können wir nun verzichten, da nun keine Kollisionsgefahr mehr mit anderen Projekten besteht:

```
---
apache_package_name: apache2
apache_service_name: apache2
apache_document_root: /var/www/html
apache_config_directory: /etc/apache2/conf-available
```
Listing 8.15 »apache/vars/Debian.yml«

```
---
apache_package_name: httpd
apache_service_name: httpd
apache_document_root: /var/www/html
apache_config_directory: /etc/httpd/conf.d
```
Listing 8.16 »apache/vars/RedHat.yml«

```
---
apache_package_name: apache2
apache_service_name: apache2
apache_document_root: /srv/www/htdocs
apache_config_directory: /etc/apache2/conf.d
```
Listing 8.17 »apache/vars/Suse.yml«

Die externe Template-Datei *index.html.j2* packen Sie in den *templates/*-Ordner der Rolle:

```
<!doctype html>
<html>
  <head>
    <meta charset="utf-8">
    <title>{{inventory_hostname}}</title>
  </head>
  <body bgcolor="{{apache_farbe}}">
    <h1>Willkommen auf {{inventory_hostname}}!</h1>
```

```
      <h2>Lernen Sie unser Team kennen:</h2>
      <ul>
      {% for host in groups['all'] %}
        <li>
        {% if host != inventory_hostname %}
        <a href="http://{{ hostvars[host]['ansible_all_ipv4_addresses'] |
                        map('regex_search','^192\..*')                  |
                        select('string')                                |
                        first }}">
          {{host}}
        </a>
        {% else %}
          <span style="background-color: LightCyan">{{host}}</span>
        {% endif %}
        </li>
      {% endfor %}
      </ul>
    </body>
</html>
```
Listing 8.18 »apache/templates/index.html.j2«

Auch den einzigen Handler dürfen wir nicht vergessen; er gehört (wie Sie sich sicher bereits denken können) in die Datei *handlers/main.yml*:

```
---
- name: reload apache
  service:
    name: "{{apache_service_name}}"
    state: reloaded
```
Listing 8.19 »apache/handlers/main.yml«

Sorgen wir schließlich noch für eine Default-Parametrisierung der Rolle. Eine der Best Practices beim Erstellen von Rollen lautet: Nach Möglichkeit sollten stets sinnvolle Defaultwerte für alle konfigurierbaren Parameter mitgeliefert werden. Dafür ist die Rollen-Datei *defaults/main.yml* vorgesehen:

```
---
apache_farbe: LightBlue
```
Listing 8.20 »apache/defaults/main.yml«

Rollen-Defaults rangieren übrigens auf Platz 2 der Präzedenzliste und können daher im Prinzip durch jeden anderen Mechanismus zur Variablendeklaration übertrumpft werden.

> **Tipp**
> Versuchen Sie möglichst, alle Ihre Rollen-Parameter mit einem gemeinsamen Präfix zu versehen (hier: »apache_«). Das erhöht die Übersicht und beugt möglichen Namenskollisionen mit Parametern aus anderen Rollen vor.

Bevor Sie die neue Rolle nun gegebenenfalls ausprobieren: Entfernen Sie bitte alle Altlasten an folgenden Orten, die mit dem Apache-Thema zu tun haben:

- *playbooks/vars*
- *playbooks/templates*
- *inventories/devel/group_vars/all.yml*

Ansonsten könnte es sein, dass beim Testen etwas nur zufällig funktioniert, weil sich ein Play an diesen Orten bedient anstatt – wie es sein soll – in den Rollen-Unterordnern!

Testen können Sie nun ad hoc, oder lieber mit diesem Playbook, das nichts anderes mehr tut, als unsere neue Rolle aufzurufen:

```
---
- hosts: all

  roles:
    - name: apache
```

Listing 8.21 »apache4.yml«

Wenn alles so läuft wie gedacht, sollte die Mehrheit der Apache-Server uns nun mit einer hellblauen Startseite begrüßen!

8.5 Dokumentation

Zum Ende dieses Kapitels müssen wir noch über das lästige Thema »Dokumentation« sprechen. Denn leider werden sogar Sie selbst nach spätestens zwei Wochen nicht mehr wissen, was Ihre Rollen tun; geschweige denn, welche Parameter möglich bzw. erforderlich sind.

Wenn Sie sich jetzt noch eine Kollegin oder einen Kollegen vorstellen, die Ihre Rolle zum ersten Mal verwenden möchten, ohne den Quellcode von A bis Z studieren zu müssen …

Um das Problem in den Griff zu bekommen, wird in der Praxis meist ein Gemisch aus zwei Ansätzen verfolgt:

1. Guter Code dokumentiert sich selbst.
2. eine beigefügte README-Datei sorgt für den Rest

Die nächsten Abschnitte zeigen dazu einige Best Practices.

8.5.1 Code-Konventionen

Nehmen wir einmal großzügig an, alle Beteiligten haben eine Idee, worum es sich bei einer Rolle namens »apache« ungefähr handeln könnte. Dann bleiben als wichtigste Fragen:

- Mit welchen Parametern kann ich das Verhalten der Rolle beeinflussen?
- Gibt es sogar Pflichtparameter, ohne die die Rolle überhaupt nicht arbeiten kann?

Als Coding-Konvention könnte man nun vereinbaren, dass *alle* Parameter stets in der Datei *defaults/main.yml* zusammen mit einem kleinen Kommentar aufgeführt sind.

Hier ein reines Beispiel, das nicht die Funktionalität unserer momentanen Apache-Rolle widerspiegelt:

```
---
# Default-Hintergrundfarbe für die Startseite:
apache_farbe: LightBlue

# Redirect für die Google-Weiterleitung:
apache_google_redirect: /go

# User/Passwort für Zugriff auf geschützte Bereiche:
apache_admin_user: chef
apache_admin_pass: # no default
```
Listing 8.22 »defaults/main.yml«

Die letzte Zeile ist bemerkenswert: Sie möchten zwar den Parameter spezifizieren, aber absichtlich *keinen* Wert, denn Default-Passwörter waren ja noch nie eine gute Idee. Rein YAML-technisch hätten Sie auch jede andere der in Abschnitt 4.6 beschriebenen Methoden nutzen können; versuchen Sie, sich im Team auf eine zu einigen.

Konsequenterweise muss die Rolle jetzt aber auch möglichst schnell aussteigen, wenn der Parameter vom Anwender nicht gesetzt wird. Erinnern Sie sich an das assert-Modul? Setzen Sie es in einem sehr frühen Task ein:

```
---
- assert:
    that:
```

```
    - apache_admin_pass != None
  fail_msg: Setzen Sie bitte ein Passwort mit apache_admin_pass
```
Listing 8.23 »tasks/main.yml«

Das Literal »None« ist hier der zugrunde liegenden Programmiersprache Python geschuldet – YAML-Null-Werte werden zu None-Werten in Python.

8.5.2 »README.md«

Der zweite Ansatz, der gewisse Coding-Konventionen hervorragend ergänzt, ist das Mitliefern einer README-Datei. Ein simples Textformat wäre hier schon ausreichend, aber in den letzten Jahren hat sich das *Markdown*-Format zum De-facto-Standard für solche Zwecke etabliert. Markdown ist eine simple Auszeichnungssprache und ziemlich leicht zu lernen, siehe z. B. *http://markdown.de*. Außerdem hat es den Vorteil, dass es auch mit einem simplen Textbetrachter gut lesbar ist (im Unterschied zu Formaten wie HTML oder LaTeX).

Bei Bedarf können Sie Markdown leicht in »schönere« Formate konvertieren; Git-Server mit grafischer Oberfläche wie Gitea oder GitLab tun das schon vollautomatisch. Auch die Ansible Galaxy tut dies, und die vom Kommando `ansible-galaxy init` produzierte *README.md* entspricht genau den dortigen Vorgaben.

Wenn Sie nicht planen, Ihre Rollen in der Galaxy zu veröffentlichen, sollten Sie eine eigene Schablone entwickeln, die für Ihr Unternehmen gut passt und von allen Beteiligten gemocht wird. Beispielsweise so etwas wie in Listing 8.24:

```
# Ansible-Rolle: apache

Eine einfache Apache-Installation auf verschiedenen Linux-Systemen

## Voraussetzungen

Die Firewall muss deaktiviert sein, oder Port 80 muss anderweitig
geöffnet werden.

## Geeignet für

Debian 10, CentOS 8, openSUSE 15, Ubuntu 20.04

## Parameter mit Default-Werten

    apache_farbe: LightBlue
    apache_google_redirect: /go
```

```
    apache_admin_user: chef
    apache_admin_pass: # no default
```

Beschreibung

Diese Rolle wurde rein zu Demonstrationszwecken erstellt. Sie installiert
auf verschiedenen Linux-Systemen einen Apache-Webserver, startet ihn
und richtet eine einfache Startseite ein. Eine Weiterleitungsregel
nach Google wird ebenfalls konfiguriert.

Mit dem Parameter `apache_farbe` kann die Hintergrundfarbe der Startseite
bestimmt werden. Alle anderen Parameter sind nur zur internen Verwendung.

Beispiel-Playbook

```
- hosts: all

  roles:
    - name: apache
```

Autor

Willi Winzig <winzig@example.org>

Listing 8.24 »apache/README.md«: exemplarische Rollen-Dokumentation

So etwas können Sie natürlich mit jedem Texteditor bearbeiten. Wenn Sie aber schon während des Schreibens sofort überprüfen möchten, ob alles gut aussieht, empfiehlt sich die Verwendung eines Editors wie *ReText*, der einen Vorschau- bzw. WYSIWYG-Modus anbietet.

Manpages?

Natürlich können Sie aus dem Markdown-Format auch eine klassische Manpage erzeugen. Die Software *pandoc* leistet hier gute Dienste; in Listing 8.25 sehen Sie einen Vorschlag für ein Shellskript, das einen pandoc-Aufruf kapselt:

```bash
#!/bin/bash

ROLE=$1;
ROLES_PATHS=(~/ansible/roles ~/adm/ansible/roles)

if [ -z "$ROLE" ]; then
```

```
    echo "What role documentation do you want?"
    exit 1
fi

for p in "${ROLES_PATHS[@]}"; do
    README=$p/$ROLE/README.md

    test -e $README && break
done

if [ ! -e $README ]; then
    echo "$ROLE: No such role"
    exit 1
fi

pandoc -s $README -t man -V title="Ansible Role" -V section=7 | man -l -
```

Listing 8.25 »pandoc«: ein Markdown-zu-Manpage-Konverter

`ROLES_PATHS` muss gegebenenfalls noch an Ihre Rollen-Suchpfade angepasst werden. Eine manpage-artige Hilfsseite bekommen Sie nun mit dem Aufruf:

```
$ pandoc <ROLLE>
```

Kapitel 9
Die Modul-Bibliothek

Ich gebe Ihnen in diesem Kapitel eine Kurzübersicht über die typischerweise am häufigsten eingesetzten Ansible-Module. Das kann und soll aber kein Ersatz für die offizielle Dokumentation sein, die Sie bitte stets zurate ziehen, wenn Sie detailliertere Informationen benötigen. Ein Beispiel: Sie wollen mit dem user-Modul arbeiten, um Linux-User anzulegen. Der schnellste Weg zur Online-Dokumentation führt heutzutage über eine Suchmaschine Ihrer Wahl; suchen Sie in diesem Fall einfach nach »*Ansible user module*«. Der erste Treffer sollte in der Regel der Link zur passenden Dokumentationsseite sein. Die Seite *http://docs.ansible.com/ansible/modules_by_category.html* bietet einen nach Kategorien geordneten Einstieg in die Modul-Dokumentation. (Falls Sie wissen möchten, was es alles so gibt.)

Sie können die Dokumentation zu einem Modul auch offline lesen mit:

```
$ ansible-doc <MODULNAME>
```

Eine Auflistung aller in Ihrer Ansible-Version verfügbaren Module bekommen Sie schließlich mit

```
$ ansible-doc -l
```

auf den Bildschirm. Ich gebe Ihnen in der folgenden Kurzübersicht zu jedem Modul ein oder zwei Aufrufbeispiele; ein möglichst kurzes und gegebenenfalls eines, das weitergehende Aufrufmöglichkeiten demonstriert.

9.1 Module zur Kommandoausführung

command – Kommando ausführen

Zur Kommandoausführung stehen die folgenden Module zur Verfügung:

```
- name: Dateien suchen und Ergebnis in Variable sichern
  command: find /etc -name *.conf
  register: find_cmd

- name: Ergebnis einer Sortierung in /tmp ablegen
  command:
    chdir: /tmp
```

```
cmd: sort /etc/passwd -o sorted.txt
creates: sorted.txt
```

Das zweite Beispiel zeigt den Wechsel des Arbeitsverzeichnisses mit `chdir` und einen »Idempotenzhinweis« mit `create`. Online-Dokumentation:
http://docs.ansible.com/ansible/modules/command_module.html

shell – Kommando über eine Shell ausführen

```
- name: Programme mit "a" am Anfang zählen
  shell: "ls -l /usr/bin/a* | wc -l"

- name: Brace-Expansion (benötigt eine Bash)
  shell:
    cmd: echo test{1,2,3}
    executable: /bin/bash
```

Dieses Modul ähnelt dem `command`-Modul, nur wird der Befehl hier per Default via `/bin/sh` ausgeführt. Wenn Sie Shell-Mechanismen benötigen, die von einer klassischen Bourne Shell nicht unterstützt werden, können Sie den gewünschten Shell-Interpreter auch angeben (siehe das zweite Beispiel). Online-Dokumentation:
http://docs.ansible.com/ansible/modules/shell_module.html

raw – Kommando ohne Python-Subsystem ausführen

```
- name: Python 3 auf einem Debian-Target Host installieren
  raw: apt-get -y install python3
```

Am häufigsten wird dieses Modul wahrscheinlich eingesetzt, um auf einem Zielsystem ohne Python überhaupt erst mal ein Python-Paket zu installieren. Aus technischer Sicht ist es mit dem `shell`-Modul vergleichbar; der `executable`-Parameter steht hier ebenfalls zur Verfügung. Online-Dokumentation:
http://docs.ansible.com/ansible/modules/raw_module.html

script – lokales Skript übertragen und ausführen

```
- name: Skript übertragen und ausführen
  script: /usr/local/bin/myscript.sh --opt1 1234
```

Der Name dieses Moduls ist etwas irreführend, da Sie jede Art von Programm verwenden können. Natürlich werden es in der Praxis meist Shell-, Perl- oder Python-Skripte sein. Interessant ist noch, dass (genau wie beim `raw`-Modul) kein Python auf der Zielmaschine vorausgesetzt wird. Ansonsten sind die Parametrisierungsmöglichkeiten vergleichbar mit denen des `shell`-Moduls. Online-Dokumentation:
http://docs.ansible.com/ansible/modules/script_module.html

9.2 Module zur Paketverwaltung

Die folgenden Module dienen zur Paketverwaltung.

apt – Paketmanagement auf Debian/Ubuntu-Systemen

```
- name: Das Pendant zu apt-get update
  apt:
    update_cache: yes
    cache_valid_time: 3600

- name: Paket "tmux" installieren
  apt:
    name: tmux
```

Zur Verwaltung von Repositorys und Schlüsseln stehen die Module `apt_repository` und `apt_key` zur Verfügung.

Online-Dokumentation: *http://docs.ansible.com/ansible/modules/apt_module.html*

yum, dnf – Paketmanagement auf CentOS-/Red-Hat-/Fedora-Systemen

```
- name: Paket "tmux" installieren
  yum:
    name: tmux

- name: Paket "tree" installieren
  dnf:
    name: tree
```

Ab CentOS 8 ist `dnf` der Default-Paketmanager, `yum`-Aufrufe sind aber weiterhin möglich. Aus Sicht von Ansible verhält es sich genauso; sofern Sie also keine speziellen `dnf`-Features benötigen, können Sie wie gewohnt beim `yum`-Modul bleiben.

Zur Verwaltung von Repositorys steht das Modul `yum_repository` zur Verfügung.

Online-Dokumentation: *http://docs.ansible.com/ansible/modules/yum_module.html*

zypper – Paketmanagement auf SUSE-Systemen

```
- name: Paket "tmux" installieren
  zypper:
    name: tmux
```

Zur Verwaltung von Repositorys steht das Modul `zypper_repository` zur Verfügung.

Online-Dokumentation:
http://docs.ansible.com/ansible/modules/zypper_module.html

package – generisches Paketmanagement

```
- name: Paket "tmux" installieren
  package:
    name: tmux
```

Das `package`-Modul ist der kleinste gemeinsame Nenner des Paketmanagements. Unter der Haube wird einfach das eigentliche Modul (`apt`, `yum` etc.) aufgerufen. Mehr dazu in der Online-Dokumentation:
http://docs.ansible.com/ansible/modules/package_module.html

package_facts – Paketinformationen als Fakten darstellen

```
- name: Fakten über installierte Pakete einsammeln
  package_facts:

- debug: msg="Apache ist installiert"
  when: ansible_facts['packages']['apache2'] is defined

- debug: var=ansible_facts['packages']['apache2']
```

Das Modul `package_facts` integriert Informationen über installierte Distributionspakete in die Fakten. Die Datenstruktur pro Paket sieht für obigen Fall z. B. so aus:

```
"ansible_facts['packages']['apache2']": [
    {
        "arch": "amd64",
        "category": "httpd",
        "name": "apache2",
        "origin": "Debian",
        "source": "apt",
        "version": "2.4.38-3+deb10u3"
    }
]
```

Einige weitere (nicht näher beschriebene) Module

- cpanm – Perl-Module verwalten
- pip – Python-Module verwalten
- pear – PHP-Pakete verwalten

9.3 Module zur Verwaltung von Dateien und Dateiinhalten

Mit den nachstehenden Modulen können Sie sowohl Dateien, als auch Dateiinhalte verwalten.

copy – Dateien hochladen

```yaml
- name: Beispieldatei "test1.txt" zum Zielhost kopieren
  copy:
    src: test1.txt
    dest: /tmp

- name: Dabei auch Zugriffs- und Eigentumsrechte verwalten
  copy:
    src: test1.txt
    dest: /tmp
    owner: user1
    group: users
    mode: 0600
```

Wenn die Quelldatei durch einen relativen Pfad spezifiziert wird, sucht Ansible in einem Ordner *files/* parallel zum Playbook und danach direkt parallel zum Playbook. Bei Verwendung in einer Rolle wird zunächst im Rollen-Ordner *files/* gesucht.

Der mode kann numerisch oder symbolisch (z.B. 'u+rw') angegeben werden. Außerdem steht das Schlüsselwort preserve zur Verfügung, mit dem die Zieldatei dieselben Rechte wie die Quelldatei bekommt.

Achtung

Es gibt zwei funktionierende Möglichkeiten, einen numerischen Mode anzugeben:

1. mithilfe einer Zahl mit führender 0 (wie im obigen Beispiel), sodass der YAML-Parser von Ansible sofort eine Oktalzahl erkennt

2. mit einem *quotierten* String wie '644' oder '1777', sodass Ansible intern selbst konvertieren kann

Wenn Sie eine Zahl auf andere Art spezifizieren, wird dies nicht zum gewünschten Ergebnis führen!

Online-Dokumentation: *http://docs.ansible.com/ansible/modules/copy_module.html*

template – Dateien mit Jinja verarbeiten und hochladen

```yaml
- name: Template füllen und hochladen
  template:
    src: index.html.j2
    dest: /srv/www/htdocs/index.html
```

Dieses Modul ist in der Verwendung nahezu indentisch mit dem copy-Modul, nur dass der Input zusätzlich mit der Jinja-Engine verarbeitet wird. (Falls Ihnen der Begriff

»Jinja« nichts sagt, sollten Sie in jedem Fall Abschnitt 6.5 lesen.) Beachten Sie bitte, dass bei relativen Pfadangaben hier zusätzlich im Ordner *templates/* nach der Quelldatei gesucht wird (und *nicht* in *files/*!).

Online-Dokumentation:
http://docs.ansible.com/ansible/modules/template_module.html

file – Dateien und Dateiattribute verwalten

```
- name: Zugriffs- und Eigentumsrechte setzen
  file:
    path: /etc/ssl/private
    owner: root
    group: ssl-cert
    mode: 0710
```

Mit `file` können Sie auch Dateien und Verzeichnisse anlegen oder löschen, Soft- und Hardlinks verwalten und einiges mehr.

Gerade das Anlegen von Links geht mit diesem Modul aber nicht immer völlig leicht von der Hand, deswegen dazu noch einige Bemerkungen. Angenommen, Sie möchten mit Ansible erreichen, was Sie in der Shell wie folgt lösen:

```
$ ln -s <ALTER_NAME> <NEUER_NAME>
```

So merke ich mir seit ewigen Zeiten die Reihenfolge beim `ln`-Kommando: Erst kommt der Pfad zur alten (meist schon existenten) Datei, dann kommt der Linkname – also ein neuer Name für diese Datei. Der entsprechende Ansible-Task sieht dann so aus:

```
- name: Symbolischen Link setzen
  file:
    src: ALTER_NAME
    dest: NEUER_NAME
    state: link
```

Einen Hardlink bekämen Sie mit `state: hard`. Die Syntax des `file`-Moduls kommt Ihnen also hier entgegen, wenn Sie sich die Funktion des `ln`-Kommandos sowieso mit »Quelle« und »Ziel« merken. Problematisch wird es nun noch in zwei Situationen:

1. Die alte Datei bzw. die Quelle existiert nicht (das wäre ja für das `ln`-Kommando bei Symlinks kein Problem).
2. Der neue Name, also der Link-Pfad, existiert bereits, ist aber kein Symlink (sondern ein Verzeichnis, eine normale Datei oder was auch immer).

Diese Fälle wären für Ansible jeweils ein Fehler, den Sie aber mit dem zusätzlichen Modul-Parameter `force: yes` vermeiden können.

Online-Dokumentation: *http://docs.ansible.com/ansible/modules/file_module.html*

9.3 Module zur Verwaltung von Dateien und Dateiinhalten

stat – Informationen über Dateien gewinnen

```yaml
- name: Dateieigenschaften von /etc/ssl bestimmen
  stat:
    path: /etc/ssl
  register: p

- debug:
    msg: /etc/ssl ist ein existierendes Verzeichnis
  when: p.stat.exists and p.stat.isdir
```

Ein Tipp: Schauen Sie sich einmal die komplette Struktur der registrierten Variablen an (debug: var=p). Da ist noch einiges mehr an Informationen enthalten.

Online-Dokumentation: *http://docs.ansible.com/ansible/modules/stat_module.html*

lineinfile – Zeilen in Textdateien verwalten

```yaml
- name: Zeile ändern
  lineinfile:
    path: /etc/selinux/config
    regexp: '^SELINUX='
    line: 'SELINUX=disabled'

- name: Zeile an festgelegter Stelle einfügen
  lineinfile:
    path: /etc/ssh/sshd_config
    insertafter: '^#ListenAddress'
    regexp: '^ListenAddress'
    line: 'ListenAddress 192.168.150.20'
```

Für einen erfolgreichen Einsatz dieses Moduls (sowie der Module blockinfile und replace) müssen Sie einigermaßen sattelfest im Umgang mit regulären Ausdrücken sein. Wenn Sie hier Nachholbedarf haben oder überhaupt einen Einstieg brauchen, dann schauen Sie doch mal in Anhang B. Für die absoluten Feinheiten des konkreten »Dialekts« gehen Sie bitte auf *http://docs.python.org/3/library/re.html*.

Online-Dokumentation:
http://docs.ansible.com/ansible/modules/lineinfile_module.html

blockinfile – Textpassagen in Dateien verwalten

```yaml
- name: Konfiguration für virtuelles Interface eintragen
  blockinfile:
    path: /etc/network/interfaces
    block: |
      iface ens33:0 inet static
```

```
            address 10.0.0.1/24
            netmask 255.255.255.0
```

Das Modul verwaltet Textpassagen, die von konfigurierbaren Markierungzeilen umgeben sind. Zur Positionierung stehen mit `lineinfile` vergleichbare Möglichkeiten zur Verfügung. Online-Dokumentation:
http://docs.ansible.com/ansible/modules/blockinfile_module.html

replace – suchen und ersetzen in Textdateien

```
- name: PasswordAuthentication ggf. einkommentieren und auf "no" setzen
  replace:
    path: /etc/ssh/sshd_config
    regexp: '^#?(PasswordAuthentication).*'
    replace: '\1 no'
```

Das Modul ersetzt *alle* Vorkommen von `regexp` in der Datei durch den `replace`-Ausdruck. Falls `replace` fehlt, werden die Vorkommen gelöscht. Online-Dokumentation: *http://docs.ansible.com/ansible/modules/replace_module.html*

unarchive – Archive hochladen und auspacken

```
- name: Archiv-Datei in /srv/www/webapps auspacken
  unarchive:
    src: 'roundcubemail-1.3.4-complete.tar.gz'
    dest: /srv/www/webapps
    owner: www-data
    group: www-data
    creates: '/srv/www/webapps/roundcubemail-1.3.4'
```

Dieses Modul kann mit den Archivformaten *.zip*, *.tar*, *.tar.gz*, *.tar.bz2* und *.tar.xz* umgehen. Wenn die Quelle als relativer Pfad spezifiziert wird, ist die Suchstrategie dieselbe wie beim `copy`-Modul. Die Zielverzeichnisse müssen existieren. Online-Dokumentation: *http://docs.ansible.com/ansible/modules/unarchive_module.html*

Einige weitere (nicht näher beschriebene) Module

- `acl` – File-ACLs verwalten
- `fetch` – wie `copy`, nur anders herum
- `find` – das `find`-Kommando als Modul
- `ini_file` – Inhalte von INI-Dateien verwalten
- `rsync` – das `rsync`-Kommando als Modul
- `tempfile` – temporäre Dateien oder Verzeichnisse erzeugen
- `xml` – Inhalte von XML-Dateien verwalten

9.4 Module für weitere typische Verwaltungsaufgaben

Für weitere typische Verwaltungsaufgaben stehen Ihnen u. a. folgende Module zur Verfügung:

service – Dienste starten, stoppen, neu starten, ...

```
- name: Apache starten und in Autostart integrieren
  service:
    name: httpd
    state: started
    enabled: yes
```

Online-Dokumentation:
http://docs.ansible.com/ansible/modules/service_module.html

service_facts – Service-Informationen als Fakten darstellen

```
- name: Fakten über Dienste einsammeln
  service_facts:

- debug: msg="Apache läuft"
  when: ansible_facts['services']['apache2']['state'] == 'running'

- debug: var=ansible_facts['services']['apache2']
```

Das Modul `service_facts` integriert Informationen über installierte Distributionspakete in die Fakten. Die Datenstruktur pro Dienst sieht für den obigen Fall z. B. so aus:

```
"ansible_facts['services']['apache2']": {
      "name": "apache2",
      "source": "sysv",
      "state": "running"
   }
```

Online-Dokumentation:
http://docs.ansible.com/ansible/modules/service_facts_module.html

cron – Cronjobs verwalten

```
- name: Cronjob unter /etc/cron.d/ einrichten
  cron:
    cron_file: certbot
    user: root    name: Run "certbot renew" once per week
    special_time: weekly
    job: certbot renew --post-hook "systemctl restart postfix apache2"
```

Natürlich stehen zur Zeitspezifikation auch Parameter wie `minute`, `hour`, `day` ... zur Verfügung.

Online-Dokumentation:
http://docs.ansible.com/ansible/modules/cron_module.html

hostname – den Hostnamen ändern

```
- name: Hostnamen auf "web01" setzen
  hostname:
    name: web01
```

Online-Dokumentation:
http://docs.ansible.com/ansible/modules/hostname_module.html

user, group – Benutzer- und Gruppenverwaltung

```
- name: Gruppe "vmail" anlegen
  group:
    name: vmail
    gid: 5000

- name: User "vmail" anlegen
  user:
    name: vmail
    uid: 5000
    group: vmail
    home: /srv/imap
    shell: /bin/false
```

Online-Dokumentation:

▶ *http://docs.ansible.com/ansible/modules/user_module.html*

▶ *http://docs.ansible.com/ansible/modules/group_module.html*

firewalld – Firewalld-basierte Firewalls verwalten

```
- name: HTTP-Port 80/tcp öffnen
  firewalld:
    service: http
    state: enabled
    permanent: yes
    immediate: yes
```

Dieses Modul benötigt auf den Zielsystemen entsprechende Python-Bindings zum Firewalld-Management. In seltenen Fällen müssten Sie also vorher das Paket *python3-firewall* nachinstallieren. Ansonsten muss man an dieser Stelle sagen: Ohne fundiertes Wissen zu Firewalld wird man auch mit diesem Modul nicht besonders weit kommen!

Online-Dokumentation:
http://docs.ansible.com/ansible/modules/firewalld_module.html

reboot – Maschinen rebooten

```
- name: Maschine neu starten
  reboot:
```

Online-Dokumentation:
http://docs.ansible.com/ansible/modules/reboot_module.html

Einige weitere (nicht näher beschriebene) Module

- `authorized_key` – SSH-Keys verwalten
- `filesystem` – Dateisysteme erzeugen
- `getent` – Wrapper um das Linux-`getent`-Kommando
- `locale_gen` – Locales verwalten
- `lvg`, `lvol` – LVM-Devices und -Volumegruppen bzw. Logical Volumes verwalten
- `mount` – Mounts verwalten

9.5 Module zur Interaktion mit Netzwerk-Services

Zur Interaktion mit Netzwerk-Services sind diese Module nützlich.

get_url – Download von Ressourcen

```
- name: Pinguin-Bild herunterladen
  get_url:
    url: https://upload.wikimedia.org/wikipedia/commons/a/af/Tux.png
    dest: /tmp/tux.png
```

Mit diesem Modul können Sie eine HTTP-, HTTPS- oder FTP-Ressource auf ein Zielsystem herunterladen. Ohne weitere Einstellungen braucht das System dazu direkten Zugang zu dieser Ressource; die Nutzung von Proxys ist aber möglich durch die Umgebungsvariablen `<protokoll>_proxy`. Siehe dazu gegebenenfalls Abschnitt 6.12. Online-Dokumentation: *http://docs.ansible.com/ansible/modules/get_url_module.html*

uri – Kommunikation mit Webservices

```
- name: Einen Chuck Norris-Witz besorgen
  uri:
```

```
    url: http://api.icndb.com/jokes/random
    return_content: yes
  register: this

- debug: var=this.json.value.joke
```

Neben solchen simplen Abfragen hat das Modul `uri` eine große Bandbreite an Möglichkeiten: POST-Requests, Authentifizierung, Cookies usw.

Online-Dokumentation: *http://docs.ansible.com/ansible/modules/uri_module.html*

git – Interaktion mit Git-Servern

```
- name: Beispielrepository klonen
  git:
    repo: https://github.com/ansible-buch/docker-installer.git
    dest: /tmp/ansible-buch/docker-installer
```

Voraussetzung für den Betrieb ist das Vorhandensein der Git-Software auf den entsprechenden Systemen. Sie müssen also gegebenenfalls in einem vorangehenden Task erst einmal das Paket *git* installieren.

Ansonsten bietet auch das `git`-Modul noch viel mehr Möglichkeiten, wie z. B. SSH-Key-Authentifizierung oder Checkout von Branches (Parameter `version`).

Online-Dokumentation: *http://docs.ansible.com/ansible/modules/git_module.html*

9.6 Spezialmodule (Kontrollflusssteuerung etc.)

In diesem Abschnitt finden Sie eine Auswahl von Modulen, mit denen Sie sehr spezielle (meist interne) Aktionen auslösen können.

meta – Verschiedene Ansible-Aktionen auslösen

```
- name: Wir beenden das jetzt
  meta: end_play
```

Die Menge der verfügbaren Metaaktionen ist im Lauf der Jahre immer weiter angestiegen. Ansible ≥ 2.8 kennt acht Aktionen:

- `clear_facts`
  Fakten und Fakten-Cache löschen

- `clear_host_errors`
  Sehr missverständlich – nimmt lediglich Unreachable Hosts wieder mit an Bord. Und auch das nur, wenn überhaupt noch ein Host übrig geblieben ist.

- `end_host`
  Beendet das Play für den aktuellen Host (ohne Fehler).
- `end_play`
  Beendet das Play für alle Hosts (ohne Fehler).
- `flush_handlers`
  »Vorzeitiger« Aufruf von Handlern; siehe Abschnitt 5.10.2.
- `noop`
  Tut nichts (das muss auch mal sein).
- `refresh_inventory`
  Löst einen Reload des Inventorys aus (ergibt nur Sinn bei dynamischen Inventorys).
- `reset_connection`
  Wirft die persistenten SSH-Verbindungen weg, sodass eventuelle Folge-Tasks dann neue Verbindungen aufbauen würden.

Online-Dokumentation:
http://docs.ansible.com/ansible/modules/meta_module.html

debug – beim Playbook-Lauf Ausgaben erzeugen

```
- debug: msg="Hallo"
```

```
- debug: var=ansible_default_ipv4
```

Auf die Benennung der Tasks mittels `name` wird sehr oft verzichtet, schon allein, weil ein `debug`-Task oft nicht dauerhaft im Play verbleiben soll. Der Parameter `var` ist dann praktisch, wenn Sie möglichst einfach den Inhalt einer Variablen sichtbar machen möchten. Online-Dokumentation:
http://docs.ansible.com/ansible/modules/debug_module.html

fail – Fehlschlag auslösen

```
- set_fact:
    hour: "{{ lookup('pipe', 'date +%H') }}"
```

```
- fail:
    msg: "Es ist heute einfach schon zu spät."
  when: hour|int > 20
```

Mit dem `fail`-Modul können Sie gezielt einen Fehlschlag auslösen und das Play damit für die jeweiligen Hosts beenden. In alten Ansible-Tagen, bevor `meta: end_play` erfunden war, war dies die einzige Möglichkeit, aus einem Play auszusteigen. Online-Dokumentation: *http://docs.ansible.com/ansible/modules/fail_module.html*

pause – pausieren und optional Eingaben einlesen

```
- pause:
    prompt: Bitte machen Sie nun das Licht im Serverraum aus

- name: Der CPU Zeit zum Abkühlen geben
  pause:
    seconds: 30

- pause:
    prompt: Geben Sie bitte noch Ihren Namen ein
  register: this

- debug: msg="Auf Wiedersehen, {{this.user_input}}!"
```

Mit dem `pause`-Modul können Sie die Ausführung eines Playbooks anhalten bzw. für eine gewisse Zeit pausieren.

> [!] **Achtung**
>
> Bitte wenden Sie das Warten auf interaktive Eingaben *nicht* an, wenn Ihr Playbook möglicherweise einmal in nichtinteraktiven Umgebungen wie Cron oder Ansible AWX/Tower ablaufen soll!

Online-Dokumentation:
http://docs.ansible.com/ansible/modules/pause_module.html

wait_for – auf gewisse Ereignisse warten

```
- name: Warten, bis die Datei /tmp/foo auftaucht
  wait_for:
    path: /tmp/foo

- name: Warte max. 300 Sekunden, bis Port 8000 offen ist
  wait_for:
    port: 8000
```

Mit dem `wait_for`-Modul können Sie im Play warten, bis eine gewisse Bedingung eintritt. Die maximale Wartezeit beträgt per Default 300 Sekunden (Parameter `timeout`). Neben den gezeigten Möglichkeiten können Sie auch auf das Schließen eines Ports warten, oder Sie können Dateiinhalte oder Sockets mit einem regulären Ausdruck vergleichen und dabei warten, bis das Muster passt.

Online-Dokumentation:
http://docs.ansible.com/ansible/modules/wait_for_module.html

wait_for_connection – warten, bis ein Target Host erreichbar ist

```
- name: Warte max. 600 Sekunden, bis der Target Host erreichbar ist
  wait_for_connection:
    timeout: 600
```

Das Timeout von 600 Sekunden ist aber ohnehin der Default und müsste daher nicht eigens angegeben werden.

Online-Dokumentation:
http://docs.ansible.com/ansible/modules/wait_for_connection_module.html

assert – sicherstellen, dass gewisse Bedingungen erfüllt sind

```
- name: Es muss ein Debian 9 oder 10 sein
  assert:
    that:
      - ansible_distribution == "Debian"
      - ansible_distribution_major_version is version('9', '>=')
      - ansible_distribution_major_version is version('10', '<=')
    fail_msg: "Wir unterstützen leider nur Debian in Version 9 oder 10"
```

Das assert-Modul stellt sicher, dass alle angegebenen Bedingungen zutreffen, ansonsten bricht die Verarbeitung mit einem Fehler ab. Wir hatten bereits in Abschnitt 6.1.10 ausführlicher darüber gesprochen.

Online-Dokumentation:
http://docs.ansible.com/ansible/modules/assert_module.html

set_fact – während der Laufzeit Variablen setzen

```
- name: Zwei Variablen setzen
  set_fact:
    foo: 100
    bar: 200

- debug: msg="foo = {{foo}}, bar = {{bar}}"
```

Mit set_fact können Sie während der Laufzeit host-spezifische Variablen setzen. Wir hatten bereits in Abschnitt 6.1.4 ausführlicher darüber gesprochen.

Online-Dokumentation:
http://docs.ansible.com/ansible/modules/set_fact_module.html

Kapitel 10
Webinterfaces

In diesem Abschnitt richten wir unser Augenmerk auf Webanwendungen rund um Ansible. Ich stelle Ihnen einige sehr unterschiedliche Applikationen vor – vom kleinen schlanken Tool, das eine informative Webseite produziert, bis hin zur mehrere Gigabyte Hauptspeicher benötigenden Rundum-sorglos-Lösung ist alles dabei.

Wichtig

Die in diesem Abschnitt beschriebenen Vorgehensweisen dienen primär dazu, die infrage kommenden Anwendungen möglichst einfach in unserer Laborumgebung zur Evaluation bereitzustellen.

Detaillierte Setups für den Produktivbetrieb (gegebenenfalls noch mit Hochverfügbarkeit und Sicherungsstrategien) zu beschreiben ist hier ausdrücklich nicht die Intention!

10.1 Vorbereitungen zum Betrieb

Wir werden in diesem Kapitel regen Gebrauch von der Software *Docker* machen, da fast alle zu betrachtenden Webanwendungen als Docker-Image bzw. -Container bereitgestellt werden. Wenn Sie bis jetzt noch nicht mit Docker gearbeitet haben: Keine Sorge, Sie werden nichts allzu Technisches vorfinden. Folgen Sie einfach den Beschreibungen, und erfreuen Sie sich an den jeweiligen Resultaten!

Schritt für Schritt: Vorbereitungen zum Betrieb

1 *Bestimmen Sie, welches Ihrer Systeme zum Docker-Host werden soll.*
Der Einfachheit halber gehen wir einmal davon aus, dass unser **Control Host** auch diese Aufgabe übernehmen soll.

2 *Stellen Sie dort ausreichend Hauptspeicher bereit.*
Wenn Sie Ansible Tower/AWX oder Jenkins testen möchten, dann dürfen es gern 4 GB RAM sein; weniger als 3 GB sollten es nicht sein.

Sie erinnern sich gegebenenfalls noch an Ihr *Vagrantfile* (Abschnitt 1.3)? Weisen Sie der Maschine ansible einfach den gewünschten Hauptspeicher zu, z. B.:

```
[…]
  config.vm.define "ansible" do |ansible|
    ansible.vm.box = "bento/debian-10"
    ansible.vm.hostname = "ansible"
    […]
      p.memory = "4096"
    […]
[…]
```

Listing 10.1 »Vagrantfile«: Auszug

Zum Aktivieren der neuen Einstellung genügt:
```
$ vagrant reload ansible
```

3 *Installieren Sie Docker.*
Klonen Sie dazu ein von mir zu diesem Zweck bereitgestelltes GitHub-Repository irgendwo außerhalb Ihres Projektes; z. B.:
```
$ mkdir -p ~/buch; cd $_
$ git clone https://github.com/ansible-buch/docker-installer.git
```

Wechseln Sie in den geklonten Projektordner, und starten Sie den Installer mit Root-Rechten (er sollte bereits ausführbar sein). In unserem Fall ist es sehr praktisch, wenn später nicht nur der Systemverwalter, sondern auch der User ansible Docker-Kommandos ausführen darf. Der Installer kann dies bei geeigneter Parametrisierung einrichten:
```
$ cd docker-installer
$ sudo ./installer.yml -e docker_user=ansible
```

Wenn Sie im Moment als dieser User angemeldet sind, müssen Sie sich danach einmal ab- und wieder anmelden, damit Ihre neue Mitgliedschaft in der Gruppe docker wirksam wird.

Wenn alles gut aussieht, testen Sie Ihre Umgebung gern einmal mit dem beliebten Docker-Hello-World-Image:
```
$ docker run --rm hello-world
[…]
Hello from Docker!
This message shows that your installation appears to be working correctly.
[…]
```

4 *Sorgen Sie für geeignete Namensauflösungen.*

Die folgenden Namen sollen alle auf die primäre IP-Adresse des Docker-Hosts (also in unserem Beispiel 192.168.150.100) auflösen:

cmdb.example.org
traefik.example.org
git.example.org
awx.example.org
polemarch.example.org
jenkins.example.org

Wir gehen davon aus, dass Ihnen fürs Labor kein Nameserver zur Verfügung steht. Dann müssen Sie sich mit /etc/hosts-Einträgen behelfen, und zwar **auf dem Control-Host und auf dem System, auf dem Ihr Browser läuft.**

- Der Control Host muss lediglich git.example.org auflösen können.
- Das System mit Browser muss *alle* Namen auflösen können.

Die sehr lange Zeile würde dann so aussehen (ich kann hier aufgrund des begrenzten Platzes nicht alle Namen darstellen):

```
192.168.150.100 cmdb.example.org traefik.example.org git.example.org […]
```

Listing 10.2 »/etc/hosts«: Ausschnitt

Wenn Ihr Grundsystem Windows ist, müssten Sie entsprechend die Datei *%windir%\system32\drivers\etc\hosts* mit Administratorrechten bearbeiten. Die Syntax ist dabei identisch mit der der Linux-Variante. ■

Wichtig

Die Namensauflösungen sind für die Testumgebung entscheidend und unverzichtbar! Alle »dockerisierten« Webanwendungen werden hinter einem Reverse-Proxy sitzen, und dieser wird Zugriffe nur durch den Namen der jeweiligen Anwendung zuordnen können.

Achten Sie also auch penibel auf die korrekte Schreibweise der Namen. Bei einem Vertipper werden Sie die jeweilige Anwendung im Labor nicht zu Gesicht bekommen!

10.2 Ansible Configuration Management Database (ansible-cmdb)

Mit dem kleinen Python-basierten Tool ansible-cmdb (*https://github.com/fboender/ansible-cmdb*) stellen Sie Ansible-Facts übersichtlich in einer HTML-Seite dar.

Die Installation auf dem Control Host ist mit folgenden Schritten schnell erledigt:

(Als Root:)
```
# git clone https://github.com/fboender/ansible-cmdb.git

# cd ansible-cmdb

# bash -c ". build.sla && install"
```

(Die Arbeit als Root kann nun wieder beendet werden.)

Verwendung

Wenn Sie schon einen Facts-Cache mit JSON-Files betreiben (siehe Abschnitt 6.2.2), können Sie diesen sofort nutzen:

```
$ ansible-cmdb -f ~/.ansible/fact_cache >/tmp/index.html
```

Mit -i kann auch explizit ein Inventory angegeben werden. Und wo Sie die Datei hinschreiben, ist natürlich Ihnen überlassen.

So geht es auch ohne Facts-Cache

Wenn Sie noch keinen Facts-Cache eingerichtet haben, sammeln Sie frische Fakten ein und lassen sie in ein Verzeichnis schreiben, um daraus dann die Report-Seite erzeugen zu können:

```
$ ansible all -m setup --tree /tmp/facts.d
$ ansible-cmdb /tmp/facts.d >/tmp/index.html
```

Ausliefern der Seite

Sie können nun die generierte Report-Seite *index.html* in einem Browser Ihrer Wahl anschauen. Auf einem nichtgrafischen System könnten Sie einen Apache-Server im Docker-Container zu Hilfe nehmen:

```
$ docker run -d --name cmdb --rm -p 8080:80 \
    -v /tmp/index.html:/usr/local/apache2/htdocs/index.html httpd
```

Das ist in dieser Form eine rein temporäre Angelegenheit: Sie starten hier mal eben einen Apache-Container, damit Sie sich eine HTML-Seite anschauen können. Sollte der Container jemals gestoppt werden – bspw. durch einen Systemneustart – so würde er wegen des Schalters --rm auch gleich komplett gelöscht werden. Sie könnten dann jederzeit einfach wieder einen neuen starten. Wir haben hier jedenfalls *keine* dockerisierte Webanwendung im eigentlichen Sinne vorliegen, denn dazu würde ja mindestens gehören, dass die HTML-Seite ab und zu aktualisiert wird (Fakten können sich schließlich ändern). Für einen Container ist es aber aus eigener Kraft nicht möglich, Aktionen auf dem Hostsystem auszulösen, deswegen bräuchte man dazu sehr subtile Basteleien, die mit unserem Thema gar nichts zu tun hätten.

Genug der Vorrede. Unter *http://cmdb.example.org:8080* können Sie nun den Inhalt aus Abbildung 10.1 bewundern.

Abbildung 10.1 ansible-cmdb

10.3 Voraussetzungen für anspruchsvollere Anwendungen

Alle Anwendungen, die ich noch vorstellen möchte, erwarten die zu verwaltenden Ansible-Projekte in einem Versionskontrollsystem (typischerweise Git). Wir benötigen also auf jeden Fall einen eigenen Git-Server. Und weil wir diese ganzen Webanwendungen nicht mit jeweils unterschiedlichen Ports ansprechen möchten, kommt auch noch ein Reverse-Proxy mit ins Spiel. Auch zum Testbetrieb bzw. zur Evaluation verschiedenster Webanwendungen habe ich Ihnen ein GitHub-Repository bereitgestellt. Klonen Sie es bitte irgendwo außerhalb Ihres Projekts; z.B.:

```
$ mkdir -p ~/buch; cd $_
$ git clone https://github.com/ansible-buch/webapps.git
```

10.3.1 Der Reverse-Proxy Traefik

Dieses Produkt harmoniert besonders gut mit der Container-Welt.

Schritt für Schritt: Inbetriebnahme des Reverse-Proxys Traefik

1 *Legen Sie ein virtuelles Docker-Netzwerk an.*

```
$ docker network create traefik
```

2 *Starten Sie den Proxy.*

```
$ cd ~/buch/webapps/traefik
$ docker-compose up -d
```

3 *Stellen Sie den korrekten Betrieb fest.*
Unter *http://traefik.example.org* müssten Sie nun die Dashboard-Seite erreichen können (Abbildung 10.2). Akzeptieren Sie bitte das selbstsignierte Zertifikat.

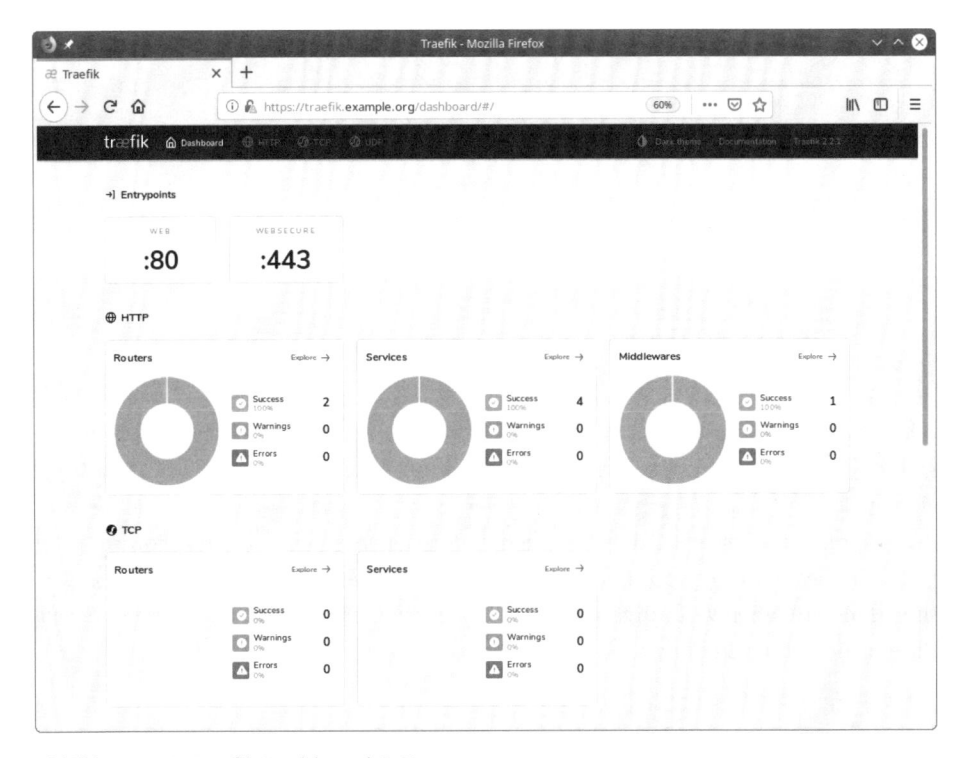

Abbildung 10.2 Traefik-Dashboard-Seite

Selbst signierte Zertifikate in Traefik

Ich habe das Szenario so vorkonfiguriert, dass Traefik sein eigenes Frontend und vor allem sämtliche noch kommende Webanwendungen über HTTPS mit einem individuellen selbst signierten Zertifikat anbietet.

Die entsprechende Warnseite in Ihrem Browser werden Sie also gegebenenfalls noch öfter zu Gesicht bekommen; das ist in der Laborumgebung aber völlig in Ordnung.

10.3.2 Der Git-Server Gitea

Die Anwendung Gitea wird die wichtige Rolle unseres Git-Servers übernehmen. Die Software ist sehr leichtgewichtig und dennoch reich an Features.

Mit ihrer an GitHub angelehnten Weboberfläche ist sie zudem sehr angenehm zu verwenden. Alles in allem wird sie deswegen auch im produktiven Umfeld gern genutzt.

Schritt für Schritt: Inbetriebnahme von Gitea

1 *Starten Sie den Git(ea)-Server:*

```
cd ~/buch/webapps/gitea
docker-compose up -d
```

2 *Stellen Sie die Gitea-Einrichtung fertig.*
Gehen Sie dazu auf *http://git.example.org/install*, und beenden Sie die Einrichtung mit einem Klick ganz unten auf INSTALL GITEA.

3 *Registrieren Sie sich.*
Klicken Sie dazu rechts oben auf REGISTRIEREN und geben Sie z. B. Folgendes ein:

```
Benutzername:    user1
E-Mail-Adresse   user1@example.org
Passwort         Geheim-2020 (Komplexitätsanforderung!)
```

Das System meldet Sie danach auch gleich an.

4 *Legen Sie ein neues Repository an.*
Klicken Sie dazu z. B. rechts oben auf +. Als Namen wählen Sie »ansible«, alle anderen Einstellungen können im Default belassen werden.

10.3.3 Einchecken unseres Projekts

Nun müssen wir unser Ansible-Projekt unter Versionskontrolle stellen und in den neuen Git-Server einchecken.

Schritt für Schritt: Einchecken unseres Projekts

1 *Einrichten einer Client-Konfigurationsdatei:*
Speichern Sie diese Mini-Config unter dem Namen *~/.gitconfig* in Ihrem Heimatverzeichnis. Name und Mailadresse müssen Sie natürlich anpassen:

```
[user]
        name = First User
        email = user1@example.org
[color]
        ui = auto
[core]
        editor = vim
        pager = less -R
[push]
        default = matching
[credential]
        helper = cache --timeout=3600
[http]
        sslVerify = false
```
Listing 10.3 »~/.gitconfig«: exemplarische Git-Konfigurationsdatei

> [!] **Wichtig**
> Die Einstellung http.sslVerify = false verwenden Sie bitte *nie* im Produktivbetrieb. In unserem Labor ist es aber der einfachste Weg, mit selbst signierten Zertifikaten klarzukommen.

2 *Stellen Sie Ihr Projekt unter Versionkontrolle:*

```
$ cd ~/ansible
```

Nutzen Sie die Gelegenheit, um vorher noch etwas aufzuräumen (*.retry*-Dateien löschen o.Ä.). Wenn der Projektordner so weit sauber aussieht, dann geben Sie folgende Befehle ein:

```
$ git init
$ git add .
$ git commit -m "Initial commit"
```

Sie können damit nichts kaputtmachen; es werden dadurch nur Zusatzinformationen im Unterordner *.git/* gespeichert.

3 *»Pushen« Sie das Ganze in Ihren neuen Git-Server.*

```
git remote add origin https://git.example.org/user1/ansible.git
git push -u origin master
Username for 'https://git.example.org': user1
Password for 'https://user1@git.example.org': _____
[...]
```

Bei zukünftigen Pushes reicht dann auch wieder ein einfaches `git push`. ∎

Abbildung 10.3 zeigt, wie dort die Projektseite nach einem Browser-Reload in etwa aussehen sollte.

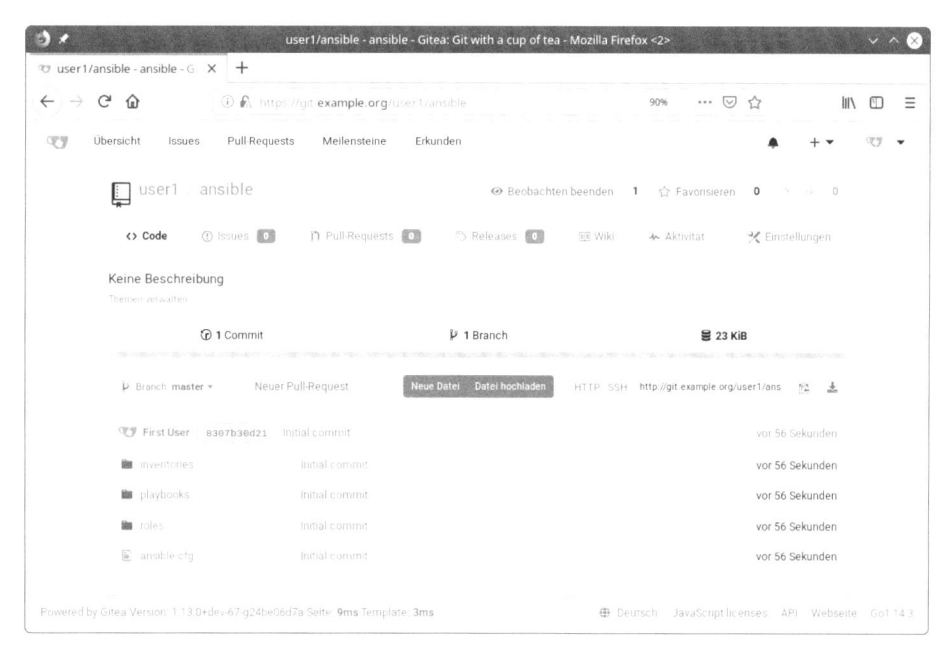

Abbildung 10.3 Gitea-Seite mit Projektansicht

Nützliche Git-Kommandos (Kurzübersicht)

Wo wir gerade beim Thema sind: Hier folgen noch die wichtigsten Git-Befehle, mit denen Sie auf der Kommandozeile eine ganze Weile »überleben« können:

Änderungen verfolgen:
`git status`

```
git log   [--stat] [<DATEIEN...>]
git diff           [<DATEIEN...>]
```

Änderungen bzw. neue Dateien "einchecken":
```
git add        [<DATEIEN...>]
git commit -m "<KOMMENTAR>"
git push
```

> **[+] Anmerkung**
>
> Git kann natürlich noch viel mehr – Linus Torvalds hat es schließlich erfunden, um die Entwicklungsarbeit des gesamten Linux-Kernels damit zu verwalten. Wenn Sie mehr über die Arbeit mit Git erfahren wollen, schauen Sie sich folgenden Titel an:
>
> Bernd Öggl, Michael Kofler: Git. Projektverwaltung für Entwickler und DevOps-Teams. Rheinwerk Verlag.

10.4 Ansible Tower/AWX

Ansible Tower (*http://www.ansible.com/tower*) ist das hauseigene Webinterface zu Ansible. Wenn Sie einen Einsatz planen, sollten Sie nicht zuletzt berücksichtigen, dass das Ganze – je nach Lizenzmodell – schnell recht teuer werden kann.

Das Produkt war lange Zeit Closed Source, aber im September 2017 hat Red Hat den zugrunde liegenden Code freundlicherweise unter dem Projektnamen AWX (*https://github.com/ansible/awx*) freigegeben. Wir werden unser Augenmerk hier nur auf diese Open-Source-Variante richten.

Vorteile von Ansible Tower/AWX gegenüber der Ansible-Kommandozeile:

- eigene Benutzerverwaltung mit Zugriffsrechten auf Inventorys und Playbooks
- Reporting/Nachvollziehbarkeit
- »Workflows«: Verkettung von Playbooks
- REST-API: Alles, was per Oberfläche machbar ist, kann auch durch API-Calls automatisiert werden.

(Relative) Nachteile:

- AWX ist recht kompliziert aufzusetzen. Ansible Tower bzw. AWX besteht u. a. aus den Komponenten Web, PostgreSQL, RabbitMQ und Memcached. »Dockerisierte« Lösungen (wie unten beschrieben) lindern das Problem sicherlich, sind aber nicht jedermanns Sache.
- Es ist relativ umfangreich. Sie müssen mehrere GB Hauptspeicher einplanen.

10.4.1 Test-Setup und erste Anmeldung

So kommen Sie auf schnellstem Weg zu einem Test-Setup:

1. Nutzen Sie auch hier wieder das geklonte GitHub-Repository:

    ```
    cd ~/buch/webapps/awx/
    bash setup.sh
    docker-compose up -d
    ```

2. Wenn alle fünf Container laufen, können Sie die Anwendung unter *http://awx.example.org* öffnen. Beim ersten Start müssen Sie hier noch den internen Upgradevorgang abwarten, der durchaus einige Minuten dauern kann (Abbildung 10.4).

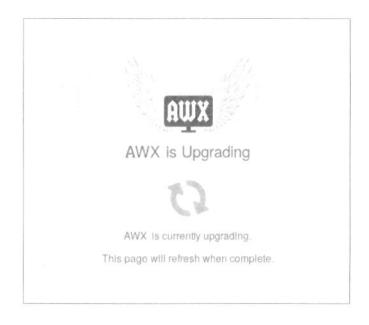

Abbildung 10.4 AWX-Upgrademeldung beim ersten Start

3. Abbildung 10.5 zeigt die Startseite der Anwendung.

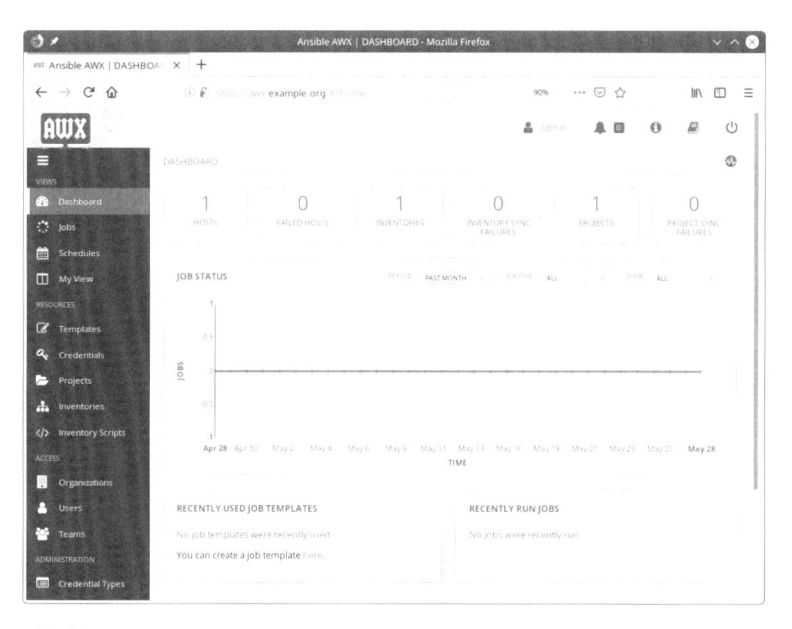

Abbildung 10.5 AWX-Startseite

Erste Anmeldung:
User: `admin`
Pass: `password`

10.4.2 Exemplarische Verwendung

Ich möchte Ihnen nun beispielhaft zeigen, wie Sie in AWX ein neues Projekt anlegen und darin schließlich ein Playbook starten.

Wie schon erwähnt, ist AWX ein mächtiges Werkzeug, das noch viel mehr Möglichkeiten bietet – es sind aber in jedem Fall fundierte Ansible-Kenntnisse erforderlich, um den größtmöglichen Nutzen aus diesem Tool zu ziehen.

Schritt für Schritt: Ein Projekt in AWX anlegen und einen Job starten

1 *Fügen Sie unter »Credentials« den privaten SSH-Key für Ihre Target Hosts hinzu:*
- NAME: `sshkey` (egal)
- ORGANIZATION: `Default`
- CREDENTIAL TYPE: `Machine`
- SSH PRIVATE KEY: den Inhalt Ihrer *~/.ssh/id_rsa* reinkopieren

2 *Legen Sie unter »Projects« ein neues Projekt an:*
- NAME: `projekt1` (egal)
- ORGANIZATION: `Default`
- SCM TYPE: `Git`
- SCM URL: `https://git.example.org/user1/ansible.git`

  UPDATE REVISION ON LAUNCH anhaken (falls man bei jedem Lauf automatisch die letzte Version aus dem Git-Repository haben möchte).

3 *Fügen Sie unter »Inventories« ein Inventory hinzu:*
Erst nur einen Namen angeben und SAVE anklicken, danach können Sie im Reiter SOURCES eine Quelle hinzufügen (»Sourced from a project«).

Unter INVENTORY FILE wählen Sie eine Ihnen bekannte Inventory-Datei aus. Die Quelle müssen Sie dann speichern. Wenn Sie ganz unten nun den Sync-Prozess starten, müssten unter HOSTS und GROUPS auch die entsprechenden Targets bzw. Gruppen sichtbar werden.

4 *Legen Sie schließlich unter »Templates« ein Job Template an.*
Füllen Sie alle nötigen Felder aus.

> **Achtung**
> Vergessen Sie auch nicht, unter CREDENTIALS den SSH Key auszuwählen. Das ist für uns natürlich Pflicht, obwohl es kein Pflichtfeld ist!

Wenn alle Angaben gemacht sind: Speichern Sie, und klicken Sie dann anschließend auf LAUNCH!

10.5 Polemarch

Polemarch (*https://polemarch.org/*) ist eine noch recht junge, Python-basierte Web-GUI für Ansible.

Das Ganze wirkt vergleichsweise schlank und überschaubar und ist auf jeden Fall einen Blick wert.

10.5.1 Test-Setup und erste Anmeldung

So kommen Sie auf schnellstem Weg zu einem Test-Setup:

1. Nutzen Sie auch hier wieder das geklonte GitHub-Repository:
   ```
   cd ~/buch/webapps/polemarch/
   docker-compose up -d
   ```
2. Polemarch müsste nun unter *http://polemarch.example.org* erreichbar sein.

> **Wichtig**
> Der Startup-Vorgang des Polemarch-Containers dauert mitunter recht lange. Wenn Sie eine »404 page not found«- oder »Bad Gateway«-Meldung bekommen, dann versuchen Sie es nach einer kurzen Zeitspanne einfach noch einmal.

3. Abbildung 10.6 zeigt die Startseite der Anwendung.
   Erste Anmeldung:
   ```
   User: admin
   Pass: admin
   ```

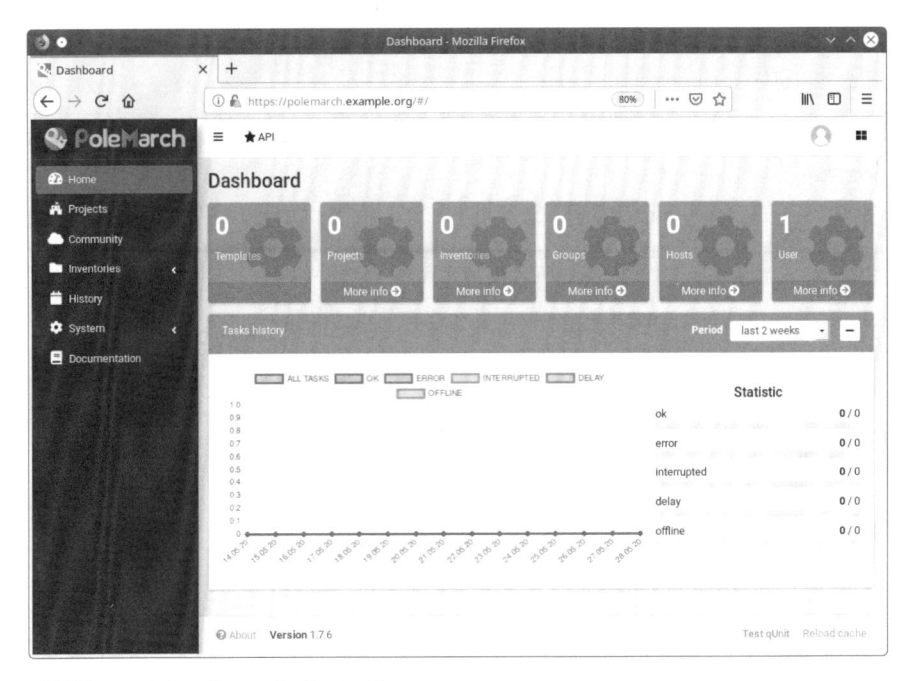

Abbildung 10.6 Polemarch-Startseite

10.5.2 Exemplarische Verwendung

Auch mit Polemarch soll unser Ziel sein, über die Weboberfläche exemplarisch ein Projekt anzulegen und darin ein Playbook zu starten.

Schritt für Schritt: Exemplarische Verwendung von Polemarch

1 *Legen Sie unter »Projects« ein Projekt an:*
- NAME: `projekt1` (egal)
- REPO TYPE: GIT
- REPO URL: `https://git.example.org/user1/ansible.git`

2 *Synchronisieren Sie mit »Sync«.*
Damit stellen Sie Polemarch die Projektdateien zur Verfügung.

3 *Legen Sie unter »Template« eine Vorlage an:*
- NAME: `job1` (egal)
- PLAYBOOK: irgendein vorhandenes, z. B. `playbooks/hallo-ansible.yml`

4 *Fügen Sie unter »Variables« noch den privaten SSH-Key hinzu.*

Der richtige Variablenname (»Key«) ist `private_key`; den Schlüssel können Sie nun entweder hochladen oder mit Copy-and-Paste einfügen.

5 *Starten Sie den Job.*

Der Job kann nun mit einem Klick auf EXECUTE gestartet werden. ■

> **Anmerkung**
>
> Bei der getesteten Polemarch-Version 1.7.6 gibt es offenbar keine Möglichkeit, ein Job-Template zu kopieren. Die Bezeichnung »Template« ist daher nicht ganz treffend.

10.5.3 (Vorsichtiges) Fazit

Polemarch ist im Vergleich zu AWX sehr schlank, bietet natürlich aber auch nur einen Bruchteil der Möglichkeiten. Sehr störend ist die teilweise merkwürdige Menüführung und – weitaus schwerwiegender – die Tatsache, dass man Playbook-Pfade per Hand eingeben muss. Letzteres wäre nicht nötig, wenn alle Playbooks im Wurzelordner des Repositorys lägen; aber das tun sie in unserem Falle eben nicht, und bei Ordnungsliebhabern werden sie das wohl auch nie tun.

Auch ist die fehlende Möglichkeit, ein Template tatsächlich als Vorlage zu benutzen, ein weiterer Punkt, der sehr seltsam anmutet. Es gibt also sicher noch viel Verbesserungsbedarf, aber es ist ja auch noch ein junges Projekt!

10.6 Jenkins

Jenkins ist ein sehr verbreitetes CI/CD-System (Continuous Integration/Continuous Deployment). Falls Sie es bei der Softwareentwicklung sowieso einsetzen, ist eine Ansible-Integration sicher sehr naheliegend bzw. wünschenswert.

10.6.1 Test-Setup

So kommen Sie auf schnellstem Weg zu einem Test-Setup:

1. Nutzen Sie auch hier wieder das geklonte GitHub-Repository:

    ```
    cd ~/buch/webapps/jenkins/
    docker-compose up -d
    ```

2. Jenkins ist nun unter *http://jenkins.example.org* erreichbar (siehe Abbildung 10.7).

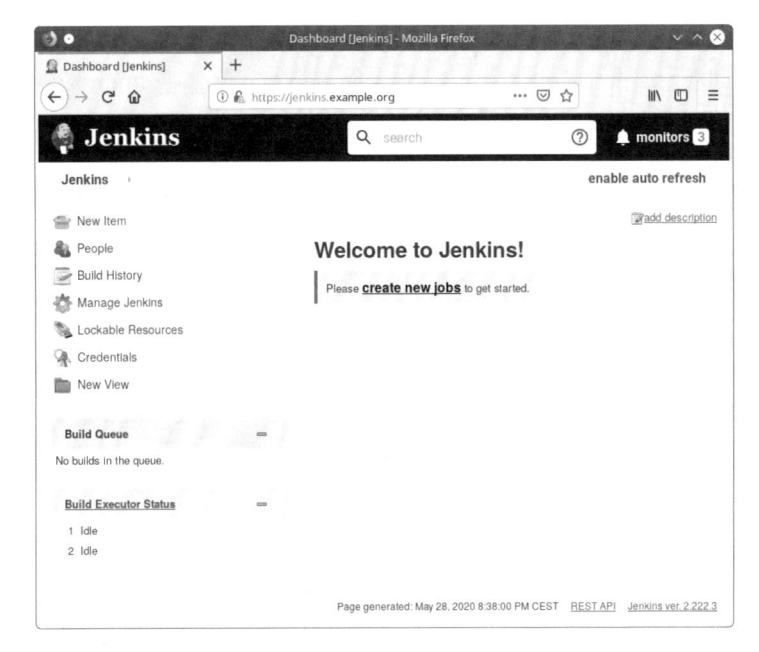

Abbildung 10.7 Jenkins-Startseite

Das Image wurde zu Testzwecken so gebaut, dass keinerlei Anmeldung erforderlich ist.

10.6.2 Exemplarische Verwendung

Da Sie mit Jenkins ganze CI/CD-Pipelines aufbauen können, ist die Benutzung dieses Werkzeugs nicht trivial. Um exemplarisch ein Playbook zu starten, sind jedoch nicht allzu viele Schritte notwendig. Das ist allerdings nur ein *Proof of Concept* in unserem Labor.

Wenn Sie Ansible und Jenkins in Ihre Produktivumgebung integrieren möchten, werden Sie Ihre Entwicklungs- und Buildprozesse genau analysieren müssen.

Schritt für Schritt: Ein Playbook in Jenkins starten

1 *Geben Sie Jenkins den privaten SSH-Key für Ihre Target Hosts.*
Unter Zugangsdaten/Credentials • System • Globale Zugangsdaten • Hinzufügen nehmen Sie folgende Einträge vor:

- Art: SSH Benutzername und privater Schlüssel
- ID: **sshkey** (egal)

- PRIVATE KEY: Auf ENTER DIRECTLY klicken, dann den Inhalt Ihrer SSH-Private-Key-Datei einfügen

Alles andere können Sie hier leer lassen.

2 *Legen Sie einen Job an.*

Um einen Job anzulegen, müssen Sie zurück zur Startseite. In Jenkins heißt das ELEMENT ANLEGEN / NEW ITEM. Der Name ist egal, wählen Sie als Typ »Free Style Softwareprojekt«.

3 *Nehmen Sie folgende Job-Einstellungen vor:*

- SOURCE CODE MANAGEMENT: Git
- REPOSITORY URL: `https://git.example.org/user1/ansible.git`
- BUILDUMGEBUNG: Color ANSI Console Output
- BUILDVERFAHREN: Invoke Ansible Playbook
- PLAYBOOK PATH: z. B. `playbooks/hallo-ansible.yml`
- CREDENTIALS: [SSH Key auswählen]
- ERWEITERT...: »Colorized stdout« anhaken

4 *Starten Sie den Job.*

Und schon kann's losgehen; in Jenkins heißt das JETZT BAUEN / BUILD NOW. Die im Bereich unten links erscheinende Job-Nummer hat ein kleines Popup-Menu, in dem Sie CONSOLE OUTPUT wählen können, um live dabei zu sein. ■

10.6.3 Fazit

Jenkins ist ein Standardtool in modernen Software-Entwicklungsprozessen. Als solches ist es natürlich in keinster Weise auf Ansible optimiert, sondern die Ansible-Integration ist »nur« über eines von unzähligen Plugins realisiert.

Vielleicht kann man wie folgt resümieren: Wenn Sie Jenkins ohnehin schon kennen und einsetzen, dann werden Sie die Möglichkeit der Ansible-Integration zu schätzen wissen. Wenn Jenkins in Ihrem bisherigen IT-Leben aber noch keine Rolle gespielt hat, dann sollten Sie das nur wegen Ansible auch nicht ändern. Setzen Sie dann lieber auf eines der spezialisierten Werkzeuge wie AWX/Tower oder Polemarch.

10.7 Weitere, hier nicht näher betrachtete Möglichkeiten

Weitere Tools, auf die ich in diesem Zusammenhang aber nur kurz eingehen möchte, sind ARA, nci ansible ui und Rundeck.

ARA

ARA (*https://github.com/ansible-community/ara/*) ist eine Anwendung zur nachträglichen Analyse von Playbook-Läufen. Das Tool sammelt dazu während der Playbook-Läufe Informationen, die in einer Datenbank landen und später über ein Webfrontend ausgewertet werden können.

Meine Einschätzung: War mal ein schönes Projekt, aber nach einer kompletten Reorganisation der Codebasis ist die alte, einfache Qualität noch nicht wieder erreicht worden.

nci ansible ui

nci ansible ui (*https://github.com/node-ci/nci-ansible-ui*) ist eine Node.js-basierte Webanwendung zum Ausführen von Playbooks.

Meine Einschätzung: Wenn man nicht viel mehr will, als »auf einen Knopf drücken, und das Playbook läuft«, kann es eine Option sein. Das Projekt scheint jedoch etwas eingeschlafen zu sein, aber das sollte der Funktion keinen Abbruch tun.

Rundeck mit Ansible-Plugin

Rundeck (*http://rundeck.org*) ist ein recht verbreitetes IT-Automatisierungstool, das durchaus gewisse Schnittmengen mit Ansible hat. Die Ansible-Integration ist mit einem Plugin (*https://github.com/Batix/rundeck-ansible-plugin*) möglich.

Meine Einschätzung: Wenn Sie Rundeck sowieso schon einsetzen, ist es in Ordnung. Ansonsten kann es aber extrem verwirrend sein – vergleichen Sie das Fazit zu Jenkins.

10.8 Laborumgebung: nicht mehr benötigte Anwendungen beenden

Sie haben in den letzten Abschnitten teilweise sehr ressourcen-hungrige Anwendungen gestartet. Denken Sie daran, diese auch wieder zu beenden, wenn Sie sie nicht mehr benötigen.

Lediglich unseren Gitea-Server (und natürlich den vorgeschalteten Reverse-Proxy Traefik) werden Sie noch brauchen, alle anderen Container können nun heruntergefahren werden:

10.8 Laborumgebung: nicht mehr benötigte Anwendungen beenden

```
$ cd ~/buch/webapps/awx
$ docker-compose down

$ cd ~/buch/webapps/polemarch
$ docker-compose down

$ cd ~/buch/webapps/jenkins
$ docker-compose down
```

Wenn Sie Docker mit meinem Installer aufgesetzt haben, steht Ihnen auch das Tool `ctop` zur Verfügung. Mit diesem können Sie überprüfen, was noch läuft, und gegebenenfalls einzelne Container beenden.

Anmerkung

Docker-Experten könnten auch noch ein `docker volume prune` hinterherschicken, um nicht mehr benötigte Volumes (= Verzeichnisbereiche) freizugeben. Alle anderen können es ebenfalls gern machen und sich dabei wie ein Experte fühlen!

Kapitel 11
Weitere Tools und Techniken

In diesem Kapitel stelle ich Ihnen einige weitere Tools und Techniken vor. Und ein bisschen Viehzeug. Dazu zählen:

- Die Ansible-Vault
- Debugging und Troubleshooting
- Untersuchen von Konfigurationseinstellungen
- Playbooks beschleunigen mit Pipelining
- sprechende Kühe
- Ansible im Pull-Mode

11.1 Die Ansible-Vault

Lassen Sie uns nun ein Problem angehen, das wir schon lange vor uns herschieben: Wir benötigen eine Strategie für den Umgang mit sensiblen Daten wie Passwörtern, privaten Schlüsseln o. Ä.. Werfen Sie nur einen Blick auf das statische Inventory unserer Laborumgebung: Es enthält Klartext-Passwörter für `su` oder `sudo` zur Rechteerhöhung auf den Target Hosts (`ansible_become_pass`). Oder denken Sie gegebenenfalls an die Konfigurationsdatei für das `aws_ec2`-Inventory-Plugin mit den darin enthaltenen Zugriffsinformationen.

In Abschnitt 2.5 hatte ich Sie vertröstet; jetzt wollen wir uns endlich darum kümmern.

11.1.1 Vor aller Technik

Wer lange genug in der IT tätig ist, wird auch an dieser Stelle keine Wunder mehr erwarten. Im Grunde läuft es immer auf dieselbe Weise ab:

- Was macht man mit sensiblen Klartextinformationen?
  → verschlüsseln
- Und wie kann man dann damit arbeiten?
  → entschlüsseln

- Und was heißt das meistens aus praktischer Sicht?

  → Man muss ein Entschlüsselungs-Passwort eingeben.

- Und was machen jetzt Verfahren, die weitestgehend unbeaufsichtigt (oder einfach nur bequem) ablaufen sollen?

  → Die bekommen irgendeine Legitimation, ebenfalls entschlüsseln zu dürfen: ein Access Token oder gleich das Entschlüsselungs-Passwort. Oder sie dürfen irgendeinen Agenten fragen, der die benötigte Information vorhält.

- Also gibt es in dem Fall doch wieder irgendwo eine sensible Information, die im Klartext vorliegt?

  → Ja, aber das fällt nicht mehr so direkt auf oder ist nur temporär (wie bei der Agenten-Lösung). Deswegen definiert man jetzt alles als sicher und gut.

Kommt Ihnen das bekannt vor? Denken Sie bspw. an das beliebte SSH-Public-Key-Verfahren:

- Um die ständige Eingabe von Account-Passwörtern zu vermeiden, erzeugen Sie ein Schlüsselpaar und installieren den öffentlichen Schlüssel auf den gewünschten Zielsystemen. (Es geht hier wohlgemerkt nicht nur um Bequemlichkeit: Viele verschiedene Passwörter führen zu Post-its am Monitor, und auch die Gefahr von Keyloggern ist durchaus real.)

- Weil nun jeder, der den privaten Schlüssel besitzt, sich auf den entsprechenden Zielsystemen anmelden kann, verschlüsseln Sie den privaten Schlüssel. Ein Schlüsseldiebstahl ist damit nicht mehr *unmittelbar* problematisch.

- Nun müssten Sie aber bei jedem Login-Vorgang den privaten Schlüssel erst entschlüsseln, sprich: eine Passphrase eingeben. Das ist für Menschen sehr unbequem und für automatisierte Verfahren recht problematisch.

- Deswegen starten Sie einen SSH-Agenten und übergeben Ihm den entschlüsselten privaten Schlüssel, den er im Hauptspeicher vorhält und nicht an jeden herausgibt. Und alles ist gut.

Wer entsprechende Rechte auf einer Maschine hat, kann aber jeden laufenden Agenten zur Schlüsselherausgabe bewegen. Oder theoretisch (als `root`) sogar den Hauptspeicher auslesen und dort Schlüssel einsammeln.

Ist die Agenten-Methode jetzt also besser als den privaten Schlüssel gleich unverschlüsselt auf der Platte liegen zu lassen?

Im laufenden Betrieb mit laufendem Agenten wahrscheinlich nicht, denn in beiden Fällen hat der Angreifer genau dann gewonnen, wenn er Ihre Identität annehmen kann.

Fazit

In der IT-Praxis geht es nie ernsthaft um die Frage »Ist eine Lösung sicher?«. Die Antwort darauf ist immer »Nein« (außer im ausgeschalteten Zustand). Die entscheidenden Fragen sind vielmehr:

- Bietet die Lösung eine akzeptable Mischung aus Sicherheit und Bequemlichkeit?
- Kann man mit der Lösung vermeiden, bei einem Sicherheits-Audit unangenehm aufzufallen?

Eine solche Lösung wollen wir nun mit der Ansible-Vault finden.

11.1.2 Erste Schritte

Nehmen wir einmal an, einer unserer Target Hosts (z. B. debian) benötigt eine sehr sensible Information. Wir realisieren das mit dem host_vars-Mechanismus, und zwar am besten gleich mit einem Ordner, um besser skalieren zu können:

```
$ cd inventories/devel/host_vars
```

Der Ordner muss exakt so heißen wie der Host:
```
$ mkdir debian && cd debian
```

In diesem Ordner legen Sie nun exemplarisch diese Datei *vars.yml* ab (der Name ist dabei tatsächlich beliebig):

```
---
spoiler: Darth Vader ist Lukes Vater.
```
Listing 11.1 »vars.yml«

Testen Sie auch gleich, ob der Host die Variable »sieht«:

```
$ ansible debian -m debug -a var=spoiler
debian | SUCCESS => {
    "spoiler": "Darth Vader ist Lukes Vater."
}
```

Da diese Information auf gar keinen Fall in falsche Hände geraten darf, werden wir sie nun mit dem Kommando ansible-vault verschlüsseln. Wir vergeben dabei auch gleich eine sogenannte *Vault-ID*, um uns die Option offen zu halten, später noch andere Dateien gegebenenfalls mit anderen Passwörtern verschlüsseln zu können:

```
$ ansible-vault encrypt --vault-id film@prompt vars.yml
New vault password (film):
Confirm new vault password (film):
Encryption successful
```

Die Ansible-Vault setzt auf bewährte Technik: Der Dateiinhalt ist jetzt AES256-verschlüsselt, wie Sie mit einem kurzen Blick feststellen können. Alle Ansible-Kommandos, die Zugriff auf diese Datei benötigen, würden jetzt scheitern:

```
$ ansible debian -m debug -a var=spoiler
ERROR! Attempting to decrypt but no vault secrets found
$ ansible all -m ping
ERROR! Attempting to decrypt but no vault secrets found
```

Im einfachsten Fall müssen Sie sich nun ab sofort nach dem Passwort prompten lassen. Hierzu gibt es folgende Möglichkeiten:

```
$ ansible debian -m debug -a var=spoiler --vault-id film@prompt
$ ansible debian -m debug -a var=spoiler --ask-vault-pass
```

Dieselben Optionen stehen natürlich bei anderen Kommandos wie `ansible-playbook`, `ansible-console` etc. ebenfalls zur Verfügung.

Die zweite Möglichkeit kommt noch aus der Prä-Ansible-2.4-Zeit, als noch keine verschiedenen Vault-Passwörter möglich waren. Wenn Sie nur mit einem einzigen Passwort arbeiten, können Sie `--ask-vault-pass` nach wie vor gern verwenden.

> **[+]** **Noch eine Anmerkung zum Verschlüsseln:**
>
> Sie können mit `ansible-vault encrypt` neben Variablendateien auch jede beliebige andere Datei in einem Ansible-Projekt verschlüsseln: Playbooks, Rollen-Dateien, Jinja-Templates, Inventorys ...
>
> Das typischste und praktikabelste Objekt sind aber Variablendateien.

Bedeutung der Vault-ID

Experimentierfreudige Naturen haben vielleicht schon festgestellt, dass die Vault-ID beim Entschlüsseln eigentlich ziemlich egal ist. Zum Erfolg hätten auch diese Aufrufe geführt:

```
$ ansible debian -m debug -a var=spoiler --vault-id wurstegal@prompt
$ ansible debian -m debug -a var=spoiler --vault-id @prompt
```

Daran wird sich noch nicht einmal etwas ändern, wenn Sie mit mehreren Passwörtern arbeiten (siehe nächster Abschnitt). Ansible probiert für jedes verschlüsselte Objekt jeweils alle zur Verfügung stehenden Passwörter der Reihe nach durch, bis irgendeines passt.

Stellen Sie sich Vault-IDs weitestgehend als reine Dokumentationsobjekte vor. Vergleichbar damit, dass Sie irgendeiner Textdatei die Endung ».txt« geben würden, obwohl mit der Endung ».jpg« vielleicht alles genauso gut funktionieren würde.

Wirklich relevant werden Vault-IDs erst beim *automatisierten Verschlüsseln*, bei dem Sie sinngemäß etwas sagen könnten wie »Nimm das Passwort zum Verschlüsseln aus dieser Datei oder aus der Ausgabe dieses Programms«. In Abschnitt 11.1.5 lernen Sie diese Ideen kennen.

11.1.3 Mehrere Vault-Passwörter und weitere Vault-Kommandos

Wenn es denn fachlich unbedingt sein muss, können Sie problemlos mit mehreren Vault-Passwörtern arbeiten. Beim Verschlüsseln einer weiteren Datei wählen Sie gegebenenfalls eine weitere Vault-ID (z.B. `film2`), und bei einem Ansible-Kommandoaufruf lassen Sie sich nach allen Passwörtern prompten:

```
$ ansible[…] --vault-id film@prompt --vault-id film2@prompt
Vault password (film):
Vault password (film2):
[…]
```

`ansible-vault` hat neben dem `encrypt`-Subkommando noch einige weitere Befehle, die alle recht plausibel sind:

Wieder entschlüsseln:
```
$ ansible-vault decrypt <DATEI>
```

Nur anschauen:
```
$ ansible-vault view <DATEI>
```

Editieren (die Umgebungsvariable EDITOR wird beachtet):
```
$ ansible-vault edit <DATEI>
```

Passwort ändern:
```
$ ansible-vault rekey <DATEI>
```

11.1.4 Ein Trick zum Wiederfinden von Variablen

Mit den verschlüsselten Dateien gibt es nun (mindestens) ein kleines Problem: Des Linux-Admins liebstes Tool `grep` funktioniert hier nicht mehr. Die Frage »Wo habe ich noch mal diese Variable definiert?«, die sonst immer mit einem schnellen `grep -r` zu beantworten war, bleibt jetzt ohne Antwort, da es im AES256-Datensalat natürlich keine Treffer mehr gibt.

Als Empfehlung findet man oft folgenden Workaround (ich will nicht so weit gehen, es als Best Practice zu bezeichnen): Man belässt die Variablendatei unverschlüsselt, und bei allen geheimen Variablen verweist man per Jinja auf eine entsprechende Variable mit dem Präfix `vault_`:

```
---
spoiler: '{{ vault_spoiler }}'
```
Listing 11.2 »vars.yml«

Und dann schickt man eine zweite Datei *vault.yml* ins Spiel, in der alle `vault_*`-Variablen wirklich definiert werden:

```
---
vault_spoiler: Darth Vader ist Lukes Vater.
```
Listing 11.3 »vault.yml«

Und diese Datei wird jetzt natürlich verschlüsselt. Die Vorteile dieser Methode sind:

- Sie können wieder nach Variablennamen greppen und finden zumindest den Ort der Definition.
- Sie verschlüsseln nur wirklich sensible Daten. Alle unkritischen Variablen können ja direkt in der *vars.yml* definiert werden.

11.1.5 Mehr Bequemlichkeit bzw. Automatisierbarkeit

Das ständige Eingeben von Entschlüsselungs-Passwörtern ist aus praktischer Sicht noch nicht der Weisheit letzter Schluss.

Es gibt aber weitere Möglichkeiten: Zusätzlich zur interaktiven Eingabe können Sie ein Passwort auch aus einer Datei beziehen oder sogar ein ausführbares Programm nutzen, das Ihr Passwort ausgibt.

Damit erklärt sich auch die merkwürdige Syntax bei `--vault-id`; Tabelle 11.1 zeigt alle Möglichkeiten.

Parameter	Bedeutung
`<ID>@prompt`	Passwort interaktiv einlesen.
`<ID>@<DATEI>`	Passwort aus `<DATEI>` lesen.
`<ID>@<PROGRAMM>`	Passwort aus der Ausgabe von `<PROGRAMM>` lesen.

Tabelle 11.1 Möglichkeiten bei »`--vault-id`«

Zudem können Sie mit der Umgebungsvariable `ANSIBLE_VAULT_IDENTITY_LIST` vermeiden, die ganzen Passwortquellen (es könnten ja mehrere sein!) immer auf der Kommandozeile spezifizieren zu müssen. Ein simples Beispiel auf Dateibasis mag das verdeutlichen.

> **Achtung** [!]
> Das folgende Setup ist nur bedingt empfehlenswert, da wieder eine sensible Information (das Vault-Passwort) im Klartext in einer Datei vorliegt. Der Vorteil ist aber immerhin, dass dies außerhalb des Ansible-Projektordners geschieht und die Information somit nicht in einem Versionskontrollsystem landen kann!

1. Schreiben Sie Ihr Vault-Passwort in eine beliebige Datei außerhalb des Ansible-Projekts, z. B.:

   ```
   Passw0rd2020
   ```
   Listing 11.4 »~/.vault-pass.film«

2. Testen Sie Ihren »Datei-Provider«:

   ```
   $ ansible debian -m debug -a var=spoiler --vault-id film@~/.vault-pass.film
   ```
3. Setzen Sie die Umgebungsvariable:

   ```
   $ export ANSIBLE_VAULT_IDENTITY_LIST=film@~/.vault-pass.film
   ```

   Sollten Sie tatsächlich eine Liste von mehreren Passwörtern haben, geben Sie diese bitte komma-separiert an.

4. Testen Sie nun ohne `--vault-id`:

   ```
   $ ansible debian -m debug -a var=spoiler
   ```

> **Anmerkung** [+]
> Statt mit der Umgebungsvariable ANSIBLE_VAULT_IDENTITY_LIST können Sie alternativ in der *ansible.cfg* (Sektion [default]) mit der Direktive vault_identity_list arbeiten. Die Umgebungsvariable hat aber höhere Priorität.

11.1.6 Bequem und (möglichst) sicher mit GPG + pass

Wenn Sie Bequemlichkeit und (relative) Sicherheit erreichen wollen, benötigen Sie eine »Agenten-Lösung«. Ansible hat hier nichts eigenes an Bord und verweist an der Stelle auf bewährte Zusatztools aus dem Linux-Werkzeugkasten. Ich möchte Ihnen nun eine solide Lösung auf Basis von GPG und dem Linux-Passwortmanager pass vorstellen.

Die Software GPG sollte auf jedem Linux-System bereits vorhanden sein. Wir wollen zunächst ein GPG-Schlüsselpaar erstellen, aber hier läuft man oft schon in ein typisches Problem auf minimalen virtuellen Maschinen: Das System kann nicht schnell genug *Entropie* (also richtigen zufälligen Zufall) beschaffen, damit `gpg --gen-key` seine Aufgabe erledigen kann.

Sie können erfragen, wie viel Entropie momentan zur Verfügung steht:

```
$ cat /proc/sys/kernel/random/entropy_avail
2261
```

Aus Spaß sämtliche Entropie verbrauchen:
```
$ cat /dev/random >/dev/null
```
`Strg`+`C`

```
$ cat /proc/sys/kernel/random/entropy_avail
5
```

Um diesem Problem auf dem Control Host unserer Laborumgebung aus dem Weg zu gehen, installieren Sie bitte das Paket *haveged*:

```
# apt install haveged
```

Als normaler User `ansible` können Sie nun hoffentlich problemlos ein GPG-Schlüsselpaar erzeugen:

```
$ gpg --gen-key
[…]

GnuPG needs to construct a user ID to identify your key.

Real name: $ First User
Email address: $ user1@example.org
[…]

+-----------------------------------------------------+
| Please enter the passphrase to protect your new key |
|                                                     |
| Passphrase:                                         |
+-----------------------------------------------------+
[…]
```

[!] **Achtung**
Die Passphrase muss mindestens acht Zeichen lang sein und mindestens ein Sonderzeichen oder eine Ziffer enthalten. Der Dialog, der Sie fragt, ob Sie eine unsichere Passphrase trotzdem verwenden wollen, funktioniert in manchen Terminalumgebungen leider nicht, und mit einem schlechten Passwort kommen Sie dann hier nicht weiter!

Wenn alles funktioniert hat, können Sie mittels `gpg --list-keys` Ihre Schlüsselliste anschauen.

Der Passwort-Manager »pass«

Jetzt ist alles vorbereitet, um den eigentlichen Passwort-Manager an den Start zu bringen. Installieren Sie das Paket *pass*:

```
# apt install pass
```

Als normaler User `ansible` können Sie nun den Password-Store erstmalig einrichten:

```
$ pass init "First User"
```

Wichtig: Der String muss dabei eindeutig zum passenden GPG-Schlüssel führen!

Danach können Sie bereits beliebig strukturierte Passwort-Einträge im Store machen, z. B.:

```
pass insert ansible/vault/film
Enter password for ansible/vault/film: Das_entsprechende_Vault-Passwort
```

Solche Einträge können dann wie folgt wieder bezogen werden:

```
$ pass ansible/vault/film
```

Dabei wird durch den GPG-Agenten vermieden, dass man ständig seine GPG-Passphrase eingeben muss. Wir sind jetzt auch schon fast am Ziel: Wir haben nun ein ziemlich sicheres Programm, das auf Anfrage Vault-Passwörter ausgeben kann.

Ein kleines Problem ist nur, dass Sie bei `--vault-id` kein Programm mit Parameter angeben können. Abhilfe schafft ein kleines Wrapper-Skript in irgendeiner Programmiersprache. Wenn sein Name auf »-client« endet, dann gibt Ansible beim Aufruf sogar die Vault-ID als Optionsparameter mit hinein – ideal für uns!

In Perl wäre die Lösung aus Listing 11.5 völlig ausreichend; legen Sie das Programm z. B. in einem persönlichen *bin*-Ordner ab, und machen Sie es ausführbar:

```perl
#!/usr/bin/perl
use strict;
use warnings;
use Getopt::Long;

my $pass_prefix = "ansible/vault";
my $id;
GetOptions("vault-id=s" => \$id);

exec "pass" , "$pass_prefix/$id";
```

Listing 11.5 »~/bin/vault-keyring-client.pl«

```
$ chmod +x ~/bin/vault-keyring-client.pl
```

Der finale Test:

```
$ ansible debian -m debug -a var=spoiler \
    --vault-id film@~/bin/vault-keyring-client.pl
debian | SUCCESS => {
    "spoiler": "Darth Vader ist Lukes Vater."
}
```

Und mit Umgebungsvariable:

```
$ export ANSIBLE_VAULT_IDENTITY_LIST=film@~/bin/vault-keyring-client.pl

$ ansible debian -m debug -a var=spoiler
debian | SUCCESS => {
    "spoiler": "Darth Vader ist Lukes Vater."
}
```

11.2 Debugging und Troubleshooting

In diesem Abschnitt finden Sie einige Techniken und Strategien, die Sie anwenden können, wenn Probleme mit Ihren Playbooks oder Rollen auftreten.

11.2.1 Debug-Mode und Verbosity Level

Bei den meisten Problemen wie z.B. einer unterbrochenen Verbindung zu einem Target Host oder einem geänderten Host-Key gibt uns Ansible recht schnell eine deutliche Fehlermeldung, mit der ein erfahrener Linux-User in der Regel etwas anfangen kann. Ärgerlicher wird es, wenn Ansible bei der Ausführung eines Playbooks oder Ad-hoc-Kommandos einfach ohne Begründung hängen bleibt. Über Probleme mit den persistenten Verbindungen haben wir bereits in Abschnitt 3.4.2 gesprochen; gehen wir nun also davon aus, dass Sie bereits 30 Sekunden gewartet haben, sich bei einem erneuten Versuch aber noch immer keine Änderung zeigt.

Im ersten Schritt ist es in so einer Situation immer ratsam, mit der Umgebungsvariablen ANSIBLE_DEBUG die Debugging-Ausgabe zu aktivieren:

```
$ ANSIBLE_DEBUG=1  ansible-playbook [...]
```

Zusätzlich oder alternativ können Sie noch die *Verbosity* erhöhen, was noch mehr Informationen über die Verbindungen auf den Schirm bringt. Sie können hier bis Stufe 4 gehen, und zwar mit der Umgebungsvariablen ANSIBLE_VERBOSITY oder mit wiederholter Anwendung der Option -v:

```
$ ANSIBLE_DEBUG=1 ANSIBLE_VERBOSITY=4  ansible-playbook […]
```
oder:
```
$ ANSIBLE_DEBUG=1  ansible-playbook -vvvv […]
```

Die Kunst ist jetzt, aus dieser Informationsfülle etwas herauszulesen. Angenommen, im Protokoll finden Sie so etwas ‚hier, bevor alles stillsteht:

```
SSH: EXEC ssh […] /usr/bin/python3 /home/ansible/.ansible/tmp/
    ansible-tmp-1588862715.5502043-251744962800523/AnsiballZ_setup.py
```

Also ein Hänger in der Gather-Facts-Phase (`setup`-Modul), aber das hätten Sie wahrscheinlich auch so schon gewusst. Absolute Experten könnten sich jetzt auf dem Zielsystem anmelden, den entsprechenden Aufruf manuell absetzen und dabei mit `strace` verfolgen. Sollten die temporären Dateien schon weg sein, können Sie das Ganze noch einmal mit `DEFAULT_KEEP_REMOTE_FILES=1` starten, um eventuelle Aufräumarbeiten zu unterbinden. In der `strace`-Ausgabe könnte jetzt bspw. sinngemäß so etwas zu finden sein:

```
stat("/etc/ansible/facts.d/test.fact", {st_mode=S_IFREG|0755, […]
[…]
wait4
wait4
wait4
[…]
```

Also scheint es ein Problem mit diesem selbst erstellten dynamischen Fact-Programm zu geben. Das alles war natürlich gestellt, aber die beschriebenen Diagnosemöglichkeiten sollten in solchen Situationen meist nützlich sein.

11.2.2 Lesbarkeit von Ausgaben verbessern

Wenn ein Task fehlschlägt, liefert Ansible per Default eine JSON-formatierte Fehlerausgabe, die relativ unbequem zu lesen ist. Beispielsweise würde folgender Task auf einen Fehler laufen (wegen der Pipe müsste man ja das `shell`-Modul anstelle des `command`-Moduls einsetzen):

```
- name: Prozesse zählen
  command: ps -ef | wc -l
```

Die entsprechende Fehlermeldung bei Ausführung dieses Tasks sieht in etwa so aus:

```
TASK [Prozesse zählen] ****************************************
fatal: [localhost]: FAILED! => {"changed": true, "cmd": ["ps", "-ef", "|",
"wc", "-l"], "delta": "0:00:00.003348", "end": "2020-04-16 08:54:26.059880"
, "msg": "non-zero return code", "rc": 1, "start": "2020-04-16 08:54:26.056
532", "stderr": "error: garbage option\n\nUsage:\n ps [options]\n\n Try 'ps
```

```
  --help <simple|list|output|threads|misc|all>'\n  or 'ps --help <s|l|o|t|m
a>'\n for additional help text.\n\nFor more details see ps(1).", "stderr_li
nes": ["error: garbage option", "", "Usage:", " ps [options]", "", " Try 'p
s --help <simple|list|output|threads|misc|all>'", "  or 'ps --help <s|l|o|t
|m|a>'", " for additional help text.", "", "For more details see ps(1)."],
"stdout": "", "stdout_lines": []}
[…]
```

Dank sogenannter *Callback-Plugins* (über die Sie in Kapitel 17 noch etwas mehr erfahren werden) können Sie diese Ausgabe aber anpassen.

Ausgabe-Plugins zur Verfügung, die man über die Umgebungsvariable `ANSIBLE_STDOUT_CALLBACK` oder über die Ansible-Konfiguration wählen kann (ersteres ist stärker).

Sehr empfehlenswert ist hier das YAML-Ausgabe-Plugin, das einen viel erträglicheren Output liefert. Richten Sie es in der Konfigurationsdatei wie folgt ein:

```
# [defaults]

stdout_callback = yaml
```

Listing 11.6 »ansible.cfg«: Ausschnitt

Oder starten Sie ein Playbook damit on-the-fly:

```
$ ANSIBLE_STDOUT_CALLBACK=yaml ansible-playbook […]
```

Die Ausgabe, wenn der obige Task fehlschlägt, würde nun gleich viel besser aussehen:

```
TASK [Prozesse zählen] *****************************************

fatal: [localhost]: FAILED! => changed=true
  cmd:
  - ps
  - -ef
  - '|'
  - wc
  - -l
  delta: '0:00:00.003377'
  end: '2020-04-16 09:08:59.039604'
  msg: non-zero return code
  rc: 1
  start: '2020-04-16 09:08:59.036227'
  stderr: |-
    error: garbage option
```

```
  Usage:
   ps [options]

   Try 'ps --help <simple|list|output|threads|misc|all>'
    or 'ps --help <s|l|o|t|m|a>'
   for additional help text.

   For more details see ps(1).
  stderr_lines:
  - 'error: garbage option'
  - ''
  - 'Usage:'
  - ' ps [options]'
  - ''
  - ' Try ''ps --help <simple|list|output|threads|misc|all>'''
  - '  or ''ps --help <s|l|o|t|m|a>'''
  - ' for additional help text.'
  - ''
  - For more details see ps(1).
  stdout: ''
  stdout_lines: <omitted>
[…]
```

In Abschnitt 17.1 finden Sie noch viele weitere Möglichkeiten, die Ausgabe zu verändern. Das YAML-Plugin bietet meiner Meinung nach aber den besten Kompromiss aus Lesbarkeit und strukturierter Information.

> **Wichtig**
>
> Das eingestellte Ausgabe-Plugin beeinflusst nicht nur Fehlermeldungen, sondern auch den normalen Output. Aber zumindest mit dem YAML-Format gewinnt die Ausgabe damit ebenfalls an Lesbarkeit, das sollte also kein Problem sein.
>
> Denken Sie einfach nur daran, wenn die Ausgaben Ihrer Playbooks auf einmal irgendwie anders aussehen.

11.2.3 Gathering Facts dauert zu lange

In den meisten Projekten werden Sie Host-Facts benötigen, die per Default zu Beginn eines Plays eingesammelt werden. Wir haben schon besprochen, dass Sie diese Facts aus Performancegründen cachen sollten (Abschnitt 6.2.2). Aber jeder Cache verfällt irgendwann, und dann startet die Faktenbeschaffung erneut. Sollten Sie in diesem Moment feststellen, dass es hierbei zu nicht tolerablen Verzögerungen kommt, könnten Sie die Menge der zu beschaffenden Fakten begrenzen. Sie werden ja kaum alle brauchen – warum also überhaupt Informationen über Festplatten oder Netzwerkschnittstellen sammeln, wenn diese in keinem Ihrer Playbooks eine Relevanz haben?

Steuern können Sie das Ganze auf Play-Ebene mit dem Schlüsselwort `gather_subset`, das als Wert eine Liste mit zu inkludierenden oder exkludierenden Teilmengen erwartet. Der Default ist `all`, und `min` ist gewissermaßen das Gegenteil. Wirklich gar nichts bekommen Sie mit `!all,!min`. (Das Ausrufezeichen dient also zur Negation.) Das folgende Beispiel zeigt, wie Sie für all Ihre Systeme lediglich Distributionsinformationen einsammeln:

```
- hosts: all

  gather_facts: yes
  gather_subset:
    - '!all'
    - '!min'
    - distribution
```

Leider sind die zur Verfügung stehenden Mengennamen nicht (gut) dokumentiert. Um wenigstens eine Übersicht zu bekommen, bleibt momentan wohl nur, gegebenenfalls den Fakten-Cache zu löschen und dann durch Angabe irgendeines unsinnigen Namens eine Fehlermeldung zu provozieren:

```
TypeError: Bad subset 'abc' given to Ansible. gather_subset options
allowed: all, all_ipv4_addresses, all_ipv6_addresses, apparmor,
architecture, caps, chroot, cmdline, date_time, default_ipv4,
default_ipv6, devices, distribution, distribution_major_version,
distribution_release, distribution_version, dns, effective_group_ids,
effective_user_id, env, facter, fibre_channel_wwn, fips, hardware,
interfaces, is_chroot, iscsi, kernel, kernel_version, local, lsb,
machine, machine_id, mounts, network, nvme, ohai, os_family, pkg_mgr,
platform, processor, processor_cores, processor_count, python,
python_version, real_user_id, selinux, service_mgr,
ssh_host_key_dsa_public, ssh_host_key_ecdsa_public,
ssh_host_key_ed25519_public, ssh_host_key_rsa_public, ssh_host_pub_keys,
ssh_pub_keys, system, system_capabilities, system_capabilities_enforced,
user, user_dir, user_gecos, user_gid, user_id, user_shell, user_uid,
virtual, virtualization_role, virtualization_type
```

Zusammenfassung

Versuchen Sie zunächst herauszufinden, welche Facts in Ihrem Fall die Verzögerungen auslösen, und schließen Sie diese dann durch Verwendung von `gather_subset` aus, *wenn* Sie sie nicht brauchen.

11.2.4 Der Playbook-Debugger

Ansible kommt mit einem eingebauten Debugger, mit dem Sie in ein laufendes Playbook eingreifen können. Beispielsweise ist es möglich, Tasks zu begutachten, Variablen oder Modul-Parameter zu kontrollieren oder zu ändern und fehlgeschlagene Tasks erneut zu starten.

Nehmen wir einmal dieses völlig verbuggte Playbook, und sehen wir uns an, was der Debugger tun kann (und was nicht):

```yaml
- hosts: debian

  tasks:
    - name: Startmeldung
      debug: msg="Jetzt geht's los!"

    - name: Datei nach /tmp kopieren
      copy:
        dest: /tmp
        content: |
          Inhalt der Datei

    - name: Wie viele Prozesse laufen?
      command: ps -ef | wc -l
      register: ps_count_cmd

    - debug: var=ps_count_cmd.stdout
```

Listing 11.7 »debugtest.yml«: ein Playbook voller Probleme

Ein normaler Lauf des Playbooks würde beim `copy`-Task scheitern. Sehen Sie, warum? Beim Ziel muss in diesem Fall ein *Datei*name und nicht nur ein Verzeichnisname angegeben werden.

Durch Setzen der Umgebungsvariable `ANSIBLE_ENABLE_TASK_DEBUGGER` aktivieren Sie den Debugger, sobald ein Task `failed` oder `unreachable` liefert:

```
$ ANSIBLE_ENABLE_TASK_DEBUGGER=1  ansible-playbook debugtest.yml
PLAY [debian] ***********************************************************

TASK [Startmeldung] *****************************************************
ok: [debian] =>
  msg: Jetzt geht's los!

TASK [Datei nach /tmp kopieren] *****************************************
fatal: [debian]: FAILED! => changed=false
```

```
    msg: can not use content with a dir as dest
[debian] TASK: Datei nach /tmp kopieren (debug)> help

Documented commands (type help <topic>):
========================================
EOF  c  continue  h  help  p  pprint  q  quit  r  redo  u  update_task
```

Das wären auch schon die ganzen Möglichkeiten. Was man alles printen kann, ist nur der Online-Dokumentation zu entnehmen – oder Tabelle 11.2.

Argument	Bedeutung
task	Name des aktuellen Tasks
host	Name des aktuellen Target Hosts
result._result	Momentanes Ergebnis als Datenstruktur
task.args	Modul-Parameter
task_vars	alle für den Task sichtbaren Variablen

Tabelle 11.2 Print-Möglichkeiten im Debugger

Den p-Befehl können Sie sich dabei auch sparen; bspw. funktioniert **host** genauso gut wie **p host**.

Entscheidend ist aber nun, dass Sie auf task.args und task_vars auch schreibend zugreifen können. Korrigieren wir also den Fehler mit der Copy-Destination, und starten wir den Task erneut:

```
TASK: Datei nach /tmp kopieren (debug)> task.args['dest'] = '/tmp/test1'
[debian] TASK: Datei nach /tmp kopieren (debug)> r
changed: [debian]
```

Prima. Danach stranden wir aber schon beim nächsten fehlerhaften Task. (Sehen Sie auch bei diesem das Problem? Wir hätten das shell-Modul verwenden müssen.) Hier hilft der Debugger leider auch nicht mehr, da Sie zwar die Modul-Parametrisierung ändern können, aber nicht das Modul selbst. Wir geben also an dieser Stelle auf und verlassen die Umgebung mit q.

Weitere Möglichkeiten zum Start des Debuggers

Wenn Sie den Debugger nicht nur bei failed- oder unreachable-Tasks involvieren möchten, steht Ihnen das Schlüsselwort debugger zur Verfügung, das Sie auf allen sinnvollen Ebenen (Play, Rolle, Block, Task) einsetzen können. (Das heißt also, Sie müssen Ihr Playbook bzw. Ihre Rolle ändern!) Wenn es auf mehreren Ebenen gleichzeitig auftritt, gewinnt die speziellere Definition. Folgende Werte sind möglich:

- always
  Bei jedem Task den Debugger starten
- never
  Nie den Debugger starten
- on_failed
  Nur bei Task-Fehlschlag starten
- on_unreachable
  Nur starten, wenn ein Target Host nicht erreichbar ist
- on_skipped
  Nur starten, wenn der Task übersprungen wurde

Fazit/Meinung des Autors

Wer glaubt, es zu brauchen, soll es benutzen. Ich persönlich habe in 25 Jahren Programmierung noch keinen Bedarf an Debuggern gehabt, und das ist jetzt bei Ansible nicht anders. Zumal man, wie oben gesehen, bei gewissen Fehlern sowieso nichts damit anfangen kann.

Tipp

Halten Sie's wie Linus Torvalds: Benutzen Sie keinen Debugger, sondern machen Sie's lieber gleich richtig!

11.2.5 Statische Code-Analyse mit »ansible-lint«

Linting bedeutet in der Softwareentwicklung das statische Analysieren von Code, um Probleme zu finden, die ein Compiler (in unserem Falle: Ansible) nicht monieren würde. Das Wort Lint bedeutet im Englischen übrigens »Fussel«. Das Ansible-Team stellt hierzu ein zusätzliches Tool namens `ansible-lint` bereit. Die Installation geht schnell vonstatten (entweder mit Root-Rechten oder in eine Virtualenv-Umgebung):

```
# pip3 install ansible-lint
```

Prüfen wir damit einmal unser verbuggtes Playbook aus dem letzten Abschnitt:

```
$ ansible-lint debugtest.yml
[301] Commands should not change things if nothing needs doing
debugtest.yml:13
Task/Handler: Wie viele Prozesse laufen?
```

Das Tool teilt uns mit, dass ein `command`-Task, der nichts am System ändert, auch entsprechend gekennzeichnet sein sollte. Das stimmt natürlich – fügen wir also im Playbook eine `changed_when`-Zeile ein:

```
- name: Wie viele Prozesse laufen?
  command: ps -ef | wc -l
  register: ps_count_cmd
  changed_when: false      # Neu!
```

Bei einem erneuten Lauf ist `ansible-lint` nun völlig zufrieden (keine Ausgabe). Na ja, wahrscheinlich durfte man hier keine Wunder erwarten. Versuchen wir doch als anspruchsvolleren Input unser Apache-Playbook aus Abschnitt 6.4.5:

```
$ ansible-lint apache3.yml
[206] Variables should have spaces before and after: {{ var_name }}
apache3.yml:6
      include_vars: apache_{{ansible_os_family}}.yml

[201] Trailing whitespace
apache3.yml:9
      apt:

[206] Variables should have spaces before and after: {{ var_name }}
apache3.yml:16
      name: "{{apache_package_name}}"

[206] Variables should have spaces before and after: {{ var_name }}
apache3.yml:20
      name: "{{apache_service_name}}"

[206] Variables should have spaces before and after: {{ var_name }}
apache3.yml:26
      dest: "{{apache_document_root}}/index.html"

[206] Variables should have spaces before and after: {{ var_name }}
apache3.yml:42
      dest: "{{apache_config_directory}}/redirect.conf"

[201] Trailing whitespace
apache3.yml:46

[206] Variables should have spaces before and after: {{ var_name }}
apache3.yml:58
      name: "{{apache_service_name}}"
```

Das Tool rät uns, beim Jinja-Zugriff auf Variablen stets Leerzeichen zu Beginn und Ende der {{ … }}-Umgebung einzufügen. Das ist Geschmackssache, kann man aber machen. An ein paar anderen Stellen findet es wiederum unnötige Leerzeichen, das kann man beheben. Auch das sind reine Schönheitsfehler, die die Funktion des Playbooks nicht im Geringsten beeinträchtigen.

Wenn Sie Regel 206 nicht mögen: Sie können beim Linten mit der Option -x auch Regeln ignorieren:

```
$ ansible-lint -x 206 apache3.yml
```

Und wenn Sie so etwas gern dauerhaft festlegen möchten, können Sie sogar eine Konfigurationsdatei anlegen:

```
skip_list:
  - '206'
```

Listing 11.8 ».ansible-lint«: Beispiel einer ansible-lint-Konfigurationsdatei

Per Default sucht `ansible-lint` eine Datei *.ansible-lint* im aktuellen Arbeitsverzeichnis, aber mit der Option -c könnten Sie auch einen beliebigen Pfadnamen übergeben. Unter *http://docs.ansible.com/ansible/ansible-lint/configuring/configuring.html* finden Sie hierzu weitergehende Informationen.

Ernstere Probleme

Sehen Sie hier ein Playbook, das etwas ernstere Probleme enthält:

```
---
- hosts: debian

  tasks:
    - name: Testdatei erzeugen
      copy:
        dest: /tmp/test.txt
        content: Nur ein Test
        mode: 640

    - name: Paket installieren
      apt:
        name: tmux
        state: latest
```

Listing 11.9 »buggy.yml«: ein Playbook einigen Problemen

Dieses Playbook würde anstandslos laufen, aber der Linter meint dazu Folgendes:

```
$ ansible-lint buggy.yml
[202] Octal file permissions must contain leading zero or be a string
buggy.yml:5
Task/Handler: Testdatei erzeugen

[403] Package installs should not use latest
buggy.yml:11
Task/Handler: Paket installieren
```

Der erste Hinweis moniert völlig zu Recht den falsch spezifizierten Mode; das wurde in Abschnitt 9.3 beim copy-Modul geklärt. Der zweite Hinweis rät von der Verwendung von latest ab; hier wäre denkbar, dass man dadurch »einfach so« neue Versionen einer Software installieren würde, was theoretisch zu Inkompatibilitäten führen könnte. Bei einer Enterprise-Distribution wie Debian wohl eher ein theoretisches Problem.

Wenn Sie im letzteren Fall tatsächlich von der Richtigkeit Ihrer Vorgehensweise überzeugt sind, können Sie ansible-lint das auch mit einem speziellen Kommentar mitteilen:

```
- name: Paket installieren
  apt:
    name: tmux
    state: latest   # noqa 403
```

Dadurch wird Regel 403 auf diesen Task bzw. diese Zeile nicht angewendet. Falls Sie übrigens neugierig geworden sind: Mit ansible-lint -L können Sie sich alle vorhandenen Regeln anzeigen lassen.

Fazit

Es schadet sicher nichts, eigene Playbooks oder Rollen mit diesem Tool zu überprüfen. Und wenn Sie zuweilen anderer Meinung sind als das Tool, können Sie ja (wie gesehen) mit Ausschlusslisten oder Hinweiskommentaren arbeiten.

Erwarten Sie aber hier bitte keine Wunder – die meisten wirklich spannenden Probleme sind nun einmal Laufzeitprobleme, und diese kann man ohne Glaskugel leider nicht vorhersagen!

11.2.6 Überwachen von Dateiänderungen mit »--check« und »--diff«

Die Manipulation von Dateiinhalten mit Modulen wie lineinfile oder replace ist ein häufiger Quell von Fehlern. Meist sind ernsthafte reguläre Ausdrücke im Spiel, und diese sind ja bekanntlich nicht immer einfach in den Griff zu bekommen. Nehmen wir als Beispiel dieses Playbook, das auf dem Debian-Host unserer Laborumgebung den SSH-Zugang für root mittels Passwort erlauben soll. (Das ist nur ein Beispiel!)

Der aktuelle Zustand in der */etc/ssh/sshd_config* ist:

```
#PermitRootLogin prohibit-password
```

Listing 11.10 »/etc/ssh/sshd_config«

Das folgende Playbook soll die Anpassung durchführen (ich verzichte hier auf die vollständige Version mit Handler zum Neuladen des Dienstes):

```
- hosts: debian

  tasks:
    - name: sshd_config ändern
      lineinfile:
        path: /etc/ssh/sshd_config
        line: 'PermitRootLogin yes'
        regexp: '^#PermitRootLogin'
```

Listing 11.11 »sshd1.yml«: Ändern der SSH-Konfiguration; Version 1

Wenn Sie Sich nun nicht völlig sicher sind, können Sie Ansible mitteilen, dass Sie nur einen Trockenlauf ohne Änderungen am System wünschen, die hypothetischen Änderungen aber gern sehen möchten:

```
$ ansible-playbook sshd.yml --check --diff
TASK [sshd_config ändern] ***************************************
--- before: /etc/ssh/sshd_config (content)
+++ after: /etc/ssh/sshd_config (content)
@@ -29,7 +29,7 @@
 # Authentication:

 #LoginGraceTime 2m
-#PermitRootLogin prohibit-password
+PermitRootLogin yes
 #StrictModes yes
 #MaxAuthTries 6
 #MaxSessions 10

changed: [debian]
```

Das sieht sehr gut aus; auf Ihrem Bildschirm ist das sogar in Farbe und damit noch viel besser lesbar. Was aber, wenn die ursprüngliche Zeile nicht auskommentiert gewesen wäre, also so:

```
PermitRootLogin prohibit-password
```

Listing 11.12 »/etc/ssh/sshd_config«

Machen Sie sich kurz am Zielsystem zu schaffen, um dies zu simulieren. Danach folgt ein erneuter Testlauf:

```
$ ansible-playbook sshd.yml --check --diff
TASK [sshd_config ändern] ******************************************
--- before: /etc/ssh/sshd_config (content)
+++ after: /etc/ssh/sshd_config (content)
@@ -119,3 +119,4 @@
 #       AllowTcpForwarding no
 #       PermitTTY no
 #       ForceCommand cvs server
+PermitRootLogin yes

changed: [debian]
```

Dieses Mal hat der `regexp`-Ausdruck keinen Treffer, also hängt `lineinfile` die gewünschte Zeile einfach am Dateiende an – das ist nicht so gut. Besser wäre hier folgende Version:

```
- hosts: debian

  tasks:
    - name: sshd_config ändern
      lineinfile:
        path: /etc/ssh/sshd_config
        line: 'PermitRootLogin yes'
        regexp: '^#?\s*PermitRootLogin'
```

Listing 11.13 »sshd2.yml«: Ändern der SSH-Konfiguration; Version 2

Damit ist die Raute (#) am Zeilenanfang optional, und vor `PermitRootLogin` sind sogar noch null oder mehr Leerzeichen erlaubt.

Fazit

Verwenden Sie, wenn möglich, zunächst `--check` und `--diff`, wenn Sie sich bei inhaltlichen Dateimanipulationen nicht völlig sicher sind. Und vielleicht sogar selbst dann, wenn Sie es sind.

Falls Sie noch etwas Nachholbedarf in Sachen reguläre Ausdrücke haben, schauen Sie doch bspw. in Anhang B.

11.2.7 Last, but not least: das »debug«-Modul

Nutzen Sie das Modul `debug`, um sich beim Ablauf eines Playbooks jederzeit Gewissheit über Inhalte von Variablen zu verschaffen.

Es muss ja auch nicht jedes Mal so aufwendig sein, wie hier dargestellt:

```
- debug: msg="Der Inhalt von zahl ist {{zahl}}"
```

Für das schnelle Debugging zwischendurch reicht ja auch:

```
- debug: var=zahl
```

Interessant ist auch der Parameter `verbosity`, der einen der fünf Werte von 0 bis 4 bekommen kann. Damit würde die Ausgabe erst dann aktiv, wenn mindestens die entsprechende Anzahl von -v-Schaltern auf der Kommandozeile übergeben wird. Richtig praktikabel sind hier aber nur Werte bis höchstens 2, da `ansible-playbook` in höheren Debug-Levels zu viel Zusatzoutput generiert, in dem die eigenen Debug-Meldungen dann untergehen.

Als Alternative steht Ihnen ja auch immer die Möglichkeit offen, einen `debug`-Task mit einer `when`-Bedingung zu verknüpfen, um die Meldung nur unter gewissen Umständen zu sehen. So könnten Sie ganz leicht Ihren eigenen Debug-Ein-Aus-Schalter bauen:

```
---
- hosts: localhost

  tasks:
    - debug: msg="Mich sieht man immer"

    - debug:
        msg: "Mich sieht man nur, wenn mydebug gesetzt ist"
      when: mydebug is defined
```

Listing 11.14 »mydebug.yml«: Debug-Meldungen bei Bedarf

Wenn Sie solche Meldungen dann sehen möchten, sorgen Sie dafür, dass die Variable `mydebug` einen Wert bekommt – z. B. so:

```
$ ansible-playbook mydebug.yml -e mydebug=1
[…]
ok: [localhost] => {
    "msg": "Mich sieht man nur, wenn mydebug gesetzt ist"
}
[…]
```

Fazit

Der Name `debug` wurde für dieses Modul nicht umsonst gewählt (der Ansible-Erfinder hätte es ja auch »print« nennen können). Unterm Strich ist es für viele Ansible-Anwender die wohl am häufigsten genutzte Debugging-Möglichkeit.

11.3 Untersuchen von Konfigurationseinstellungen

Unter den von Ansible mitgelieferten Werkzeugen befindet sich eines, dessen Sinn sich nicht unmittelbar erschließt. Es handelt sich dabei um das Programm `ansible-config`, das laut Dokumentation dazu dient, die Ansible-Konfiguration anzuschauen. Nun, die Datei *ansible.cfg* könnten wir doch auch mit `cat`, `less` oder `vi` anschauen?

Selbstverständlich, aber `ansible-config` bietet darüber hinaus einige Möglichkeiten, die es vielleicht doch interessant machen. Beim Aufruf muss zwingend eines von drei Subkommandos angegeben werden: `list`, `dump` oder `view`. Die Bedeutung ist dann wie folgt:

- `ansible-config list`
  Der `list`-Aufruf zeigt alle verfügbaren Konfigurationsmöglichkeiten, jeweils mit Kurzbeschreibung, Default-Einstellung, Name der Direktive in der *ansible.cfg* und Name der Direktive als Umgebungsvariable.

  Die Übersicht ist komplett im YAML-Format gehalten und hat damit eine sehr »strenge« Optik, aber man kann gut darin suchen und findet die gewünschten Informationen schnell.

- `ansible-config dump`
  Das Subkommando `dump` zeigt alle momentanen Konfigurationseinstellungen. Vom Default abweichende Einstellungen sind farblich hervorgehoben, und ihre Quelle wird angegeben.

  Mit der Option `--only-changed` können Sie *nur* die geänderten Einstellungen anzeigen lassen, was natürlich besonders interessant ist!

- `ansible-config view`
  `view` gibt die von Ansible verwendete Konfigurationsdatei einfach auf dem Bildschirm aus. Der einzige Vorteil gegenüber einem `cat`-Aufruf ist, dass Sie hierfür die Datei nicht kennen müssen (wir hatten ja bereits in Abschnitt 2.2 festgestellt, dass es hier die verschiedensten Möglichkeiten gibt).

11.4 Playbooks beschleunigen mit Pipelining

Es gibt eine Möglichkeit, den Arbeitsablauf von Ansible etwas zu beschleunigen. Vielleicht erinnern Sie sich, was Ansible beim Aufruf eines Moduls normalerweise tut (ich hatte das in Abschnitt 3.4.3 grob umrissen): Es wird zunächst ein ausführbares Programm generiert, dieses wird anschliessend auf den Zielhost kopiert, um dort im letzten Schritt gestartet zu werden.

Die schlaue Idee ist nun, den Schritt des Kopierens einzusparen und das Programm quasi in einem Schritt durch eine Pipe zur Ausführung zu bringen. Diese Technik nennt sich *Pipelining* und kann in der Ansible-Konfiguration oder über eine Umgebungsvariable aktiviert werden:

- Ansible-Konfiguration (beachten Sie die INI-Sektion [ssh_connection]):

    [ssh_connection]
    pipelining = true

    Listing 11.15 »ansible.cfg«: Aktivieren des Pipelinings

- Umgebungsvariable: ANSIBLE_PIPELINING=true

Das einzige Problem (einen Haken muss die Sache ja haben): Es funktioniert nicht in Verbindung mit sudo, wenn auf einem Zielsystem in der Datei */etc/sudoers* die Direktive requiretty aktiv ist. Aus diesem Grund ist Pipelining auch standardmäßig deaktiviert. Sie können es aber problemlos testen, denn im Fall des Falles kommt einfach eine diesbezügliche Fehlermeldung (in unserer Laborumgebung gibt es übrigens hier kein Problem).

Was es nun wirklich bringt, hängt stark davon ab, was Ihre Playbooks tun. Eine pauschale Aussage über den Beschleunigungsfaktor ist unmöglich – es sollte zumindest nicht langsamer werden. Ich habe mal einen komplexeren Playbook-Lauf aus Abschnitt 12.6 gebenchmarkt, das Ergebnis sehen Sie in Tabelle 11.3:

	initialer Lauf	erneuter Lauf
ohne Pipelining	1:51 min	0:21 min
mit Pipelining	1:42 min	0:14 min

Tabelle 11.3 Benchmark: Default vs. Pipelining

Durch Ansibles Idempotenz ist der zweite Lauf natürlich sowieso erheblich schneller, aber die Zeitersparnis durch das Pipelining ist hier (relativ betrachtet) auch besonders groß. Mein Fazit lautet deshalb: Probieren Sie es aus, und freuen Sie sich, wenn es Ihnen etwas bringt!

11.5 Die sprechende Kuh

Wenn Sie das Paket *cowsay* installieren, aktivieren Sie damit automatisch eines der wichtigsten Features von Ansible – die sprechende Kuh:

```
$ ansible-playbook playbooks/hallo-ansible.yml
```

< PLAY [localhost] >

```
         _____
     \   ^__^
      \  (oo)_____
         (__)\       )\/\
             ||----w |
             ||     ||


 _____
< TASK [debug] >
 --------------
        \   ^__^
         \  (oo)_____
            (__)\       )\/\
                ||----w |
                ||     ||

ok: [localhost] => {
    "msg": "Hallo Ansible!"
}
[…]
```

Falls Sie (unverständlicherweise) trotz installiertem cowsay keine Kühe sehen möchten, können Sie es per Ansible-Config mit nocows=true deaktivieren. Es gibt auch noch die Direktive cow_selection, mit der Sie auch andere Kollegen der Kuh aktivieren können (siehe cowsay -l). Dabei steht auch der Wert random zur Verfügung.

11.6 Ansible im Pull-Mode

Wie Sie wissen, arbeitet Ansible per Default im Push-Mode, d. h., der Control Host initiiert die Verbindungen zu den Targets und bestimmt allein, wann dort Aktionen durchgeführt werden. Nun ist diese Methodik aber nicht in allen Fällen optimal. Beispielsweise sind folgende Situationen problematisch:

▶ Gewisse Target Hosts sind nur sporadisch online und deswegen schwer zu »erwischen«.

▶ Bestimmte Target Hosts sind netzwerktechnisch in der Standardrichtung gar nicht zu erreichen.

▶ Gewisse Target Hosts sollen überhaupt erst aufgesetzt bzw. provisioniert werden und sind überdies (noch) in keinem Inventory verzeichnet.

In all diesen Fällen wäre ein *Pull-Verfahren* wünschenswerter. Ansible schließt diese Lücke mit dem Tool ansible-pull, das wir uns nun genauer anschauen möchten.

11.6.1 »ansible-pull«: Technik und Voraussetzungen

Bei jedem Aufruf von `ansible-pull` wird ein Repository aus einem Versionskontrollsystem (meist Git) ausgecheckt und danach ein darin enthaltenes Playbook gestartet. Das ist im Grunde schon alles. Insbesondere dürfen Sie hier keinen integrierten Dienst (also »Pull-Agenten«) erwarten. Eine gegebenenfalls benötigte Automatisierung wird zumeist über Cron realisiert.

Ein Beispiel mag das verdeutlichen. Angenommen, wir möchten unseren Ubuntu-Target Host regelmäßig mit einer neuen Message-of-the-Day-Meldung ausstatten, so dass man beim Login so etwas bekommt wie:

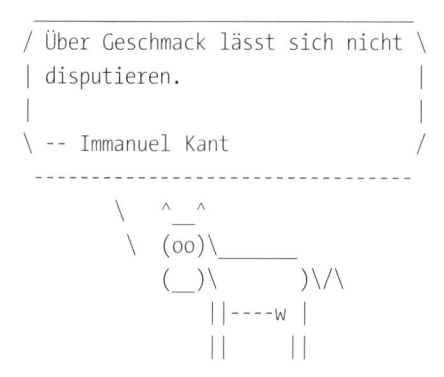

```
 _____
/ Über Geschmack lässt sich nicht \
| disputieren.                    |
|                                 |
\ -- Immanuel Kant                /
 ---------------------------------
        \   ^__^
         \  (oo)_____
            (__)\       )\/\
                ||----w |
                ||     ||
```

Zunächst müssen wir auf dem Target Host für die nötigen Voraussetzungen sorgen. Melden Sie sich also dort an:

```
$ ssh ansible@ubuntu
```

1. Installieren Sie die Pakete *ansible* und *git*:

   ```
   $ sudo apt install ansible git
   ```

2. Nur in unserem Labor nötig: Sorgen Sie dafür, dass git das selbst signierte Zertifikat unseres Git-Servers akzeptiert. Erstellen Sie dazu mit `sudo vim /etc/gitconfig` diese Datei:

   ```
   [http]
           sslVerify = false
   ```

   Listing 11.16 »/etc/gitconfig«

3. Sorgen Sie dafür, dass der Name unseres Git-Servers aufgelöst werden kann (ebenfalls nur in unserem Labor nötig). Dazu reicht ein */etc/hosts*-Eintrag wie:

   ```
   192.168.150.100  git.example.org
   ```

   Listing 11.17 »/etc/hosts«

11.6.2 Erste Schritte

Wir werden nun ein ganz simples Git-Repository einrichten; zunächst als leere Hülle auf unseren Git(ea)-Server. (Der läuft doch hoffentlich noch? Ansonsten schauen Sie noch mal in Abschnitt 10.3.2 nach und starten Sie ihn wieder.)

1. Legen Sie in der Gitea-Webanwendung ein Repository namens motd an, keine Besonderheiten, insbesondere erst einmal *nicht privat*.
2. Wechseln Sie nun auf die Kommandozeile Ihres Control Hosts und erzeugen Sie lokal ein entsprechendes Verzeichnis:

   ```
   $ mkdir -p ~/motd && cd $_
   ```
3. Legen Sie folgende Datei dort ab:

   ```yaml
   ---
   - hosts: localhost

     tasks:
       - debug: msg="Hallo ansible-pull!"
   ```

   Listing 11.18 »local.yml«

4. Initialisieren Sie das Repository und pushen Sie den Commit:

   ```
   $ git init
   $ git add .
   $ git commit -m "Initial commit"
   $ git remote add origin http://git.example.org/user1/motd.git
   $ git push -u origin master
   ```

Test auf dem Target Host

Auf dem Ubuntu-Zielsystem testen Sie nun wie folgt:

```
$ sudo ansible-pull -U http://git.example.org/user1/motd.git
Starting Ansible Pull at 2020-05-31 17:21:09
/usr/bin/ansible-pull -U http://git.example.org/user1/motd.git
[WARNING]: Could not match supplied host pattern, ignoring: ubuntu
localhost | SUCCESS => {
    "after": "1e3ad4d24a4542c315fd8fdc34b58770e4f26998",
    "before": "1e3ad4d24a4542c315fd8fdc34b58770e4f26998",
    "changed": false,
    "remote_url_changed": false
}
[WARNING]: provided hosts list is empty, only localhost is available.
Note that the implicit localhost does not match 'all'
[WARNING]: Could not match supplied host pattern, ignoring: ubuntu
```

```
PLAY [localhost] ***************************************************

TASK [Gathering Facts] *********************************************
ok: [localhost]

TASK [debug] *******************************************************
ok: [localhost] => {
    "msg": "Hallo ansible-pull!"
}

PLAY RECAP *********************************************************
localhost                  : ok=2    changed=0    unreachable=0    failed=0
```

Die Mechanik ist wie folgt: `ansible-pull` checkt das angegebene Repository aus, sucht darin ein Playbook mit dem Namen *local.yml* und startet es.

Alle Warnings können Sie getrost ignorieren, sie hängen damit zusammen, dass wir kein Inventory spezifiziert haben.

Aber es geht uns ja nur um `localhost`, und der ist sowieso immer vorhanden. Wenn Sie einmal sehen wollen, was wirklich läuft, dann versuchen Sie z. B.:

```
$ ANSIBLE_DEBUG=1 sudo -E ansible-pull -U […] | grep EXEC
```

11.6.3 Die ganze Lösung

Wir wollten ja sprechende Kühe beim Login. Dazu müssen wir die *local.yml* etwas aufpeppen:

```
---
- hosts: localhost

  tasks:
    - name: Paketlisten aktualisieren
      apt:
        update_cache: yes
        cache_valid_time: 3600

    - name: Benötigte Pakete installieren
      apt:
        name:
          - cowsay
          - fortunes-de
```

```yaml
- name: Motd-Text generieren
  shell: /usr/games/fortune de | /usr/games/cowsay
  register: fortune_cmd

- name: In die /etc/motd schreiben
  copy:
    dest: /etc/motd
    content: |
      {{ fortune_cmd.stdout }}
```
Listing 11.19 »local.yml«

Fügen Sie auch gleich noch eine kleine Konfigurationsdatei hinzu, damit Ansible bzw. `ansible-pull` wegen installiertem `cowsay` nicht ständig mit Kühen nervt:

```
[defaults]
nocows = true
```
Listing 11.20 »ansible.cfg«

Hinein damit ins Git:

```
$ git add .
$ git commit -m "Neue Version"
$ git push
```

Testen Sie erneut auf dem Ubuntu-System, ob alles wie erwartet funktioniert. Daraus noch einen Cronjob zu machen, wollen wir uns an dieser Stelle ersparen.

11.6.4 Was fehlt noch?

Im Schnelldurchgang noch einige Hinweise, bevor wir das Thema verlassen:

- Wenn Sie sich sehr an den Warnings stören, so ergänzen Sie beim `ansible-pull`-Aufruf folgende Option:

    ```
    $ ansible-pull […] -i $(hostname),
    ```

- Wenn Sie einen gewissen Branch im Repository verwenden wollen, dann hilft:

    ```
    $ ansible-pull […] -C <NAME>
    ```

- Wenn das Playbook nur laufen soll, wenn es sich geändert hat, verwenden Sie:

    ```
    $ ansible-pull […] -o
    ```

- Wenn Sie auf ein privates Repository mit SSH-Key-Authentifizierung zugreifen möchten, so hilft:

    ```
    $ ansible-pull […] --private-key <KEYFILE>
    ```

Kapitel 12
Ansible als Orchestrierungswerkzeug

12.1 Administrierst du noch oder orchestrierst du schon?

Laut Wikipedia ist Ansible »*ein Open-Source Automatisierungs-Werkzeug zur Orchestrierung und allgemeinen Konfiguration und Administration von Computern*«. Da der Begriff *Orchestrierung* in diesem Buch hier nun zum ersten Mal Erwähnung findet, habe ich Ihnen bislang wohl Entscheidendes verschwiegen!

Weil »orchestrieren« auch für manch alten IT-Hasen kein allgegenwärtiger Begriff ist, sollten wir zunächst klären, was wir darunter verstehen (wollen). Einer der vielen Vorteile von Wikipedia ist, das schwierige Begriffe direkt verlinkt sind; die Erklärung ist also nur einen Mausklick entfernt:

> »*Orchestrierung (englisch orchestration, Instrumentierung, Inszenierung) ist das flexible Kombinieren mehrerer Services zu einer Komposition. Diese Komposition beschreibt einen ausführbaren Geschäftsprozess.*«
>
> *(https://de.wikipedia.org/wiki/Dienstekomposition#Orchestrierung)*

So richtig klar wird es damit aber noch nicht. Wenn Sie mit Ansible bspw. eine aus Frontend und Datenbank bestehende Webanwendung installieren, haben Sie dann bereits *orchestriert*? Eine Komposition erschaffen? Und das sogar flexibel?

Red Hat hat dem Thema ebenfalls einen Artikel gewidmet. Die Einleitung liest sich wie folgt:

> »*Unter Orchestrierung versteht man die automatisierte Konfiguration, Verwaltung und Koordinierung von Computersystemen, Anwendungen und Services.*«
>
> *(https://www.redhat.com/de/topics/automation/what-is-orchestration)*

Ähnliche Definitionen würde man auch an vielen anderen Stellen finden, und im Hinblick auf Ansible könnte man mit einiger Berechtigung sagen: Das machen wir doch bereits alles! Lediglich beim Punkt *Koordinierung von Systemen* fehlt uns zugegebenermaßen noch die eine oder andere kleine Technik, um auf mehreren beteiligten Systemen Dinge in der richtigen Reihenfolge zu erledigen. Denken Sie bspw. an eine Menge von Systemen hinter einem Loadbalancer, die ein Software-Update erhalten sollen. Der gewünschte Automatismus könnte dazu häppchenweise immer einige Maschinen aus Loadbalancing und Monitoring herausnehmen, das Update durchführen, gegebenenfalls rebooten und die Systeme schließlich wieder ins Loadbalancing und Monitoring aufnehmen – bis alle Systeme aktualisiert sind.

Ich möchte Ihnen also zunächst einige Techniken vorstellen, mit denen Sie solcherlei Anforderungen in den Griff bekommen sollten. Und danach entwickeln wir ein etwas umfangreicheres Praxisbeispiel, in dem derlei Techniken Anwendung finden.

12.2 Ausflug in die Cloud: Vorbereitungen

Für die folgenden Beispiele benötigen wir eine größere Menge gleichartiger Linux-Systeme. Ich möchte das exemplarisch in der Hetzner Cloud realisieren; nicht zuletzt, um einfach mal das Labor zu verlassen und etwas anderes zu zeigen, aber auch, weil die eine oder andere Workstation dabei mit lokalen VMs an ihre Grenzen kommen würde. Außerdem lassen sich Ansibles Cloud-Fähigkeiten hier hervorragend demonstrieren. Hetzner bietet zuverlässige und performante Technik, und die Kosten für einige Tests in der Cloud sind überschaubar: Der kleinste Server kostet 0,5 Cent pro Stunde. Wenn Sie also zehn Server für einen Tag nutzen und dann wieder löschen, kostet Sie das 1,20 € – das sollte also kein Problem darstellen.

Gehen wir also davon aus, dass Ihnen ein Hetzner-Kundenaccount zur Verfügung steht und Sie damit in der Cloud-Konsole angemeldet sind.

> **Anmerkung**
> Die folgenden Anweisungen haben Sie so ähnlich vielleicht schon in Abschnitt 7.5.4 gesehen, aber dort ging es *nur* um das Inventory und die inhaltliche Ausrichtung war deswegen etwas anders.

1. Legen Sie in der Cloud-Konsole ein neues Projekt an. Der Name ist egal, z. B. »Ansible-Buch«.

2. Wählen Sie das neue Projekt an, und wechseln Sie ins Menü SICHERHEIT.

3. Im Reiter SSH-KEYS laden Sie einen SSH-Public-Key hoch, den Sie zur Authentifizierung auf Ihren Servern nutzen möchten. Das soll hier exemplarisch einmal der Inhalt der Datei ~/.ssh/hetzner.pub sein (ein eigens für diesen Zweck erzeugter Schlüssel). Wir werden uns später noch auf diesen Dateinamen beziehen; momentan ist er egal, denn es geht hier nur um den Inhalt.

4. Legen Sie auf Ihrem Control Host im Ansible-Projektordner einen neuen Inventory-Bereich an, etwa:

```
$ cd inventories
$ mkdir hcloud && cd hcloud
```

5. Generieren Sie im Reiter API-TOKENS ein Token, mit dem Sie via Ansible auf die Cloud-Funktionen zugreifen können.

   Speichern Sie das Token. Wir wollen es in der Folge über eine Umgebungsvariable nutzen, speichern Sie es also am besten gleich in einer Datei, die von der Shell eingelesen werden kann:

   ```
   export HCLOUD_TOKEN=<INHALT_DES_TOKENS_HIER_EINFÜGEN>
   ```
   Listing 12.1 »hcloud_token.sh«

6. Erstellen Sie eine Konfigurationsdatei für das Ansible-HCloud-Inventory-Plugin. Der Dateiname muss aus Ansible-internen Gründen auf *hcloud.yml* enden oder einfach komplett so lauten:

   ```
   ---
   plugin: hcloud

   keyed_groups:
     - key: labels
       prefix: label
   ```
   Listing 12.2 »hcloud.yml«: Konfiguration des dynamischen Inventorys

7. Sie benötigen auf dem Control Host noch das Python-Modul *hcloud*.

   ```
   # pip3 install hcloud
   ```

Wenn Sie nun die Umgebungsvariable `HCLOUD_TOKEN` in Ihrer Arbeitsshell setzen, sollte eine Inventory-Abfrage ohne jegliche Fehler und Warnings funktionieren:

```
$ source hcloud_token.sh
$ ansible-inventory -i hcloud.yml --list
{
    "_meta": {
        "hostvars": {}
    },
    "all": {
        "children": [
            "hcloud",
            "ungrouped"
        ]
    }
}
```

Um uns in diesem Abschnitt die ständige Angabe der Inventory-Datei zu ersparen, sollten wir diese in unserer Ansible-Konfiguration noch zum Default machen:

```
[...]
inventory = inventories/hcloud/hcloud.yml
[...]
```
Listing 12.3 »ansible.cfg«: Ausschnitt

12.3 Erste Server in der Cloud

Mit folgendem Playbook können Sie eine beliebige Anzahl von gleichartigen Servern in der Hetzner Cloud anlegen oder löschen:

```
---
- hosts: localhost

  vars:
    anzahl: 3
    state: present

  tasks:
    - hcloud_server:
        name: "srv{{item}}"
        server_type: cx11
        location: nbg1
        image: debian-10
        ssh_keys:
          - ansible@ansible
        state: "{{state}}"
      with_sequence: start=1 end={{anzahl}} format=%02d
```
Listing 12.4 »hcloud-servers.yml«: Anlegen einer Anzahl identischer Cloud-Server

Die Benennung der Server (srv01, srv02 ...) könnten Sie natürlich ändern, und der Name des SSH-Keys muss dem entsprechen, der in der Cloud-Konsole unter SICHER-HEIT • SSH-KEYS angezeigt wird. Starten Sie das Playbook bspw. so (denken Sie daran, dass die Umgebungsvariable HCLOUD_TOKEN gesetzt sein muss):

```
$ ansible-playbook hcloud-servers.yml -e anzahl=10
[WARNING]: provided hosts list is empty, only localhost is available.
Note that the implicit localhost does not match 'all'

PLAY [localhost] *************************************************

TASK [hcloud_server] *********************************************
changed: [localhost] => (item=01)
```

12.3 Erste Server in der Cloud

```
changed: [localhost] => (item=02)
changed: [localhost] => (item=03)
changed: [localhost] => (item=04)
changed: [localhost] => (item=05)
changed: [localhost] => (item=06)
changed: [localhost] => (item=07)
changed: [localhost] => (item=08)
changed: [localhost] => (item=09)
changed: [localhost] => (item=10)

PLAY RECAP *********************************************************
localhost                  : ok=1    changed=1    unreachable=0    failed=0
```

Um nun mit den Hosts arbeiten zu können, müssen Sie Ansible noch mitteilen, welchen User-Account und welcher SSH-Schlüssel verwendet wird. Striktes Prüfen von SSH-Hostkeys brauchen wir bei sehr temporär bestehenden Cloud-Servern auch nicht.

Das konfigurieren Sie der Einfachheit halber mit einer *group_vars/all.yml*-Datei im HCloud-Inventory-Ordner:

```
---
ansible_user: root
ansible_ssh_private_key_file: '~/.ssh/hetzner'
ansible_ssh_common_args: '-o StrictHostKeyChecking=no'
```
Listing 12.5 »inventories/hcloud/group_vars/all.yml«

Damit wären alle Voraussetzungen erfüllt, um die neuen Cloud-Server zu verwenden:

```
$ ansible all -m ping
[…]
```

> **[!] Achtung: Es geht um Ihr Geld!**
>
> Cloud-Server bei Hetzner kosten, solange sie *existieren*. Es spielt dafür keine Rolle, ob sie an- oder ausgeschaltet sind!
>
> Das wird von nahezu allen Cloud-Dienstleistern so gehandhabt, auch Hetzner bildet hier keine Ausnahme.
>
> Denken Sie also daran, die Testserver wieder zu löschen, wenn Sie sie nicht mehr benötigen. In obigem Playbook ist das bei entsprechender Parametrisierung schon vorgesehen:
>
> ```
> $ ansible-playbook hcloud-servers.yml -e anzahl=10 -e state=absent
> ```

12.4 Die Abarbeitungsreihenfolge beeinflussen

Nehmen wir einmal das folgende minimale Playbook als Ausgangspunkt. Es wartet auf allen Zielhosts zwei Sekunden und gibt danach eine Meldung aus:

```
---
- hosts: all

  tasks:
    - wait_for: timeout=2

    - debug: msg="{{inventory_hostname}} ist fertig."
```
Listing 12.6 »cloud-tasks.yml«

Das Standardverhalten von Ansible ist uns bekannt: Bei jedem Task wird auf die Fertigstellung aller Hosts gewartet, und jeweils fünf Hosts werden parallel angesprochen. (Möglicherweise haben Sie diesen Wert schon per Konfiguration geändert; wir hatten das ja bereits in Abschnitt 3.4.1 thematisiert.)

Unabhängig von der konkreten Reihenfolge sehen Sie hier also folgendes Verhalten:

```
$ ansible-playbook cloud-tasks.yml
TASK [wait_for] ***************************************************
ok: [srv01]
ok: [srv02]
ok: [srv03]
ok: [srv04]
ok: [srv05]
[... etwa 2 Sekunden Pause ...]
ok: [srv06]
ok: [srv07]
ok: [srv09]
ok: [srv08]
ok: [srv10]

TASK [debug] ******************************************************
[...]
```

Eine Erhöhung des Fork-Levels würde hier einen erheblichen Geschwindigkeitsvorteil bringen:

```
$ ansible-playbook cloud-tasks.yml -f 10
```

Aber das ist – wie gesagt – so weit nichts Neues. Lassen Sie uns also sehen, wie wir Ansible zu ganz anderen Abarbeitungsstrategien bewegen können.

12.4.1 »serial«

Die `serial`-Anweisung wird auf Play-Ebene angewendet. Im einfachsten Fall ist der Wert eine einfache Zahl N, und für Ansible bedeutet das dann: »Nimm jeweils N Hosts und arbeite mit diesen *das komplette Play* ab. Nimm dann die nächsten N Hosts usw.« Der Fork-Level wird dabei aber nach wie vor beachtet.

Mit einem `serial`-Wert von 1 hätte unser Beispiel natürlich die denkbar schlechteste Performance. Wir drucken es nicht mehr komplett ab:

```
---
- hosts: all
  serial: 1

  # […]
```

Listing 12.7 »cloud-tasks-serial1.yml«: Anwendung von serial

Bei der Ausführung sieht das dann etwa so aus:

```
$ ansible-playbook cloud-tasks-serial1.yml

PLAY [all] *********************************************************

TASK [wait_for] ****************************************************
ok: [srv01]

TASK [debug] *******************************************************
ok: [srv01] =>
  msg: srv01 ist fertig.

PLAY [all] *********************************************************

TASK [wait_for] ****************************************************
ok: [srv02]

TASK [debug] *******************************************************
ok: [srv02] =>
  msg: srv02 ist fertig.
[…]
```

Eine denkbare realistische Anwendung wäre es, alle Hosts in einem (kleinen) Cluster nacheinander zu rebooten. Wenn man eher in Richtung größere Umgebungen und Rolling-Updates schaut, ist es nützlich, dass Sie statt einer Zahl auch eine Prozentangabe spezifizieren können. Mit folgender Einstellung würde Ansible jeweils 30 Prozent aller Hosts komplett abarbeiten:

```yaml
---
- hosts: all
  serial: "30%"
```

Listing 12.8 »cloud-tasks-serial2.yml«: Anwendung von serial mit Prozentangabe

Sie können bei serial sogar Listen von Werten spezifizieren. Mit folgender Einstellung würde Ansible erst einen Host, dann zwei, und schließlich Fünfer-Päckchen von Hosts abarbeiten:

```yaml
---
- hosts: all
  serial:
    - 1
    - 2
    - 5
```

Listing 12.9 »cloud-tasks-serial3.yml«: Anwendung von serial mit einer Liste von Werten

Natürlich geht das auch mit Prozentangaben – auch gemischt mit einfachen Zahlen.

12.4.2 Fehlerhafte Hosts im »serial«-Betrieb

Natürlich geht auch im serial-Betrieb nicht immer alles glatt. Solange aber nicht alle Hosts eines Päckchens fehlschlagen, wird das Play fortgesetzt. Im Extremfall reicht also *ein einziger* »überlebender« Host pro Päckchen, damit das Play bis zum Ende durchläuft. Das folgende Beispiel demonstriert dies: Zehn Hosts werden in zwei Fünfer-Päckchen abgearbeitet. In jedem Päckchen schlagen vier Hosts fehl, nur srv1 bzw. srv6 überleben:

```yaml
---
- hosts: [srv01,srv02,srv03,srv04,srv05,srv06,srv07,srv08,srv09,srv10]
  serial: 5

  vars:
    fail_hosts: [ srv02,srv03,srv04,srv05,   srv07,srv08,srv09,srv10]

  tasks:
    - fail:
      when: inventory_hostname in fail_hosts

    - wait_for: timeout=2

    - debug: msg="{{inventory_hostname}} ist fertig."
```

Listing 12.10 »cloud-tasks-fail1.yml«: simuliertes Fehlschlagen von Hosts

Sie können die Anzahl der maximal erlaubten fehlerhaften Hosts jedoch mit der Direktive `max_fail_percentage` begrenzen. In vorstehendem Beispiel schlagen ja vier von fünf Hosts fehl, also 80 %. So könnten Sie diesen Wert bspw. auf 30 % festlegen:

```
---
- hosts: [srv01,srv02,srv03,srv04,srv05,srv06,srv07,srv08,srv09,srv10]
  serial: 5
  max_fail_percentage: 30
```

Listing 12.11 »cloud-tasks-fail2.yml«: Anwendung von max_fail_percentage

In der Tat ist dann nach dem ersten Päckchen Schluss:

```
$ ansible-playbook cloud-tasks-fail2.yml
TASK [fail] ********************************************************
skipping: [srv01]
fatal: [srv03]: FAILED! => changed=false
  msg: Failed as requested from task
fatal: [srv02]: FAILED! => changed=false
  msg: Failed as requested from task
fatal: [srv05]: FAILED! => changed=false
  msg: Failed as requested from task
fatal: [srv04]: FAILED! => changed=false
  msg: Failed as requested from task

NO MORE HOSTS LEFT *************************************************
```

Bemerkenswert ist dabei noch, dass der Wert von `max_fail_percentage` *überschritten* werden muss, damit das Play endet. Würden Sie in dem Beispiel also 79 spezifizieren, bekämen Sie einen Abbruch; bei 80 nicht mehr.

12.4.3 Strategy-Plugins

An einem Verhaltensmuster von Ansible konnten wir bislang nichts ändern: Alle beteiligten Hosts müssen erst einen Task abschließen, bevor zum nächsten Task übergegangen wird. (Das stimmt sogar für einen `serial`-Wert von 1 – dann sind »alle Hosts« eben nur jeweils einer.)

Diese Tatsache macht sich mitunter unangenehm bemerkbar, wenn die Verarbeitungsgeschwindigkeiten der Hosts stark variieren: Langsame Hosts bremsen schnelle Hosts aus.

In Ansible ist aber sogar dieses Verhalten konfigurierbar. Durch die Wahl eines sogenannten *Strategy-Plugins* können Sie hier andere Verhaltensmuster einstellen. Im Wesentlichen stehen Ihnen drei Strategy-Plugins zur Verfügung:

1. `linear` – der Default
2. `free` – ein Host kann sofort zum nächsten Task übergehen, wenn er mit dem aktuellen fertig ist.
3. `host_pinned` – ähnlich wie `free`; siehe unten

In der Online-Dokumentation unter *https://docs.ansible.com/ansible/latest/plugins/strategy.html* finden Sie alle Informationen dazu. Lassen Sie uns mithilfe des folgenden Playbooks versuchen, die Wirkungsweisen und Unterschiede aufzuzeigen:

```yaml
---
- hosts: all
  strategy: "{{ s }}"

  tasks:
    - debug:
        msg: >
          Ausgabe:
          {{inventory_hostname}}
          {{ lookup('pipe', 'date +%H:%M:%S') }}, gestartet"
    - wait_for:
        timeout: >
          {{ inventory_hostname | regex_search('\d+') | int }}
    - debug:
        msg: >
          Ausgabe:
          {{inventory_hostname}}
          {{ lookup('pipe', 'date +%H:%M:%S') }}, fertig"
```

Listing 12.12 »strategy-test.yml«: Testen von Ausführungsstrategien

Das Strategy-Plugin muss beim Aufruf als Parameter übergeben werden, und die Ausgaben sind jeweils mit einem Zeitstempel versehen. Im `wait_for`-Task wartet jeder Host so lange, wie es seine Nummer angibt; z. B. wartet `srv07` genau sieben Sekunden, wodurch sehr unterschiedliche Verarbeitungsgeschwindigkeiten simuliert werden.

Vergleichen wir nun alle Strategien jeweils mit den Fork-Leveln 5 und 10:

Strategie »linear«

Beginnen wir mit der Standard-Ausführungsstrategie, bei der erst alle Hosts einen Task abschließen müssen, bevor der nächste Task begonnen werden kann:

```
$ time ansible-playbook strategy-test.yml -f 5 -e s=linear | grep Ausgabe
    Ausgabe: srv01   11:59:51, gestartet"
    Ausgabe: srv02   11:59:51, gestartet"
```

12.4 Die Abarbeitungsreihenfolge beeinflussen

```
    Ausgabe: srv03  11:59:51, gestartet"
    Ausgabe: srv04  11:59:51, gestartet"
    Ausgabe: srv05  11:59:51, gestartet"
    Ausgabe: srv06  11:59:51, gestartet"
    Ausgabe: srv07  11:59:51, gestartet"
    Ausgabe: srv08  11:59:51, gestartet"
    Ausgabe: srv09  11:59:51, gestartet"
    Ausgabe: srv10  11:59:51, gestartet"
    Ausgabe: srv01  12:00:08, fertig"
    Ausgabe: srv02  12:00:08, fertig"
    Ausgabe: srv03  12:00:08, fertig"
    Ausgabe: srv04  12:00:08, fertig"
    Ausgabe: srv05  12:00:08, fertig"
    Ausgabe: srv06  12:00:08, fertig"
    Ausgabe: srv07  12:00:08, fertig"
    Ausgabe: srv08  12:00:08, fertig"
    Ausgabe: srv09  12:00:08, fertig"
    Ausgabe: srv10  12:00:08, fertig"

real    0m18.797s
$ time ansible-playbook strategy-test.yml -f 10 -e s=linear | grep Ausgabe
    Ausgabe: srv01  12:03:13, gestartet"
    Ausgabe: srv02  12:03:13, gestartet"
    Ausgabe: srv03  12:03:13, gestartet"
    Ausgabe: srv04  12:03:13, gestartet"
    Ausgabe: srv05  12:03:13, gestartet"
    Ausgabe: srv06  12:03:13, gestartet"
    Ausgabe: srv07  12:03:13, gestartet"
    Ausgabe: srv08  12:03:13, gestartet"
    Ausgabe: srv09  12:03:13, gestartet"
    Ausgabe: srv10  12:03:13, gestartet"
    Ausgabe: srv01  12:03:25, fertig"
    Ausgabe: srv02  12:03:25, fertig"
    Ausgabe: srv03  12:03:25, fertig"
    Ausgabe: srv04  12:03:25, fertig"
    Ausgabe: srv05  12:03:25, fertig"
    Ausgabe: srv06  12:03:25, fertig"
    Ausgabe: srv07  12:03:25, fertig"
    Ausgabe: srv08  12:03:25, fertig"
    Ausgabe: srv09  12:03:25, fertig"
    Ausgabe: srv10  12:03:25, fertig"

real    0m13.462s
```

Soweit gibt es keine Überraschungen: Alle Hosts erreichen den letzten Task zur selben Zeit, und bis dahin mussten manche Hosts lange warten. Die Gesamtausführungszeit verkürzt sich natürlich durch einen höheren Fork-Level.

Strategie »free«

Bei der free-Strategie kann ein Host nach Beendigung eines Tasks sofort zum nächsten übergehen und muss nicht auf seine »Kollegen« warten:

```
$ time ansible-playbook strategy-test.yml -f 5 -e s=free | grep Ausgabe
    Ausgabe: srv01   12:05:53, gestartet"
    Ausgabe: srv02   12:05:53, gestartet"
    Ausgabe: srv03   12:05:53, gestartet"
    Ausgabe: srv04   12:05:53, gestartet"
    Ausgabe: srv05   12:05:53, gestartet"
    Ausgabe: srv06   12:05:53, gestartet"
    Ausgabe: srv07   12:05:53, gestartet"
    Ausgabe: srv08   12:05:53, gestartet"
    Ausgabe: srv09   12:05:53, gestartet"
    Ausgabe: srv10   12:05:53, gestartet"
    Ausgabe: srv01   12:05:58, fertig"
    Ausgabe: srv02   12:05:58, fertig"
    Ausgabe: srv03   12:05:58, fertig"
    Ausgabe: srv04   12:06:02, fertig"
    Ausgabe: srv05   12:06:02, fertig"
    Ausgabe: srv06   12:06:02, fertig"
    Ausgabe: srv07   12:06:04, fertig"
    Ausgabe: srv08   12:06:06, fertig"
    Ausgabe: srv09   12:06:08, fertig"
    Ausgabe: srv10   12:06:10, fertig"

real    0m18.655s
$ time ansible-playbook strategy-test.yml -f 10 -e s=free | grep Ausgabe
    Ausgabe: srv01   12:07:15, gestartet"
    Ausgabe: srv02   12:07:15, gestartet"
    Ausgabe: srv03   12:07:15, gestartet"
    Ausgabe: srv04   12:07:15, gestartet"
    Ausgabe: srv05   12:07:15, gestartet"
    Ausgabe: srv06   12:07:15, gestartet"
    Ausgabe: srv07   12:07:15, gestartet"
    Ausgabe: srv08   12:07:15, gestartet"
    Ausgabe: srv09   12:07:15, gestartet"
    Ausgabe: srv10   12:07:15, gestartet"
    Ausgabe: srv01   12:07:17, fertig"
```

```
Ausgabe: srv02  12:07:18, fertig"
Ausgabe: srv03  12:07:19, fertig"
Ausgabe: srv04  12:07:20, fertig"
Ausgabe: srv05  12:07:21, fertig"
Ausgabe: srv06  12:07:22, fertig"
Ausgabe: srv07  12:07:23, fertig"
Ausgabe: srv08  12:07:24, fertig"
Ausgabe: srv09  12:07:25, fertig"
Ausgabe: srv10  12:07:26, fertig"

real    0m13.300s
```

Im Hinblick auf die Gesamtlaufzeit des Playbooks sehen wir keine großen Veränderungen, denn der langsamste Host zieht das Gesamtlaufzeitniveau noch immer herunter. Aber man sieht sehr schön, wie einzelne Hosts nicht mehr warten müssen und im Vergleich zur `linear`-Strategy früher fertig werden.

Strategie »host_pinned«

Die `host_pinned`-Strategie ist erst in Ansible 2.7 hinzugekommen, und ihre Wirkungsweise erschließt sich keinesfalls sofort. Bei ausreichend hohem Fork-Level ist sie identisch mit der `free`-Strategie. Ist der Fork-Level jedoch niedriger als die Anzahl der Hosts, sorgt Ansible dafür, dass die Anzahl der Hosts mit einem aktiven Play nie den Fork-Level übersteigt. Sobald ein Host fertig ist, startet sogleich ein neuer Host, der bis dahin gewartet hat:

```
$ time ansible-playbook strategy-test.yml -f 5 -e s=host_pinned | grep Ausgabe
    Ausgabe: srv01  12:09:08, gestartet"
    Ausgabe: srv02  12:09:08, gestartet"
    Ausgabe: srv03  12:09:08, gestartet"
    Ausgabe: srv04  12:09:08, gestartet"
    Ausgabe: srv05  12:09:08, gestartet"
    Ausgabe: srv01  12:09:11, fertig"
    Ausgabe: srv06  12:09:11, gestartet"
    Ausgabe: srv02  12:09:12, fertig"
    Ausgabe: srv07  12:09:12, gestartet"
    Ausgabe: srv03  12:09:13, fertig"
    Ausgabe: srv08  12:09:13, gestartet"
    Ausgabe: srv04  12:09:14, fertig"
    Ausgabe: srv09  12:09:14, gestartet"
    Ausgabe: srv05  12:09:15, fertig"
    Ausgabe: srv10  12:09:15, gestartet"
    Ausgabe: srv06  12:09:18, fertig"
    Ausgabe: srv07  12:09:20, fertig"
```

```
          Ausgabe: srv08    12:09:22, fertig"
          Ausgabe: srv09    12:09:24, fertig"
          Ausgabe: srv10    12:09:26, fertig"

real    0m19.977s
$ time ansible-playbook strategy-test.yml -f 10 -e s=host_pinned | grep \
Ausgabe
          Ausgabe: srv01    12:10:06, gestartet"
          Ausgabe: srv03    12:10:06, gestartet"
          Ausgabe: srv02    12:10:06, gestartet"
          Ausgabe: srv04    12:10:06, gestartet"
          Ausgabe: srv05    12:10:06, gestartet"
          Ausgabe: srv06    12:10:06, gestartet"
          Ausgabe: srv07    12:10:06, gestartet"
          Ausgabe: srv08    12:10:06, gestartet"
          Ausgabe: srv09    12:10:06, gestartet"
          Ausgabe: srv10    12:10:07, gestartet"
          Ausgabe: srv01    12:10:09, fertig"
          Ausgabe: srv02    12:10:10, fertig"
          Ausgabe: srv03    12:10:11, fertig"
          Ausgabe: srv04    12:10:12, fertig"
          Ausgabe: srv05    12:10:13, fertig"
          Ausgabe: srv06    12:10:14, fertig"
          Ausgabe: srv07    12:10:15, fertig"
          Ausgabe: srv08    12:10:16, fertig"
          Ausgabe: srv09    12:10:17, fertig"
          Ausgabe: srv10    12:10:18, fertig"

real    0m15.404s
```

Bei niedrigem Fork-Level sehen Sie ein ziemliches Durcheinander, da immer dann, wenn ein Host mit seinen Tasks fertig wird, sogleich ein neuer Host starten darf.

12.5 Delegierung

Ein häufig wiederkehrendes Muster in der Orchestrierung ist es, dass ein Task zwar mit einem Host zu tun hat, aber auf einem anderen Host ausgeführt werden muss. Denken Sie bspw. an Hosts, die in eine Loadbalancer-Konfiguration aufgenommen werden oder in einer Serverüberwachung registriert werden sollen.

Hierbei kommt oft die Direktive `delegate_to` zur Anwendung, die Sie bereits in Abschnitt 6.10 kennengelernt haben (dort beschränkten wir uns allerdings auf den Control Host). Tatsächlich können Sie einen Task an jeden Inventory-Host delegieren – wohlgemerkt auch auch an solche, die gar nicht am aktuellen Play beteiligt sind.

Sehen Sie im folgenden Playbook, wie die Namen und IP-Adressen der Hosts `srv01`-`srv09` in eine Textdatei auf `srv10` eingetragen werden:

```yaml
---
- hosts: ~srv0[1-9]
  tasks:
    - name: Die Namen und IPs aller anderen Hosts auf srv10 eintragen
      lineinfile:
        path: /tmp/serverlist.txt
        create: yes
        line: "{{ansible_hostname}} ({{ansible_default_ipv4.address}})"
        regexp: "^{{ansible_hostname}}.*"
      delegate_to: srv10
```

Listing 12.13 »delegate_to.yml«: Beispiel zur Delegierung

Aufgrund Ansibles paralleler Ausführung wären hier eigentlich Probleme zu befürchten, da jetzt mehrere Prozesse »gleichzeitig« auf derselben Maschine in dieselbe Datei schreiben. Aber in das `lineinfile`-Modul hat man schon vor Jahren einen File-Locking-Mechanismus programmiert. (Ängstliche Naturen könnten natürlich dennoch mit `serial: 1` arbeiten, aber die Performance wäre unterirdisch.) Starten wir es also, und kontrollieren wir danach das Ergebnis:

```
$ ansible-playbook delegate_to.yml
[...]

$ ansible srv10 -a "cat /tmp/serverlist.txt"
srv10 | CHANGED | rc=0 >>
srv02 (94.130.177.220)
srv01 (159.69.159.63)
srv05 (116.203.88.36)
srv03 (116.203.32.111)
srv04 (116.203.83.79)
srv06 (116.203.94.69)
srv07 (116.203.207.65)
srv08 (116.203.225.11)
srv09 (116.203.225.47)
```

Falls Sie jetzt denken: »Das müsste doch irgendwie direkter gehen ...?« – in diesem Fall ja. Sie könnten mit ein wenig Jinja-Magie die Datei direkt erzeugen; den Inhalt erzeugen wir mit einer Schleife über die neun Hosts, in der wir auf die jeweiligen Host-Facts zugreifen:

```
---
# Achtung: Dieses Playbook ist nicht unter allen Umständen korrekt!

- hosts: srv10
  tasks:
    - name: Die Namen und IPs aller anderen Hosts auf srv10 eintragen
      copy:
        dest: /tmp/serverlist.txt
        content: |
          {% for h in groups['all'] if not h == 'srv10' %}
          {{ hostvars[h]['ansible_hostname'] ~ ' ' -}}
          ({{ hostvars[h]['ansible_default_ipv4']['address'] }})
          {% endfor %}
```

Listing 12.14 »serverlist-v1.yml«: erste, nicht völlig korrekte Idee

Wirklich clever ... aber nur solange ein valider Fakten-Cache existiert. Woher sollte srv10 sonst Fakten zu den anderen neun Hosts kennen? Löschen Sie versuchsweise den Fakten-Cache, und das Playbook wird fehlschlagen:

```
$ rm -f ~/.ansible/fact_cache/srv*
```

```
$ ansible-playbook serverlist-v1.yml
TASK [Die Namen und IPs aller anderen Hosts auf srv10 eintragen] ********
fatal: [srv10]: FAILED! =>
  msg: |-
    The task includes an option with an undefined variable.
    [...]
```

Das ist jetzt wohl nur zu reparieren, indem man als Erstes die benötigten Fakten einsammelt, denn auf das Vorhandensein eines Fakten-Caches können Sie sich im Allgemeinen nicht verlassen. Also etwa so:

```
---
- hosts: all:!srv10
  tasks: []

- hosts: srv10
  tasks:
    - name: Die Namen und IPs aller anderen Hosts auf srv10 eintragen
      copy:
        dest: /tmp/serverlist.txt
        content: |
          {% for h in groups['all'] if not h == 'srv10' %}
          {{ hostvars[h]['ansible_hostname'] ~ ' ' -}}
```

```
      ({{ hostvars[h]['ansible_default_ipv4']['address'] }})
    {% endfor %}
```

Listing 12.15 »serverlist-v2.yml«

Das erste Play mit der leeren Taskliste brauchen wir hier nur, um die Facts einzusammeln. Wenn Sie jedoch keine zwei Plays nutzen wollen (oder können), wird es ziemlich knifflig, ist aber immer noch machbar:

```
---
- hosts: srv10
  tasks:
    - setup:
      delegate_to: "{{item}}"
      delegate_facts: yes
      with_items: "{{groups['all']}}"

    - name: Die Namen und IPs aller anderen Hosts auf srv10 eintragen
      copy:
        dest: /tmp/serverlist.txt
        content: |
          {% for h in groups['all'] if not h == 'srv10' %}
          {{ hostvars[h]['ansible_hostname'] ~ ' ' -}}
          ({{ hostvars[h]['ansible_default_ipv4']['address'] }})
          {% endfor %}
```

Listing 12.16 »serverlist-v3.yml«

Im ersten Task werden jetzt die benötigten Fakten eingesammelt. Aber damit die Fakten auch beim jeweilig delegierten Host bleiben, ist zusätzlich noch die Direktive `delegate_facts` erforderlich, sonst funktioniert es genauso wenig wie die erste Version.

Fazit: Wenn es darum geht, eine Datei zu erzeugen, deren Inhalt von vielen verschiedenen Hosts abhängt, sollten Sie dies möglichst mit Jinja tun, denn das ist die bei Weitem performanteste Methode. Achten Sie aber darauf, dass die dazu benötigten Fakten auch auf jeden Fall zur Verfügung stehen!

12.6 Ein komplexeres Beispiel

Ich möchte Ihnen nun ein etwas komplexeres Beispiel zeigen, in dem viele der besprochenen Techniken zur Anwendung kommen. Es handelt sich um ein typisches Setup aus der Praxis: mehrere Worker (per Default: zwei) im Backend, die eine Webanwendung anbieten, und ein vorgeschalteter Loadbalancer. Abbildung 12.1 zeigt das angestrebte initiale Setup.

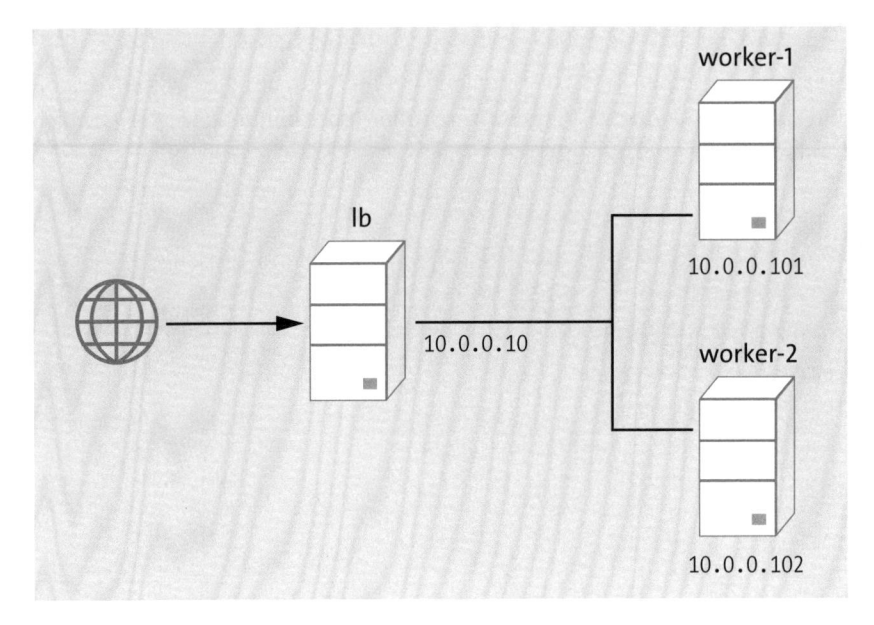

Abbildung 12.1 Das Beispiel-Setup

Das Ganze ist nicht production-ready, sondern auf die für unser Thema wesentlichen Aspekte reduziert. Inbesondere bietet das Setup keine SSL-Verschlüsselung, der Loadbalancer ist nicht redundant ausgelegt, es gibt keine Datenbank im Backend und schon gar keine realistische Webanwendung. Und im Hinblick auf Ansible könnte man mindestens bemängeln, dass keine Rollen zur Anwendung kommen und viel zu wenig Parametrisierungsmöglichkeiten bestehen.

Wichtiger ist aber, *was* das Beispiel zeigt:

- ein out of the box lauffähiges Setup in der Hetzner Cloud
- die Möglichkeit, das komplette Setup mit einem einzigen Kommando betriebsbereit anzulegen
- die Option, die Anzahl der Worker mit einem einzigen Kommando im laufenden Betrieb nach oben zu skalieren
- die Möglichkeit, einzelne Worker im laufenden Betrieb wieder zu löschen
- die Option, Rolling-Updates der »Webanwendung« durchzuführen

Bevor Sie loslegen, denken Sie gegebenenfalls daran, die bisherige Menge von Servern in der Cloud wieder zu löschen.

Die benötigten Dateien im Überblick

Alle folgenden Beispieldateien sollten innerhalb eines gemeinsamen Ordners organisiert werden, z. B.:

```
$ mkdir -p playbooks/orchestration-example && cd $_
```

In Listing 12.17 sehen Sie nun als Erstes ein Playbook, um die benötigten Server in der Cloud anzulegen:

```yaml
---
- hosts: localhost

  vars:
    num_workers: 2
    ssh_key_name: ansible@ansible

  tasks:
    - name: Privates Netzwerk anlegen
      hcloud_network:
        name: network-1
        ip_range: 10.0.0.0/8
        state: present

    - name: Subnetz anlegen
      hcloud_subnetwork:
        network: network-1
        ip_range: 10.0.0.0/24
        network_zone: eu-central
        type: server
        state: present

    - name: Loadbalancer anlegen
      hcloud_server:
        name: lb
        server_type: cx11
        location: nbg1
        image: debian-10
        ssh_keys:
          - "{{ssh_key_name}}"
        state: present

    - name: Worker anlegen (worker-1, …, worker-{{num_workers}})
      hcloud_server:
        name: "worker-{{item}}"
```

```
          server_type: cx11
          location: nbg1
          image: debian-10
          labels:
            type: worker
          ssh_keys:
            - "{{ssh_key_name}}"
          state: present
        with_sequence: start=1 end={{num_workers}}


      - name: LB an privates Netzwerk anbinden
        hcloud_server_network:
          network: network-1
          server: lb
          ip: 10.0.0.10

      - name: Worker an privates Netzwerk anbinden
        hcloud_server_network:
          network: network-1
          server: "worker-{{item}}"
          ip: "10.0.0.{{ 100 + (item|int) }}"
        with_sequence: start=1 end={{num_workers}}


      - name: Inventory neu laden
        meta: refresh_inventory
```

Listing 12.17 »setup.yml«: Anlegen der Server und Netzwerke

Das Handling des privaten Netzes und Subnetzes ist natürlich sehr Hetzner-spezifisch, ebenso das eigentliche Anlegen der Server. Für andere Cloud-Umgebungen wie AWS EC2 würden Ihnen hier aber vergleichbare Module bzw. Mechanismen zur Verfügung stehen. Interessant ist noch der letzte Task: Da wir bald mehrere Playbooks verketten möchten, stellt dieser Task sicher, dass die Folgeplaybooks stets ein aktuelles Inventory zur Verfügung haben. Mit dem nächsten Playbook aus Listing 12.18 werden die Worker mit der benötigten Software ausgestattet:

```
---
- hosts: worker-*
  gather_facts: no
  tasks:
    - wait_for_connection:
```

```yaml
- hosts: worker-*

  tasks:
    - name: Mojolicious installieren
      apt:
        name: libmojolicious-perl
        update_cache: yes
        cache_valid_time: 3600

    - name: Applikation installieren
      copy:
        src: src/app.pl
        dest: /usr/local/bin/app.pl
        mode: 0755

    - name: systemd Unit-File installieren
      copy:
        dest: /etc/systemd/system/app.service
        content: |
          [Unit]
          Description=Demo Mojolicious app
          After=network.target

          [Service]
          Type=simple
          ExecStart=/usr/local/bin/app.pl prefork \
                    -l http://{{ansible_ens10.ipv4.address}}:80

          [Install]
          WantedBy=multi-user.target

    - name: systemd reload
      systemd:
        daemon_reload: yes

    - name: App starten
      service:
        name: app
        state: started
        enabled: yes
```

Listing 12.18 »worker.yml«: Ausstatten der Worker

Im ersten kleinen Play wird gewartet, bis die Worker ansprechbar sind; andernfalls könnte das standardmäßig sehr früh laufende gather_facts ins Leere laufen und einen Fehler produzieren. Im zweiten Play wird im Kern eine ziemlich minimale Perl-Mojolicious-Anwendung installiert, die über einen Standalone-Webserver angeboten wird. Das ganze Gespann wird dann noch über systemd in den Bootprozess integriert. In Listing 12.19 sehen Sie den Quellcode der Anwendung (der in der Realität sicher eher aus einem Git-Repository kommen würde):

```perl
#!/usr/bin/perl
use Mojolicious::Lite;
use File::Basename;
use Sys::Hostname;

our $VERSION = '1.0';
my  $progname = basename $0;

get '/' => sub {
    my $c = shift;

    my $text = "";
    $text .= "$progname, version $VERSION\n";
    $text .= "Hostname: " . hostname() . "\n";

    $c->render(text => $text);
};

app->start;
```

Listing 12.19 »src/app.pl«: die Beispielanwendung in Perl

Jetzt fehlt nur noch ein Playbook, um den Loadbalancer auszustatten:

```yaml
---
- hosts: all
  tasks: []


- hosts: lb
  tasks:
    - name: Private IPs+Namen in /etc/hosts eintragen
      blockinfile:
        path: /etc/hosts
        block: |
          {% for h in groups['all'] %}
```

```
                {{ hostvars[h]['ansible_ens10']['ipv4']['address'] }} {{ h }}
                {% endfor %}

    - name: haproxy installieren
      apt:
        name: haproxy
        update_cache: yes
        cache_valid_time: 3600

    - name: Konfiguration hochladen
      template:
        src: haproxy.cfg.j2
        dest: /etc/haproxy/haproxy.cfg
      notify: reload haproxy

    - debug:
        msg: "Loadbalancer IP: {{ansible_default_ipv4.address}}"

  handlers:
    - name: reload haproxy
      service:
        name: haproxy
        state: reloaded
```

Listing 12.20 »lb.yml«: Loadbalancer-Setup

Aus Bequemlichkeitsgründen werden hier */etc/hosts*-Einträge für alle beteiligten Systeme gemacht, die entsprechenden Namen werden gleich auch in der Loadbalancer-Konfiguration verwendet. Wie Sie sehen, kommt hier HAProxy zum Einsatz; diese Software bietet u. a. den Vorteil, im laufenden Betrieb via Ansible steuerbar zu sein.

In Listing 12.21 finden Sie eine minimale, aber zu Demonstrationszwecken ausreichende Konfigurationsdatei, die Sie gern in einem Unterordner *templates/* platzieren können:

```
global
    daemon
    maxconn 256
    stats socket /run/haproxy/admin.sock mode 660 level admin

defaults
    mode http
    timeout connect 10s
    timeout client 1m
    timeout server 1m
```

```
frontend http
    bind :80
    default_backend workers

backend workers
    {% for h in groups['all'] if not h == 'lb' -%}
    server {{h}} {{h}}:80
    {% endfor %}
```

Listing 12.21 »templates/haproxy.cfg.j2«: Template für die HAProxy-Konfiguration

Die Playbooks in Aktion

Das Anlegen des kompletten Szenarios (per Default mit zwei Workern) funktioniert wie folgt:

```
$ ansible-playbook setup.yml worker.yml lb.yml
```

Zum Hochskalieren – bspw. auf fünf Worker – gehen Sie so vor:

```
$ ansible-playbook setup.yml worker.yml lb.yml -e num_workers=5
```

> **Tipp**
>
> Bei allen Aktionen, die die Worker ändern (Hoch- oder Herunterskalieren, Software-Updates), ist es interessant, die Anwendung dabei »von außen« zu beobachten. Ich empfehle dazu ein weiteres Fenster mit einem simplen
>
> ```
> $ watch -n1 curl -s <IP-ADRESSE_DES_LOADBALANCERS>
> ```

12.7 Löschen von Workern

Das folgende Playbook aus Listing 12.22 gibt Ihnen eine einfache Möglichkeit, einen Worker im laufenden Betrieb zu löschen:

```
---
- hosts: localhost
  tasks:
    - name: Worker rausnehmen
      haproxy:
        state: disabled
        host: "worker-{{worker}}"
        socket: /run/haproxy/admin.sock
        backend: workers
      delegate_to: lb
```

```yaml
  - name: Worker löschen
    hcloud_server:
      name: "worker-{{worker}}"
      state: absent

  - meta: refresh_inventory
```
Listing 12.22 »delete_worker.yml«: Worker löschen

Wenn Sie Worker Nummer <N> löschen, muss danach natürlich noch die Loadbalancer-Konfiguration auf den aktuellen Stand gebracht werden. Dazu können Sie einfach wieder zwei Playbooks verketten:

```
$ ansible-playbook -e worker=<N> delete_worker.yml lb.yml
```

12.8 Rolling-Updates

Was noch fehlt, ist die Möglichkeit, im laufenden Betrieb Software-Updates einzuspielen. Die typische Idee dabei ist es, alle Worker nacheinander aus dem Loadbalancing herauszunehmen, das Update einzuspielen und schließlich die Worker wieder ins Loadbalancing aufzunehmen.

Über die Möglichkeiten der Direktive `serial` haben wir ja ausführlich gesprochen; in größeren Umgebungen ist ein Wert von 1 (wie im Playbook aus Listing 12.23) sicher zu gering.

```yaml
---
- hosts: worker-*
  serial: 1

  tasks:
    - name: Server aus dem Loadbalancing herausnehmen
      haproxy:
        state: disabled
        host: "{{inventory_hostname}}"
        socket: /run/haproxy/admin.sock
        backend: workers
      delegate_to: lb

    - name: Applikation installieren
      copy:
        src: src/app.pl
        dest: /usr/local/bin/app.pl
        mode: 0755
```

```
- name: App neu starten
  service:
    name: app
    state: restarted

- name: Server wieder ins Loadbalancing aufnehmen
  haproxy:
    state: enabled
    host: "{{inventory_hostname}}"
    socket: /run/haproxy/admin.sock
    backend: workers
  delegate_to: lb
```

Listing 12.23 »update.yml«: exemplarisches Rolling-Update

Machen Sie zum Testen eine kleine Änderung im Quellcode des Perl-Programms. Sie brauchen dazu keine Perl-Kenntnisse – erhöhen Sie z. B. einfach die Versionsnummer. Die neue Version können Sie nun mit folgendem Playbook-Aufruf ausrollen:

```
$ ansible-playbook update.yml
```

Damit wollen wir das Thema Orchestrierung verlassen. Ich hoffe, meine simplen Beispiele haben Ihnen genügend Ideen vermittelt, sodass Sie Ihre realen, komplexen Anforderungen nun angehen können!

Kapitel 13
Ansible und Docker

Software-Container sind wohl die einflussreichste IT-Technologie der letzten Jahre, und der Name *Docker* ist nach wie vor untrennbar mit dieser Technologie verbunden. Auch wenn es mittlerweile Alternativen wie *Podman* gibt, die unbestritten einige Vorteile haben, so wird das ausgereifte Original doch nach wie vor gern und oft eingesetzt.

In diesem Kapitel möchte ich Ihnen Möglichkeiten aufzeigen, wie Sie die Stärken von Docker und Ansible kombinieren, und auch, wie Sie die eine oder andere Schwäche von Docker mit Ansible ausgleichen können. Ich setze dazu voraus, dass Sie einige Kenntnisse im Docker-Umfeld mitbringen; insbesondere sollten Sie mit der Docker-Kommandozeile vertraut sein und mit Begriffen wie *Image*, *Container*, *Docker Hub*, *User-defined Network*, *Volume*, *Dockerfile* und *Docker Compose* sofort etwas verbinden können.

Falls Sie sich für das Thema interessieren, aber noch keine Erfahrungen mit Docker sammeln konnten, sollten Sie sich erst einmal ein wenig in die Thematik einlesen und verschiedene Dinge in Ruhe ausprobieren. Zur Einführung kann ich das ebenfalls im Rheinwerk-Verlag erschienene Docker-Buch von Bernd Öggl und Michael Kofler empfehlen oder Online-Ressourcen wie z.B. *https://docker-curriculum.com/*. Auch auf YouTube finden sich unzählige gute Beiträge; suchen Sie dort einfach nach »Docker Tutorial«.

13.1 Installation von Docker

Die Ausstattung eines Linux-Systems mit Docker (und gegebenenfalls zusätzlich benötigter Software) ist sicher das Langweiligste, was in diesem Kapitel passieren wird. Ich habe dazu im GitHub-Repository zu diesem Buch einen Installer zur Verfügung gestellt, dem Sie auch schon einmal begegnet sind, wenn Sie das Kapitel 10 über Ansible-Webinterfaces durchgearbeitet haben. Wir hatten dort unseren Ansible-Control Host zum Docker-Host gemacht, um dann einige vorgefertigte »dockerisierte« Webanwendungen auszuprobieren.

Um gar nicht erst den Eindruck entstehen zu lassen, dass sich Ansible und Docker immer auf derselben Maschine befinden müssen, wollen wir in unserem Labor für alle weiteren Betrachtungen einen der vier Target Hosts zum Docker-Host machen. Wenn Sie bereits außerhalb der Laborumgebung einen oder mehrere Docker-(Test-)Hosts besitzen, können Sie die folgende Beschreibung überspringen und gleich in Abschnitt 13.2 weiterlesen.

Der Docker-Installer kommt mit allen vier Betriebssystemen klar, ich nehme hier exemplarisch einmal die Ubuntu-Maschine. So sehen die nötigen Schritte aus:

Schritt für Schritt: Docker-Installation auf Ubuntu

1 *Melden Sie sich auf dem Zielsystem an.*
```
$ ssh ansible@ubuntu
```

2 *Installieren Sie dort Ansible und Git.*
Git brauchen Sie nur, um im nächsten Schritt den Installer klonen zu können, und Ansible brauchen Sie wohlgemerkt lediglich nur, um in Schritt 4 den Ansible-basierten Installer starten zu können.
```
$ sudo apt install ansible git
```

3 *Klonen Sie mein GitHub-Repository.*
```
$ git clone https://github.com/ansible-buch/docker-installer.git
```

4 *Starten Sie den Installer mit Admin-Rechten.*
```
$ cd docker-installer
$ sudo ./installer.yml -e docker_user=ansible -e docker_sdk=1
```

5 *(Optional, aber der Deutlichkeit halber:) Entfernen Sie Ansible wieder.*
```
$ sudo apt purge ansible
```

Fertig! ■

Was tut der Installer, bzw. was steht Ihnen nun zur Verfügung?

▶ Das Installer-Playbook bringt im Wesentlichen die im Installer-Verzeichnis enthaltene Rolle docker zur Ausführung.

▶ Die Rolle docker erledigt zunächst die betriebssystem-spezifische Installation von Docker CE (Community Edition). Verwendet werden die offiziellen Paketquellen von docker.com (außer im Fall von openSUSE, da Docker, Inc. keine Pakete für diese Distribution pflegt). Die Dokumentation zu den Quellen finden Sie unter *https://docs.docker.com/engine/install/*.

Im Fall von CentOS 8 ist die Installation etwas »trickreich«, da Docker offiziell nur CentOS 7 unterstützt. Die technischen Hintergründe können Sie bspw. unter *https://kofler.info/docker-unter-centos-8-und-fedora-31-installieren/* nachlesen.

- Der Docker-Service wird gestartet und in den Autostart integriert. Mittels einer minimalen Konfigurationsdatei wird eine Logrotation eingerichtet, um auszuschließen, dass die Festplatte durch das Docker-interne Logging volllaufen kann.

- Der durch die Ansible-Variable gesetzte `docker_user` wird in die Systemgruppe `docker` aufgenommen, damit dieses Account ebenfalls Docker-Kommandos absetzen kann. Das ist für den Ansible-Kontext aber *nicht* wichtig; es ist nur bequem, wenn Docker-Kommandos direkt auf der Maschine und ohne Ansible aufgerufen werden sollen.

- Die Werkzeuge `docker-compose`, `ctop` und `reg` werden jeweils direkt aus deren GitHub-Repositorys installiert. Das ist für den Ansible-Kontext ebenfalls nicht wichtig, aber zumindest `docker-compose` gehört zur unverzichtbaren Ausstattung eines Docker-Hosts.

- Die Python-Module *docker* und *docker-compose* werden in der aktuellen Version via `pip` installiert (wegen der Parametrisierung mit `docker_sdk=1`). Zumindest ersteres ist Grundvoraussetzung für die Funktion aller Ansible-Module, die wir uns in Kürze anschauen werden.

Tipp

Wenn Sie viele Target Hosts mit der Docker-Software ausstatten müssen, können Sie die im Installer enthaltene Rolle `docker` natürlich auch in den Rollen-Ordner Ihres Control Hosts integrieren und dann ein kleines Playbook dazu erstellen, das Docker auf vielen Systemen ausrollt.

Der Installer war lediglich dazu gedacht, auf einem Host mal eben schnell manuell Docker installieren zu können, aber mit fünf oder 50 Hosts machen Sie das bitte anders.

13.2 Docker-Module

13.2.1 Vorbereitungen und Vorüberlegungen

Allen Docker-Modulen liegt dieselbe Mechanik zugrunde:

- Irgendeines der Docker-Module soll zur Ausführung kommen. Dazu spricht der Ansible-Control Host wie üblich einen Target Host an.

- Dieser-Target Host *kann* nun bereits auch schon der Docker-Host sein (das wäre der Default), muss es aber nicht. Die Docker-Client-Software, die sich auf diesem Target befinden muss, könnte nun über die Docker-API auch eine weitere Maschine, also den eigentlichen Docker-Host, ansprechen.

Die besagte Client-Software, mit der Sie Ihren Target Host *in jedem Fall* ausstatten müssen, besteht konkret aus zwei Python-Modulen:

1. *docker*
2. *docker-compose* (nur für das gleichnamige Ansible-Modul erforderlich)

Wenn Sie den Installer aus dem vorigen Abschnitt verwendet haben, um Ihren Docker-Host einzurichten, hat der Parameter `docker_sdk=1` bereits für die Installation dieser Module gesorgt.

Wenn Sie es mit einem entfernten Docker-Host zu tun haben und dessen API über TLS nutzen wollen, müssen Sie zusätzlich noch das Python-Modul *docker[tls]* installieren (das tut mein Installer nicht).

Ich persönlich würde es (wann immer es geht) vermeiden, dass Target Host und Docker-Host unterschiedliche Maschinen sind. Allein der Aufwand auf der Docker-Seite, die API über TCP/IP *sicher* zur Verfügung zu stellen, ist nicht unerheblich.

Aber vielleicht hat Ihnen das schon jemand anderes so eingerichtet, und Sie müssen es nun »nur noch« nutzen. Dann sollten Sie wissen, dass alle Docker-Module die folgenden Parameter zur Verfügung stellen:

- `docker_host`
  URL bzw. Socket-Pfad, um den Docker-Host zu kontaktieren
  Umgebungsvariable: `DOCKER_HOST`
  Default: `unix://var/run/docker.sock`

- `tls_hostname`
  Der *erwartete* Servername für die Zertifikatsvalidierung
  Umgebungsvariable: `DOCKER_TLS_HOSTNAME`
  Default: `localhost`

- `api_version`
  Version der Docker-API
  Umgebungsvariable: `DOCKER_API_VERSION`
  Default: `auto`

- `client_cert` oder `cert_path`
  Verzeichnispfad zum Client-Zertifikat
  Umgebungsvariable: `DOCKER_CERT_PATH`
  Default: (keiner)

- ssl_version
  Zu verwendende SSL-Version
  Umgebungsvariable: DOCKER_SSL_VERSION
  Default: (kommt vom Python-Modul *ssl.py*)

- tls
  Soll TLS verwendet werden?
  Umgebungsvariable: DOCKER_TLS
  Default: no

- validate_certs
  Sollen Zertifikate auf ihre Gültigkeit überprüft werden?
  Umgebungsvariable: DOCKER_TLS_VERIFY
  Default: no

- timeout
  Wie lange (in Sekunden) wird maximal auf eine Antwort des Docker-Hosts gewartet?
  Umgebungsvariable: DOCKER_TIMEOUT
  Default: 60

Wichtig

Durch Nutzung der Umgebungsvariablen können Sie geschickterweise vermeiden, bei jedem Docker-bezogenen Task immer wieder dieselben vier bis sechs Parameter spezifizieren zu müssen. Denken Sie aber daran, dass diese Umgebungsvariablen auf dem *Target Host* gesetzt sein müssen!

Wenn Ihr Setup im Extremfall aus Ansible-Control Host, Ansible-Target Host und Docker-Host besteht, würden Sie die Variablen wohl am besten in einer environment-Sektion des Playbooks spezifizieren (siehe Abschnitt 6.12).

13.2.2 Überblick

Eine Auflistung der in Ansible zur Verfügung stehenden Docker-Module finden Sie unter *http://docs.ansible.com/ansible/modules/list_of_cloud_modules.html#docker*. Ich möchte Ihnen auch hier eine Kurzübersicht geben; dabei lasse ich Module, die nur mit Docker Swarm nutzbar sind, einmal außen vor. (Diese sind nicht auf irgendeine Weise schlimmer oder anders als die Single-Node-Module, aber Docker Swarm ist leider einfach nicht besonders verbreitet. Wenn Sie Docker Swarm nutzen und einen Swarm mit Ansible administrieren möchten, werden Sie problemlos damit klarkommen.)

docker_host_info – Host-Informationen abfragen

```
- name: Host-Informationen abfragen
  docker_host_info:
    containers: no
    disk_usage: no
    images: no
    networks: no
    volumes: no
  register: result

- debug: var=result
```

Mit diesem Modul gelangen Sie im Wesentlichen an Informationen, wie sie Ihnen ein docker system info liefern würde. Darüber hinaus können Sie sich noch Informationen über Container, Plattenplatzbedarf, Images, Netzwerke und Volumes liefern lassen, wenn Sie die entsprechenden Parameter in obigem Codebeispiel aktivieren. Per Default sind diese sowieso alle auf »Nein« gesetzt; ich habe sie nur zu Dokumentationszwecken im Listing eingebunden.

Online-Dokumentation:
http://docs.ansible.com/ansible/docker_host_info_module.html

docker_container – Container verwalten

```
- name: Apache-Container starten
  docker_container:
    name: apache1
    image: httpd
    published_ports:
      - '8001:80'
```

Mit dem docker_container-Modul können Sie den kompletten Lebenszyklus eines Containers verwalten. Die Möglichkeiten entsprechen in etwa denen des docker container-Kommmandos; dementsprechend ausufernd ist die Menge der zur Verfügung stehenden Parameter.

Online-Dokumentation (beachten Sie dort die wirklich große Menge an Beispielen!):
http://docs.ansible.com/ansible/docker_container_module.html.

docker_container_info – Container-Informationen abfragen

```
- name: Container-Informationen abfragen
  docker_container_info:
    name: apache1
```

```
  register: result

- debug: var=result
```

Dieses Modul liefert Ihnen im Wesentlichen die Informationen, die Ihnen ein `docker container inspect` geben würde.

Online-Dokumentation:
http://docs.ansible.com/ansible/docker_container_info_module.html

docker_network – benutzer-definierte Netzwerke verwalten

```
- name: Netzwerk anlegen
  docker_network:
    name: testnet1

- name: Netzwerk löschen
  docker_network:
    name: testnet1
    state: absent
```

Mit dem `docker_network`-Modul können Sie Docker-Netzwerke verwalten und Container mit ihnen verbinden. Von den Möglichkeiten her entspricht es damit in etwa denen des `docker network`-Kommandos.

Online-Dokumentation:
http://docs.ansible.com/ansible/docker_network_module.html

docker_network_info – Netzwerk-Informationen abfragen

```
- name: Netzwerk-Informationen abfragen
  docker_network_info:
    name: bridge
  register: result

- debug: var=result
```

Die Möglichkeiten dieses Moduls entsprechen in etwa denen des `docker network inspect`-Kommandos.

Online-Dokumentation:
http://docs.ansible.com/ansible/docker_network_info_module.html

docker_volume – Volumes verwalten

```
- name: Volume anlegen
  docker_volume:
```

```
    name: data1

- name: Volume löschen
  docker_volume:
    name: data1
    state: absent
```

Mit diesem Modul können Sie Docker-Volumes anlegen oder löschen. Es erfüllt in etwa dieselbe Funktion wie ein `docker volume`-Kommando.

Online-Dokumentation:
http://docs.ansible.com/ansible/docker_volume_module.html

docker_volume_info – Volume-Informationen abfragen

```
- name: Volume-Informationen abfragen
  docker_volume_info:
    name: data1
  register: result

- debug: var=result
```

Mit dem `docker_volume_info`-Modul können Sie Informationen zu Volumes abfragen. Es entspricht damit von den Möglichkeiten her in etwa denen des `docker volume inspect`-Kommandos.

Online-Dokumentation:
http://docs.ansible.com/ansible/docker_volume_info_module.html

docker_login – Registry-Logins verwalten

```
- name: An privater Registry anmelden
  docker_login:
    registry: hub.example.org
    username: john
    password: secret2020

- name: Wieder abmelden
  docker_login:
    registry: hub.example.org
    state: absent
```

Mit dem `docker_login`-Modul können Sie sich an privaten oder öffentlichen Registrys authentifizieren, um danach von dort Images zu beziehen oder welche dorthin hochzuladen – je nachdem, wozu Sie autorisiert sind. Es enspricht damit im Wesenlichen einem `docker login`-Kommando.

Beachten Sie, dass (ebenfalls völlig analog zu docker login) die Anmeldeinformationen auf dem Target Host in der Datei ~/.docker/config.json abgelegt werden.

Online-Dokumentation:
http://docs.ansible.com/ansible/docker_login_module.html

docker_prune – Aufräumarbeiten durchführen

```
- name: Alles wegwerfen, was nicht mehr benötigt wird
  docker_prune:
    containers: yes
    images: yes
    networks: yes
    volumes: yes
    builder_cache: yes
```

Dieses Modul bietet eine einheitliche Schnittstelle zu den Möglichkeiten der Kommandos docker container prune, docker image prune, docker network prune und docker volume prune. Auch entspechende Filtermöglichkeiten sind über Parameter wie z. B. containers_filters abgebildet.

Online-Dokumentation:
http://docs.ansible.com/ansible/docker_prune_module.html

docker_image – Images bauen und verwalten

```
- name: Image vom Docker Hub ziehen
  docker_image:
    name: alpine:latest
    source: pull

- name: Image taggen
  docker_image:
    name: alpine:latest
    repository: myalpine:v1.0
    source: local
```

Dieses Modul gehört aufgrund seiner Möglichkeiten zu den komplizierteren aus der Docker-Familie, denn mit ihm können Sie Images bauen, laden, pullen, taggen oder löschen. Das Bauen geschieht hierbei wie gewohnt auf der Basis von Dockerfiles, was im Kern also keine besonders Ansible-gemäße Lösung ist. Auf Alternativen für den Build-Schritt werde ich noch zu sprechen kommen.

Online-Dokumentation:
http://docs.ansible.com/ansible/docker_image_module.html

docker_image_info – Image-Informationen abfragen

```
- name: Image-Informationen abfragen
  docker_image_info:
    name: myalpine:v1.0
  register: result

- debug: var=result
```

Mit dem `docker_image_info`-Modul können Sie Informationen zu Images abfragen. Es entspricht damit von den Möglichkeiten her in etwa denen des `docker image inspect`-Kommandos.

Online-Dokumentation:
http://docs.ansible.com/ansible/docker_image_info_module.html

docker_compose – Schnittstelle zu Docker Compose

Wenn Sie Docker Compose kennen und mögen, haben Sie mit dem `docker_compose`-Modul die entsprechende Ansible-Schnittstelle zur Hand. Ich werde in Abschnit 13.4 noch ein Beispiel dazu geben.

> **[+] Anmerkung**
> Vor Ansible Version 2.8 hieß das Modul `docker_service`, und dieser Name kann nach wie vor verwendet werden. An der Schnittstelle hat sich dadurch nichts geändert.

Online-Dokumentation:
http://docs.ansible.com/ansible/docker_compose_module.html

13.3 Eine Beispielanwendung

Nach der ganzen Theorie wollen Sie nun sicher einmal einige Docker-Module in Aktion sehen. Beginnen wir mit einem überschaubaren Beispiel-Setup, wie in Abbildung 13.1 dargestellt. Das Ganze soll sich aus folgenden Bestandteilen zusammensetzen:

- ein MariaDB-Container (unmodifiziertes Image direkt vom Docker Hub)
- ein Volume für die Persistenz der MariaDB-Daten
- ein phpMyAdmin-Container (ebenfalls unmodifiziertes Image direkt vom Docker Hub)
- eine Portweiterleitung, damit phpMyAdmin von aussen erreichbar ist
- ein privates Netzwerk, das die beiden Container verbindet

13.3 Eine Beispielanwendung

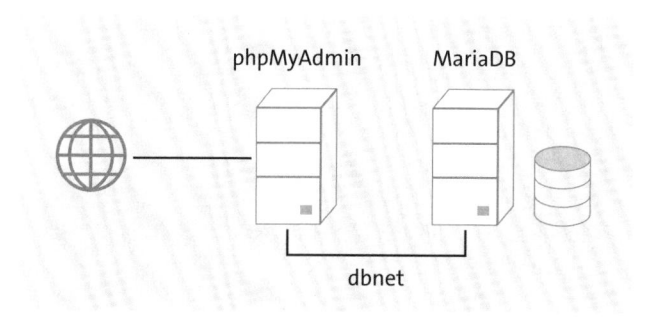

Abbildung 13.1 Beispiel-Setup, bestehend aus zwei Containern

Das Playbook aus Listing 13.1 sorgt für die Einrichtung dieses Szenarios:

```yaml
---
- hosts: ubuntu

  vars:
    network_name:     dbnet
    volume_name:      mariadb_data
    db_admin_password: geheim
    web_port:         8080

  tasks:
    - name: Eigenes Netzwerk anlegen
      docker_network:
        name: "{{network_name}}"

    - name: Datenvolume für MariaDB anlegen
      docker_volume:
        name: "{{volume_name}}"

    - name: MariaDB-Container anlegen
      docker_container:
        name: mariadb
        image: mariadb
        networks:
          - name: dbnet
        networks_cli_compatible: yes
        volumes:
          - "{{volume_name}}:/var/lib/mysql"
        restart_policy: unless-stopped
        env:
          MYSQL_ROOT_PASSWORD: "{{db_admin_password}}"
```

```yaml
    - name: phpMyAdmin-Container anlegen
      docker_container:
        name: pma
        image: phpmyadmin/phpmyadmin
        networks:
          - name: dbnet
        networks_cli_compatible: yes
        restart_policy: unless-stopped
        env:
          PMA_HOST: mariadb
        published_ports:
          - '{{web_port}}:80'
```
Listing 13.1 »mariadb-pma.yml«

Wenn Sie mit Docker vertraut sind, werden Ihnen diese Tasks kaum Rätsel aufgeben. Nur der bei den Container-Tasks verwendete Parameter `networks_cli_compatible` ist nicht selbsterklärend. Folgender Sinn steckt dahinter:

Das `docker_container`-Modul verhält sich mit dem `networks`-Parameter anders als `docker run --network <NETWORK_NAME>`; es würde den Container *zusätzlich* mit dem Docker-Default-Netzwerk verbinden, was die Kommandozeile jedoch *nicht* tun würde. Der Parameter `networks_cli_compatible=yes` gleicht das Verhalten des Moduls an. Der Default ist momentan `no`, soll sich laut Dokumentation aber in Ansible Version 2.12 tatsächlich auf `yes` ändern.

Nachdem die Verwirrung dank dieses kleinen Parameters nun komplett ist, lassen Sie uns nun wieder auf das große Ganze sehen und das Playbook starten. Beim ersten Lauf müssen Sie bei den beiden Container-Tasks etwas Geduld mitbringen, da die Images erst vom Docker Hub heruntergeladen werden müssen:

```
$ ansible-playbook mariadb-pma.yml

PLAY [ubuntu] ****************************************************

TASK [Eigenes Netzwerk anlegen] **********************************
changed: [ubuntu]

TASK [Datenvolume für MariaDB anlegen] ***************************
changed: [ubuntu]

TASK [MariaDB-Container anlegen] *********************************
changed: [ubuntu]

TASK [phpMyAdmin-Container anlegen] ******************************
```

```
changed: [ubuntu]

PLAY RECAP *********************************************************
ubuntu                     : ok=4    changed=4    unreachable=0    failed=0
```

Nun müsste die Applikation auf der Zielmaschine unter dem gewählten Port 8080 erreichbar sein, wie Abbildung 13.2 zeigt.

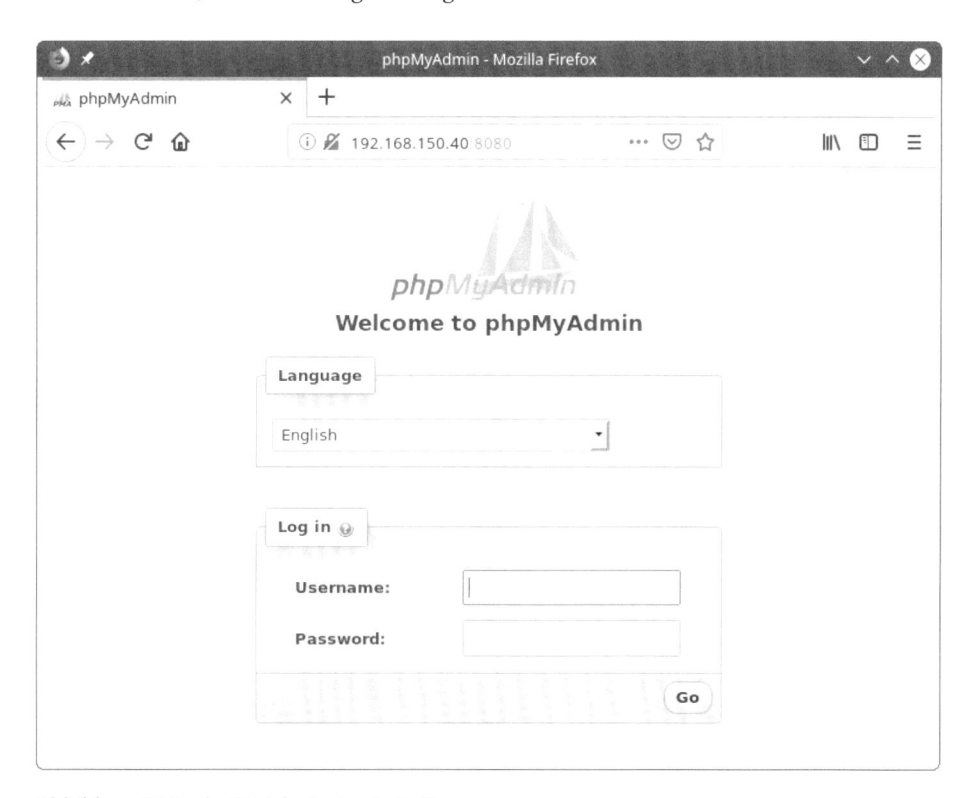

Abbildung 13.2 phpMyAdmin-Login-Seite

Wir brauchen jetzt (vor allem in einer Testumgebung) noch eine Möglichkeit, ein solches Szenario wieder rückstandsfrei zu entfernen. Ein entsprechendes Playbook fällt aber leider nicht vom Himmel, deswegen stelle ich Ihnen hier eines zur Verfügung:

```
---
- hosts: ubuntu

  vars:
    network_name:     dbnet
    volume_name:      mariadb_data
    remove_volume:    yes
```

```
tasks:
  - name: Container löschen
    docker_container:
      name: "{{item}}"
      state: absent
    with_items:
      - mariadb
      - pma

  - name: Netzwerk löschen
    docker_network:
      name: "{{network_name}}"
      state: absent

  - name: Volume löschen
    docker_volume:
      name: "{{volume_name}}"
      state: absent
    when: remove_volume | bool
```
Listing 13.2 »remove_mariadb-pma.yml«

Wenn Sie es einfach starten, wird das komplette Setup *inklusive Datenvolume* gelöscht. Wie Sie sehen, ist es aber durch die Verwendung der Variable remove_volume möglich, die Daten bei Bedarf zu erhalten:

Alles löschen:
```
$ ansible-playbook remove_mariadb-pma.yml
```

Datenvolume erhalten:
```
$ ansible-playbook remove_mariadb-pma.yml -e remove_volume=no
```

13.4 Ansible und Docker Compose

Wer bereits mit Docker arbeitet, würde ein Multi-Container-Setup wie das aus dem letzten Abschnitt auch ohne Ansible sicher nicht »zu Fuß« mit docker-Kommandos verwalten.

Das Standard-Werkzeug an dieser Stelle ist Docker Compose (wir reden wohlgemerkt nach wie vor über Single-Node-Systeme und nicht bspw. über Kubernetes-Cluster, wo ganz andere Orchestrierungsmöglichkeiten zur Verfügung stehen).

Typischerweise wären Sie daher bereits im Besitz einer *docker-compose.yml*-Datei, die für unser Beispiel-Setup etwa so aussehen könnte:

```yaml
version: "3"

services:
  mariadb:
    image: mariadb
    environment:
      - MYSQL_ROOT_PASSWORD=geheim
    volumes:
      - data:/var/lib/mysql
    restart: unless-stopped

  pma:
    image: phpmyadmin/phpmyadmin
    environment:
      - PMA_HOST=mariadb
    ports:
      - 8080:80
    restart: unless-stopped
    depends_on:
      - mariadb

volumes:
  data:
```
Listing 13.3 »docker-compose.yml«

Hier kommt also ebenfalls YAML zum Einsatz. Das alles hat aber nichts mit Ansible zu tun! Diese Datei ist vielmehr eine Steuerdatei für das Programm `docker-compose`. Man würde sie typischerweise auf dem Docker-Host in irgendeinem Projektordner ablegen (z. B. *~/adm/docker/mariadb-pma*), um zur Verwaltung des Container-Verbundes dort verschiedenste Kommandos absetzen zu können:

```
$ cd ~/adm/docker/mariadb-pma
(Hier liegt die obige Datei docker-compose.yml)

Container-Verbund hochfahren:
$ docker-compose up -d

Logs anschauen:
$ docker-compose logs

Services neu starten:
$ docker-compose restart
```

Alles wegwerfen (außer Datenvolumes):
$ **docker-compose down**

Das sind nur einige der vielen Möglichkeiten. Darüber hinaus haben Sie noch Annehmlichkeiten wie das automatische Anlegen eines privaten Netzwerkes oder projekt-spezifische Präfixe vor Container-, Netzwerk- und Volume-Namen. Das alles mit Ansible nachzubauen wäre bereits schlicht Irrsinn, und für interaktive Aufrufe wie `docker-compose exec pma bash`, die man im täglichen Leben immer wieder braucht, hätten Sie dann immer noch keinen adäquaten Ersatz.

Da stellt sich jetzt natürlich die Frage: Wo findet Ansible hier noch seinen Platz, wenn doch Docker Compose bereits eine optimale Lösung ist?

Ich denke, Ansible sollte sich hier auf seine Rolle als Provisionierungswerkzeug zurückziehen. Wir sorgen also mit Ansible lediglich dafür, dass die Arbeitsumgebung für Docker Compose eingerichtet wird.

Dadurch haben wir noch immer viele Vorteile:

▶ Alle Dateien werden zentral auf dem Control Host verwaltet.

▶ Sie können die *docker-compose.yml*-Datei als Jinja-Template realisieren und dadurch dynamische Effekte erzielen, die mit Docker Compose allein nicht möglich wären.

▶ Im laufenden Betrieb können Sie auf dem Docker-Host bei Bedarf wie gewohnt Ihre Dienste verwalten.

Lassen Sie mich am Beispiel in Listing 13.4 zeigen, wie das aussehen könnte. (Sie würden das alles natürlich viel schöner mit einer Rolle realisieren; aus Gründen der Übersichtlichkeit zeige ich nur ein einfaches Playbook, das Sie wie gewohnt auf Ihrem Ansible-Control Host ablegen):

```
---
- hosts: ubuntu

  vars:
    docker_user:   ansible
    project_name:  mariadb-pma
    web_port:      8080

  tasks:
    - set_fact:
        compose_project_dir: ~{{docker_user}}/adm/docker/{{project_name}}

    - name: Projektordner anlegen
      file:
```

```yaml
      path: "{{compose_project_dir}}"
      state: directory
      owner: "{{docker_user}}"

  - name: docker-compose.yml hochladen
    template:
      src: docker-compose.yml.j2
      dest: "{{compose_project_dir}}/docker-compose.yml"
      owner: "{{docker_user}}"

  - name: Container-Verbund hochfahren
    docker_compose:
      project_src: "{{compose_project_dir}}"
      state: present
```

Listing 13.4 »mariadb-pma.yml«: Ansible und Compose im Zusammenspiel

Durch das Herausziehen des Compose-Projektnamens als Variable können Sie diese Datei sehr leicht wiederverwenden. Der letzte Task ist der Aufruf des Moduls docker_compose, das davon ausgeht, dass die Datei *docker-compose.yml* schon auf dem Target Host vorhanden ist. Dafür wird im vorletzten Task mit dem template-Modul gesorgt.

Die dazu benötigte Template-Datei legen Sie wie gewohnt neben dem Playbook ab oder in einen Unterordner *templates/*:

```yaml
version: "3"

services:
  mariadb:
    image: mariadb
    environment:
      - MYSQL_ROOT_PASSWORD=geheim
    volumes:
      - data:/var/lib/mysql
    restart: unless-stopped

  pma:
    image: phpmyadmin/phpmyadmin
    environment:
      - PMA_HOST=mariadb
    ports:
      - {{web_port}}:80
    restart: unless-stopped
```

```
        depends_on:
          - mariadb

  volumes:
    data:
```

Listing 13.5 »docker-compose.yml.j2«

Die Jinja-Features wurden hier sehr sparsam eingesetzt; nur der Weiterleitungs-Port ist nun parametrisierbar. Aber mit Jinja könnten Sie natürlich *beliebige* Dinge tun.

Damit haben Sie nun noch eine Möglichkeit, unser kleines Beispiel-Setup auszurollen:

```
$ ansible-playbook mariadb-pma.yml

TASK [set_fact] *************************************************
ok: [ubuntu]

TASK [Projektordner anlegen] ************************************
changed: [ubuntu]

TASK [docker-compose.yml hochladen] *****************************
changed: [ubuntu]

TASK [Container-Verbund hochfahren] *****************************
changed: [ubuntu]

PLAY RECAP ******************************************************
ubuntu                     : ok=4    changed=3   unreachable=0   failed=0
```

Das Entfernen des Setups könnten Sie nun auf dem Docker-Host mit `docker-compose down` erledigen oder mit einem Ansible-ad-hoc-Aufruf ausgehend vom Control Host:

```
$ ansible ubuntu -m docker_compose \
    -a "project_src=~ansible/adm/docker/mariadb-pma state=absent"
```

Inline-Spezifikation mit »definition«

Ich möchte abschließend nicht unerwähnt lassen, dass Sie beim Aufruf des Moduls `docker_compose` alternativ zur gezeigten Vorgehensweise mit `project_src` auch die komplette Compose-Definition mit dem Parameter `definition` inline (d. h. im Playbook) festlegen könnten (siehe Beispiele in der offiziellen Dokumentation).

Ich kann hier allerdings keinen großen Nutzen erkennen – man ist weniger flexibel als mit einer externen Template-Datei und hat zudem auf dem Docker-Host *nichts* in der Hand, falls man dort mal manuell mit `docker-compose` etwas erledigen möchte.

13.5 Erstellen von Images

Wenn es um die Erstellung eigener Docker-Images geht, lässt das Docker-Toolset durchaus einige Wünsche offen. Jeder, der schon einmal sehr anspruchsvolle Dockerfiles geschrieben hat, wird bestätigen, das dies nicht die angenehmste aller Tätigkeiten ist. Und selbst wenn es schließlich geschafft ist, glänzen Dockerfiles nicht gerade durch Übersichtlichkeit und Wartbarkeit.

Im Grunde beschreibt ein Dockerfile, wie zu einem Basis-Image Schritt für Schritt weitere Features hinzugefügt werden, bis am Ende das neue, gewünschte Image dabei herauskommt. Ich zeige Ihnen nun zunächst einmal an einem Beispiel, wie so etwas klassischerweise in der Docker-Welt aussieht, und dann sprechen wir über eine Möglichkeit, wie Ansible hier (vielleicht) helfen kann.

13.5.1 Erstellen von Images mit »docker build«

Um die Methoden der Image-Erstellung zu demonstrieren, wollen wir exemplarisch ein Image »localhost/app« bauen, das auf dem offiziellen `httpd`-Image basiert und eine minimale (in Perl geschriebene) CGI-Webanwendung enthält. Zunächst wählen wir den klassischen Weg und nutzen dazu lediglich das Docker-Toolset.

Begeben Sie sich auf einen Docker-Host, und starten Sie mit der Erstellung irgendeines Projektordners, z.B.:

```
$ mkdir -p ~/docker/build/app && cd $_
```

Legen Sie dort die folgenden zwei Dateien ab. Erstens den Quellcode der Applikation:

```perl
#!/usr/bin/perl
use warnings;
use strict;
use CGI;

my $q = CGI->new();
print $q->header;

print "<h1>Hallo aus einem Perl-CGI-Programm!<h1>\n";
```

Listing 13.6 »app.pl«

Und zweitens das Dockerfile (also die Steuerdatei für den Build-Prozess):

```
FROM httpd:2.4

RUN apt update && apt install -y libcgi-pm-perl
```

```
WORKDIR /usr/local/apache2

COPY app.pl ./cgi-bin/
RUN chmod 755 ./cgi-bin/app.pl

RUN sed -ri 's/#(LoadModule cgid.*)/\1/'     ./conf/httpd.conf
RUN sed -ri 's/#(LoadModule rewrite.*)/\1/'  ./conf/httpd.conf

RUN echo "RewriteEngine On"                           >>./conf/httpd.conf
RUN echo "RewriteRule ^/$ /cgi-bin/app.pl [NC,PT]" >>./conf/httpd.conf
```
Listing 13.7 »Dockerfile«

Die spannende zweite Hälfte des Dockerfiles sorgt dafür, dass zwei benötigte Module im Apache-Server eingebunden werden (die `LoadModule`-Zeilen sind im Auslieferungszustand auskommentiert), und dann wird noch eine interne Weiterleitung definiert, damit die Applikation nicht nur mit der komplizierten URL `/cgi-bin/app.pl` erreichbar ist, sondern auch einfach unter »/«.

Bauen Sie das Image, und starten Sie einen Container daraus:

Beachten Sie bitte den Punkt am Ende!
```
$ docker build -t localhost/app .
```

```
$ docker run -d -p 8081:80 --name app localhost/app
```

Wenn alles gut geht, können Sie nun mit einem Browser oder einem Tool wie curl die Applikation unter dem beim Containerstart festgelegten Weiterleitungs-Port erreichen:

```
$ curl 192.168.150.40:8081
<h1>Hallo aus einem Perl-CGI-Programm!<h1>
```

Den Container werfen Sie schließlich wieder weg mit:

```
$ docker rm -f app
```

Das alles hat offensichtlich nichts mit Ansible zu tun; es sollte wie gesagt nur demonstrieren, wie die Erstellung von Images in der Docker-Welt normalerweise ohne jegliche weitere Hilfsmittel aussieht.

13.5.2 »ansible-bender«

Man könnte doch ein Docker-Basis-Image nehmen (genauer gesagt, einen Basis-Container) und darin – statt die Bauschritte mit einem Dockerfile durchführen zu lassen – ein Ansible-Playbook ablaufen lassen. Und schon hätte man anstelle der lästigen und beschränkten Dockerfile-Syntax auf einmal alle wunderbaren Möglichkeiten von Ansible zur Verfügung! Reproduzierbarkeit wäre dadurch natürlich sowieso gegeben. Nun gibt es in einem Docker-Container kein SSH, aber Ansible verfügt (tatsächlich) über ein Docker-Connection-Plugin – ein effizienter Zugriff wäre also auch möglich.

Auf diese schlaue Idee, die man sicher in den Feinheiten noch etwas ausarbeiten müsste, sind einige Leute schon vor einigen Jahren gekommen, und daraus entstand das Projekt ansible-container. Im Jahr 2019 hat man die Arbeiten an diesem Projekt jedoch eingestellt und das Ganze als deprecated (veraltet) gekennzeichnet. Warum? Vermutlich wollte das Projekt aus technischer Sicht zu viel erreichen. Jedenfalls gab es offenbar unüberwindbare Probleme.

Die Projektseite verweist aber auf den bereits gefundenen Nachfolger: ansible-bender (*https://ansible-community.github.io/ansible-bender/build/html/*). Und dieses Werkzeug wollen wir uns nun einmal etwas genauer anschauen.

Voraussetzungen und Installation

Die Software ansible-bender arbeitet zurzeit nicht mit Docker zusammen, sondern nur mit Podman und Buildah. Das ist im Prinzip aber gar kein Problem, denn mit Buildah erzeugte Images sind völlig kompatibel mit Docker. Wir müssen diese Tools lediglich alle installieren, und dann kann es losgehen. Am besten machen wir das auf unserem Ansible-Control Host, denn dort ist ja schon Ansible installiert, was wir natürlich auch noch brauchen.

Der Dokumentation ist zu entnehmen, dass es am einfachsten ist, ansible-bender als root zu betreiben (Podman und Buildah können dann effizienter arbeiten, und Sie müssen nichts konfigurieren).

Wir arbeiten nun also (ausnahmsweise einmal) durchgängig als Root auf unserem Control Host:

1. Installieren Sie ansible-bender:

   ```
   # pip3 install ansible-bender
   ```

2. Für Podman und Buildah gibt es momentan noch keine Debian-Pakete. Nutzen Sie bis dahin die Repositorys des Kubic-Projekts (wie in den Installationsanleitungen zu Podman oder Buildah beschrieben):

   ```
   # URL="http://download.opensuse.org/repositories/devel:\
   /kubic:/libcontainers:/stable/Debian_10/"

   # echo "deb $URL /" >/etc/apt/sources.list.d/kubic.list

   # curl -L $URL/Release.key | apt-key add -
   # apt update
   ```

3. Installieren Sie nun Podman und Buildah:

   ```
   # apt install podman buildah
   ```

Stellen Sie sich Podman einfach als ein Drop-in-Replacement für Docker vor. Versuchen Sie bspw.:

```
# podman run --rm hello-world
```

```
Hello from Docker!
This message shows that your installation appears to be working correctly.
[…]
```

Das sollte genauso gut funktionieren wie ein analoger docker-Aufruf, nur im Prinzip ohne Server. Das alles ist für uns aber nur Mittel zum eigentlichen Zweck: das Herstellen von Docker-Images mit Ansible bzw. ansible-bender, womit wir uns jetzt endlich beschäftigen können.

13.5.3 Erstellen von Images mit »ansible-bender«

Auch ansible-bender benötigt eine Steuerdatei; diese ist aber nun ein normales Ansible-Playbook.

Starten Sie (immer noch als root) mit einen neuen Projekt-Ordner:

```
# mkdir -p ~/bender/app && cd $_
```

Legen Sie das Playbook aus Listing 13.8 dort ab (Erklärungen zum Inhalt folgen im nächsten Abschnitt; der Playbook-Name ist übrigens nicht fest vorgegeben):

```
---
- name: ansible-bender Playbook
  hosts: all
  vars:
    ansible_bender:
      base_image: python:buster
      target_image:
        name: app
        cmd: apache2 -DFOREGROUND -C"ServerName localhost"
        environment:
          APACHE_RUN_DIR: /var/run/apache2
          APACHE_PID_FILE: /var/run/apache2/apache2.pid
          APACHE_RUN_USER: www-data
          APACHE_RUN_GROUP: www-data
          APACHE_LOG_DIR: /var/log/apache2
```

```yaml
tasks:
  - name: Apache und Perl-CGI-Modul installieren
    apt:
      update_cache: yes
      name:
         - apache2
         - libcgi-pm-perl

  - name: Benötigte Verzeichnisse anlegen
    file:
      path: "{{item}}"
      state: directory
    with_items:
      - /var/run/apache2
      - /var/log/apache2

  - name: Error-Logs nach STDERR schicken
    file:
      src: /dev/stderr
      dest: /var/log/apache2/error.log
      state: link
      force: yes
      follow: no

  - name: Access-Logs nach STDOUT schicken
    file:
      src: /dev/stdout
      dest: /var/log/apache2/access.log
      state: link
      force: yes
      follow: no

  - name: Module cgi und rewrite aktivieren
    command: a2enmod {{item}}
    with_items:
      - cgi
      - rewrite

  - name: App hineinkopieren
    copy:
      src: app.pl
      dest: /usr/lib/cgi-bin
      mode: 0755
```

```
    - name: Interne Weiterleitung konfigurieren
      blockinfile:
        path: /etc/apache2/sites-available/000-default.conf
        block: |
          RewriteEngine On
          RewriteRule ^/$ /cgi-bin/app.pl [NC,PT]
        insertbefore: "</VirtualHost>"
```
Listing 13.8 »build.yml«

Und zweitens legen Sie bitte wiederum die Datei *app.pl* aus Abschnitt 13.5.1 hier ab (die Applikation hat sich ja durch das neue Buildverfahren nicht geändert).

Das Erstellen des Images leiten Sie nun ein mittels:

```
# ansible-bender build build.yml
[...]
Image 'app' was built successfully \o/
```

Beim ersten Lauf sehen Sie gegebenenfalls auch Outputzeilen der folgenden Form:

```
14:07:57.688 utils.py          ERROR  Getting image source signatures
14:07:58.798 utils.py          ERROR  Copying blob sha256:ac34a4d7[...]
14:07:58.854 utils.py          ERROR  Copying blob sha256:3b0a7e6f[...]
[...]
14:13:41.582 utils.py          ERROR  Writing manifest to image destination
14:13:41.582 utils.py          ERROR  Storing signatures
```

Dies sind in der Tat *keine* Fehler, sondern nur Statusmeldungen des intern aufgerufenen Tools buildah, die von ansible-bender als Fehlermeldungen missverstanden werden. In einer der kommenden Releases wird sich das wohl ändern.

Mit Podman können Sie auch sogleich einen Container aus dem neuen Image starten:

```
# podman run -d -p 8081:80 --name app localhost/app
```

Wenn alles so weit gut gegangen ist, können Sie nun mit einem Browser oder einem Tool wie curl die Applikation unter dem beim Containerstart festgelegten Weiterleitungs-Port erreichen:

```
# curl localhost:8081
<h1>Hallo aus einem Perl-CGI-Programm!<h1>
```

Den Container werfen Sie schließlich wieder weg mit:

```
$ podman rm -f app
```

13.5.4 Erklärungen und Fazit

Durch unser neues Buildverfahren haben wir ein 14-zeiliges Dockerfile durch ein 67-zeiliges Playbook ersetzt, um damit zum gleichen Ergebnis zu kommen. Natürlich sagt das noch nichts über die Qualität der neuen Methode, aber man fragt sich schon: »Muss das alles so kompliziert sein?« Ich gebe Ihnen zunächst einmal ganz wertfrei einige Erklärungen dazu:

- ansible-bender funktioniert nur, wenn das Basis-Image einen Python-Interpreter enthält. Eigentlich ganz logisch, denn es ist ja Ansible am Werk. Deswegen konnte ich hier leider nicht das Standard-Apache-Image als Basis nehmen (da ist kein Python drin), sondern habe ein Debian 10-basiertes Python-Image als Grundlage gewählt.
- Nun schnell noch ein Apache-Paket hineininstalliert, und dann kann es losgehen? Mitnichten, denn das Debian-Apache-Paket ist in keinster Weise darauf vorbereitet, in einem Container seinen Dienst zu verrichten. Viele Änderungen sind nötig:
  - Der Apache-Master-Prozess muss beim Containerstart im Vordergrund laufen. Das erledigt die cmd-Direktive.
  - Man kann das mitgelieferte Start-Stopp-Skript nicht verwenden, da ein Container kein Init-System hat. Deswegen müssen eine Menge für die Apache-Konfiguration benötigte Umgebungsvariablen »zu Fuß« gesetzt werden.
  - Verschiedene Apache-Systemverzeichnisse müssen erst angelegt werden.
  - Das Logging in normale Logdateien ist natürlich nicht container-gemäß. Deswegen wurde hier der Einfachheit halber der Weg gewählt, die Standard-Logdateien per Symlink auf STDERR bzw. STDOUT umzuleiten.

Dann kann es tatsächlich losgehen, und die letzten drei Tasks machen ja auch wieder sehr viel Freude. Was soll man nun aber im Endeffekt davon halten?

Wenn Sie ansible-bender ernsthaft nutzen möchten, sollten Sie sich sicherlich erst einmal (auf klassischem Weg) geeignete Basis-Images herstellen, damit Sie die oben gezeigte Tortur nicht in jedem neuen Projekt erneut durchmachen müssen.

Etwas störend bleibt die zwingende Voraussetzung eines Python-Interpreters im Basis-Image. Das mag nicht jeden stören, aber Container sollten nun einmal möglichst minimal ausgestattet sein. Von der fehlenden Möglichkeit, »FROM scratch«-Images zu erstellen, wollen wir erst gar nicht reden. Jedenfalls umfasst unser Python-Basisimage bereits satte 934 MB, ein Debian-basiertes Apache-Image lediglich 166 MB.

Schließlich bedenken Sie bitte noch eines: Wenn Sie im Build-Prozess irgendwann auf ernste Probleme stoßen, und Sie jemanden fragen müssen: *Niemand* kennt dieses Buildverfahren! Dockerfiles kennt jeder; das Netz ist voll mit Lösungsideen für alle möglichen Probleme. Aber mit `ansible-bender` werden Sie wahrscheinlich ziemlich allein sein, wenn Sie eine Frage haben.

Lange Rede, kurzer Sinn: Ich will Ihnen das Tool nicht madig machen. Probieren Sie es aus, wenn Sie die ganze Technik für eine gute Idee halten oder wenn Sie nach Experimenten mit klassischen Dockerfiles sagen: »Etwas Besseres als das finden wir überall.« Ich persönlich (als alter Docker-Hase) werde bis auf weiteres – trotz aller Liebe zu Ansible – an dieser Stelle eher im Docker-Universum bleiben.

Kapitel 14
Windows-Hosts verwalten

In diesem Kapitel machen wir einen Ausflug in die Microsoft-Welt. Seit Version 2.1 ist Ansible auch in der Lage, Windows-Targets zu administrieren; der Control Host wird jedoch immer ein Linux-System bleiben. Einen Windows-Host könnten Sie nur direkt zu einem Control Host machen, indem Sie Ansible im *Windows Subsystem for Linux* installieren – was ja nichts anderes als eine virtuelle Linux-Maschine ist.

Aus technischer Sicht ändert sich einiges, sobald Windows-Targets in Spiel kommen: Zum einen wird als Transportprotokoll anstelle von SSH hier WinRM genutzt, zum anderen sind die Ansible-Module für Windows nicht in Python, sondern in PowerShell programmiert. Besonders das WinRM-Setup kann bei der Ersteinrichtung etwas Stress verursachen, aber wenn erst einmal alles läuft, können Sie arbeiten wie gewohnt. Der einzige äußerlich erkennbare Unterschied wird dann sein, dass alle Windows-Module im Namen das Präfix »win_« tragen. Damit wird dann ping zu win_ping, user zu win_user etc. Unter anderem deswegen werden Sie dann typischerweise auch getrennte Inventorys für die Linux- und die Windows-Welt vorhalten wollen.

14.1   WinRM

Selbst für manch gestandenen Windows-Admin ist WinRM nicht unbedingt eine alltägliche Sache, deswegen hier kurz einige Erläuterungen:

WinRM bedeutet *Windows Remote Management* und beschreibt ein SOAP-basiertes Netzwerkprotokoll zum Austausch von Verwaltungsinformationen. Auf dem anzusprechenden Zielsystem läuft also ein kleiner Webserver bzw. Webservice, der sogenannte WinRM-HTTP-Listener. Die dazu nötige Software-Komponente ist seit Vista-Zeiten in allen Windows-Varianten enthalten, muss aber typischerweise erst aktiviert werden.

WinRM nutzt standardmäßig die Ports 5985 (HTTP) und 5986 (HTTPS). Welche Authentifizierungsmöglichkeiten genutzt werden können, hängt vom Zielsystem ab: Basic Authentication geht grundsätzlich immer, allerdings kann damit nur ein lokaler Admin-Account erreicht werden. (Außerdem sollte der Transport dabei stets über HTTPS erfolgen, weil ansonsten die Anmeldeinformationen im Klartext übers Netzwerk gehen.) Ist das Zielsystem ein Domänenmitglied, steht zusätzlich Kerberos zur Wahl, was auf der Linux-Seite naturgemäß aber etwas komplizierter aufzusetzen ist. Darüber hinaus gibt es noch drei weitere Methoden: zertifikatsbasierte, NTLM- und CredSSP-Authentifizierung, die wir hier alle nicht betrachten werden. Genauere Informationen finden Sie dazu bei Bedarf unter *http://docs.ansible.com/ansible/user_guide/windows_winrm.html*.

14.2 Vorbereitungen auf dem Control Host

Für das Management von Windows-Hosts benötigen Sie auf dem Control Host das Python-WinRM-Modul. Auf unserem Debian-System ist das schnell erledigt:

```
# apt install python3-winrm
```

Falls Ihr Linux dafür kein Paket bereitstellt, müssen Sie das Modul über PIP installieren. Das Paket heißt dort *pywinrm*.

Weiterhin sollten Sie nun einen eigenen Inventory-Bereich für die Windows-Welt anlegen:

```
$ mkdir -p ~/ansible/inventories/windows
```

In Listing 14.1 sehen Sie eine Inventory-Datei mit einem exemplarischen Zielsystem, das keiner Domäne angehört und das wir deswegen mit Basic Authentication ansprechen. Anstatt IP-Adressen als Parameter vorzuhalten, könnten Sie natürlich auch wieder */etc/hosts*-Einträge machen.

```
[windows]
win10.example.org   ansible_host=192.168.150.60

[windows:vars]
ansible_user=Administrator
ansible_password=Passw0rd
ansible_connection=winrm
ansible_winrm_transport=basic
ansible_winrm_server_cert_validation=ignore
```

Listing 14.1 »inventories/windows/inventory«

Der `ansible_user` muss auf dem Windows-System vorhanden sein und Admin-Rechte besitzen. Wahrscheinlich möchten Sie dafür lieber einen dedizierten Account anlegen – wir reden gleich auf der Windows-Seite noch mal darüber. Da wir gleich auf auf dem Zielsystem ein selbst signiertes Zertifikat verwenden werden, sorgt die Einstellung in der letzten Zeile noch für einen stressfreien (wenn auch nicht ganz optimalen) Umgang damit.

14.3   Voraussetzungen auf der Windows-Seite und WinRM-Setup

Grundsätzlich ist es mit Ansible möglich, alle Betriebssystem-Varianten zu managen, die offiziell von Microsoft unterstützt werden. Die technischen Voraussetzungen sind übersichtlich: Sie benötigen auf den Windows-Targets die PowerShell in Version ≥ 3.0 und das .NET Framework in Version ≥ 4.0.

Wenn diese Voraussetzungen erfüllt sind, erleichtern Sie sich den WinRM-Setup-Prozess am besten mit einem PowerShell-Skript, das vom Ansible-Projekt bereitgestellt wird. Es generiert ein selbst signiertes Zertifikat, richtet WinRM passend ein und öffnet gegebenenfalls den passenden eingehenden Port in der Windows-Firewall. (Das kann man alles auch »zu Fuß« erledigen, aber Spaß macht es nicht.)

Das Skript heißt *ConfigureRemotingForAnsible.ps1*. Sie können danach googeln, oder gleich die URL https://github.com/ansible/ansible/blob/devel/examples/scripts/ConfigureRemotingForAnsible.ps1 verwenden.

Wenn Sie es über Ihren Browser speichern wollen, klicken Sie zuerst auf den RAW-Button, bevor Sie etwas wie SEITE SPEICHERN UNTER... verwenden.

Öffnen Sie nun eine Windows-Shell (`cmd` oder `powershell`) *mit Administratorrechten*, navigieren Sie zum Ort des Downloads, und starten Sie das Skript wie folgt:

```
powershell -ExecutionPolicy ByPass -File ConfigureRemotingForAnsible.ps1
Self-signed SSL certificate generated; thumbprint: CF919387B8F3[…]

wxf                 : http://schemas.xmlsoap.org/ws/2004/09/transfer
a                   : http://schemas.xmlsoap.org/ws/2004/08/addressing
w                   : http://schemas.dmtf.org/wbem/wsman/1/wsman.xsd
lang                : de-DE
Address             : http://schemas.xmlsoap.org/ws/2004/08/[…]
ReferenceParameters : ReferenceParameters

OK.
```

Jetzt fehlt gegebenenfalls nur noch der Benutzeraccount, den Ansible (wie eben im Inventory spezifiziert) ansprechen soll. Richten Sie diesen also entsprechend ein, und denken Sie *unbedingt* daran, genügend Rechte zu vergeben (durch eine Mitgliedschaft in der Gruppe `Administratoren` oder `Remoteverwaltungsbenutzer`).

Ein Ad-hoc-Test auf unserem Control Host sollte damit bereits gelingen (beachten Sie bitte die Verwendung von `win_ping` anstelle von `ping`):

```
$ ansible -i inventories/windows/inventory all -m win_ping
win10.example.org | SUCCESS => {
    "changed": false,
```

```
    "ping": "pong"
}
```

Der Pfad zur Windows-Inventory-Datei hängt dabei selbstverständlich von Ihrem aktuellen Arbeitsverzeichnis ab und ist gegebenenfalls anzupassen.

14.4 Setup mit Active Directory/Kerberos

Wenn Ihre Zielsysteme Mitglied einer Active-Directory-Domäne sind, möchten Sie für Ansible möglicherweise ein Domänenaccount nutzen, womit unweigerlich Kerberos ins Spiel kommt. Ich gebe Ihnen eine exemplarische Schritt-für-Schritt-Anleitung, die sich problemlos in Ihre Umgebung übertragen lassen sollte.

Dabei gehen wir exemplarisch davon aus, dass uns ein Domänencontroller für die Domäne example.org zur Verfügung steht, der unter der IP-Adresse 192.168.150.70 erreichbar ist. Die uns schon bekannte Maschine win10.example.org ist dort Domänenmitglied und soll nach wie vor mit Ansible administriert werden.

Schritt für Schritt: So wird's gemacht

1 *Den zu verwendenden Nameserver ändern:*
Unser Control Host muss zwar kein Domänenmitglied werden, aber den DNS-Server der Domäne sollte er schon nutzen. Im »Vagrant-Labor« ist ein Eintrag in der Datei */etc/resolv.conf* aber leider nicht sehr langlebig, weil dort ein DHCP-Client läuft. Die dauerhafte Lösung ist vielmehr ein Eintrag in der Datei */etc/dhcp/dhclient.conf*:

```
[...]
supersede domain-name-servers 192.168.150.70;
[...]
```

Listing 14.2 »/etc/dhcp/dhclient.conf«

Ein anschließender Aufruf von dhclient, und die Einstellung sollte in der *resolv.conf* auftauchen. In jedem Falle sollten Sie nun Hostnamen aus der AD-Domäne auflösen können!

2 *Benötigte Pakete installieren:*
Der Debian-Installer fragt Sie womöglich nach dem Kerberos-Realm. Geben Sie hier EXAMPLE.ORG ein; wir werden die daraus entstehende Konfigurationsdatei jedoch sowieso gleich komplett ersetzen.

```
# apt install python3-pip python3-dev libkrb5-dev krb5-user
```

3 Ein Python-Modul über PIP installieren:

Die unter Debian 10 mitgelieferte Version des Moduls ist zu alt. Entfernen Sie das Paket, und installieren Sie über PIP die aktuellste Version:

```
# apt purge python3-kerberos
# pip3 install pywinrm[kerberos]
```

4 Kerberos-Konfigurationsdatei anlegen:

Übernehmen Sie sinngemäß die Datei */etc/krb5.conf* aus Listing 14.3 (die standardmäßig ausgelieferten Dateien sind meistens voller »Unsinn«):

```
[libdefaults]
        default_realm = EXAMPLE.ORG

[realms]
        EXAMPLE.ORG = {
                kdc = dc1.example.org
        }

[domain_realm]
        .example.org = EXAMPLE.ORG
```

Listing 14.3 »/etc/krb5.conf«

5 Kerberos-Setup testen:

Beziehen Sie testweise ein Ticket für ein Domänenaccount:

```
$ kinit <username>@EXAMPLE.ORG
```

Weitere nützliche Tools in diesem Kontext sind `klist` zum Auflisten aller Tickets und `kdestroy`, um Tickets wieder wegzuwerfen. ■

Nun muss nur noch das Inventory auf unserem Control Host angepasst werden – sinngemäß etwa wie in Listing 14.4:

```
[windows]
win10.example.org

[windows:vars]
ansible_user=Administrator@EXAMPLE.ORG
ansible_password=Passw0rd
ansible_connection=winrm
ansible_winrm_transport=kerberos
ansible_winrm_server_cert_validation=ignore
```

Listing 14.4 »inventories/windows/inventory«

Wenn Sie nicht möchten, dass das Klartextpasswort in der Datei steht, nehmen Sie die `ansible_password`-Zeile heraus und fügen stattdessen hinzu:

```
ansible_winrm_kinit_mode=manual
```

Dadurch verlässt sich Ansible darauf, dass Sie mittels `kinit` ein passendes Ticket bereitstellen, bevor Sie bspw. ein Playbook aufrufen.

Jedenfalls sollte nun das praktische Arbeiten mit einem Domain-Member exakt so funktionieren wie mit einem Standalone-System:

```
$ ansible -i inventories/windows/inventory all -m win_ping
win10.example.org | SUCCESS => {
    "changed": false,
    "ping": "pong"
}
```

14.5 WinRM-Troubleshooting

Sollten Sie wider Erwarten Probleme haben, WinRM zur Zusammenarbeit mit Ansible zu bewegen, so gibt es einige Punkte, die Sie überprüfen sollten. Die allermeisten Probleme fallen in eine der beiden folgenden Kategorien:

1. Netzwerk- bzw. Verbindungsprobleme
2. Authentifizierungsprobleme

Netzwerk-Troubleshooting

Zur Behebung von Netzwerk-Problemen analysieren Sie die folgenden Punkte:

- Läuft der WinRM-Service überhaupt? (Verwenden Sie z.B. `Get-Service -Name winrm` in einer PowerShell zum Überprüfen des Status.)
- WinRM ist ein Webservice. Können Sie sich mit einem Tool wie `netcat` vom Control-Host zum gewünschten Ziel verbinden?
- Blockiert vielleicht eine Firewall Ihre Zugriffe?
- Gibt es möglicherweise Proxy-Einstellungen wie `http_proxy` oder `https_proxy`, die Ihre Zugriffe fehlleiten könnten?

Authentifizierungs-Troubleshooting

Bei Authentifizierungsproblemen gehen Sie wie folgt vor:

- Schließen Sie zunächst Tippfehler bei der Parametrisierung aus; vor allem bei `ansible_user` und `ansible_password`.

- Stellen Sie sicher, dass das Zielaccount Administratorrechte hat.
- Wenn Sie Basic Authentication nutzen: Stellen Sie sicher, dass Sie einen lokalen Account und keinen Domänenaccount nutzen.
- Wenn Sie Kerberos nutzen: Beachten Sie die Großschreibung des Realm-Namens. Überall, wo in obigen Beispielen »EXAMPLE.ORG« steht, hat das seinen Grund!
- Wenn Sie Kerberos nutzen: Prüfen Sie, ob alle beteiligten Systeme die gleiche Uhrzeit haben. Kerberos reagiert schon auf wenige Minuten Zeitunterschied extrem allergisch.

14.6 Windows-Module

In Version 2.9 hat Ansible bereits über 100 Windows-Module mit an Bord. Am besten nehmen Sie sich einmal etwas Zeit und überfliegen die Seite *http://docs.ansible.com/ansible/modules/list_of_windows_modules.html*. Es ist natürlich sehr schwer, die fünf oder zehn wichtigsten davon zu nennen, denn genau wie in der Linux-Welt kommt es auch hier immer darauf an, was *Sie* gerade tun möchten.

Erfreut stellt man jedenfalls erst einmal fest, dass bekannte Standardmodule wie copy, template, file, get_url, user, group, lineinfile, service, command, shell, reboot und noch einige mehr allesamt ein win_*-Pendant besitzen, sodass man sich hier gleich heimisch fühlt.

Etwas Vorsicht ist geboten, wenn Sie Windows-Dateisystem-Pfade spezifizieren müssen. Der dabei nötige Backslash (\) hat in der Linux-Welt mitunter die Bedeutung eines Fluchtzeichens, was durchaus Probleme bereiten kann. In einem Playbook, genauer gesagt in YAML, hat der Backslash nur innerhalb der doppelten Hochkommas diese Bedeutung. Damit wären folgende Verwendungen in Ordnung:

```
dest:  C:\Windows\Temp\test.txt
dest:  'C:\Windows\Temp\test.txt'
dest:  "C:\\Windows\\Temp\\test.txt"
```

Von allen anderen Kombinationsmöglichkeiten rate ich dringend ab, genauso wie von der Verwendung der klassischen key=value-Form, bei der wieder andere Gesetze gelten (dort brauchen Sie – etwas verkürzt gesprochen – immer zwei Backslashes).

Ganz schlimm kann es im Ad-hoc-Modus werden, wo ja überdies noch die Gesetze der Linux-Kommandozeile bzw. -Shell dazukommen:

```
$ ansible all -i inventories/windows/inventory -m win_copy \
   -a "dest=C:\\\\Windows\\\\Temp\\\\test.txt \
    content='Nur ein Test'"
```

Aber vielleicht muss man sich das Leben ja auch nicht unnötig schwer machen und verzichtet lieber auf derlei Ausflüge.

Ich möchte nun noch einige *wirklich* Windows-typische Module hervorheben:

win_chocolatey – Paketmanagement mit chocolatey

```
- name: Notepad++ und PuTTY installieren
  win_chocolatey:
    name:
      - notepadplusplus
      - putty.install
```

Für klassische .msi- oder .exe-Installer steht außerdem das Modul win_package zur Verfügung.

Online-Dokumentation:
http://docs.ansible.com/ansible/modules/win_chocolatey_module.html

win_domain_user – Domänenaccounts verwalten

```
- name: Benutzer anlegen
  win_domain_user:
    name: flink
    firstname: Fritze
    surname:  Flink
    password: Fr1tzePasswOrd
```

Aufrufe dieses Moduls müssen sich natürlich an einen Domänencontroller richten.

Online-Dokumentation:
http://docs.ansible.com/ansible/modules/win_domain_user_module.html

win_environment – Umgebungsvariablen verwalten

```
- name: Umgebungsvariable für alle Benutzer setzen
  win_environment:
    name: LIEBLINGSTIER
    value: Hund
    level: machine
```

Online-Dokumentation:
http://docs.ansible.com/ansible/modules/win_environment_module.html

win_regedit – Registry-Einträge verwalten

```
- name: Jede CMD.EXE mit Codepage 1252 starten
  win_regedit:
```

```
    path: HKLM:\Software\Microsoft\Command Processor
    name: Autorun
    data: chcp 1252
```

Um lediglich Informationen über Registry-Einträge zu gewinnen, verwenden Sie bitte win_reg_stat.

Online-Dokumentation:
http://docs.ansible.com/ansible/modules/win_regedit_module.html

win_updates – Updates einspielen

```
- name: Wichtige Updates einspielen
  win_updates:
    category_names:
      - SecurityUpdates
      - CriticalUpdates
```

Dieses Modul bietet noch viele weitere Möglichkeiten; bitte werfen Sie bei Bedarf unbedingt einen Blick in die komplette Dokumentation unter *http://docs.ansible.com/ansible/modules/win_updates_module.html*.

Kapitel 15
Kochrezepte, Howtos und Best Practices

Betrachten Sie dieses Kapitel als eine Sammlung von Ideen und Lösungsvorschlägen für immer wiederkehrende praktische Probleme. Oder als Anschauungsmaterial und Ideenlieferant für eigene Lösungen.

Alles, was Sie hier finden, hat in keinster Weise den Anspruch, die jeweils beste oder schönste oder effizienteste Lösung zu sein, aber es ist getestet und es funktioniert.

15.1 Eine empfehlenswerte »ansible.cfg«

Die Einstellungen aus Listing 15.1 haben sich bewährt, aber es gibt natürlich keine Konfiguration, die für alle Umgebungen optimal ist. Prüfen Sie deshalb bitte alle Einstellungen, bevor Sie sie in Ihrer Umgebung einsetzen!

```
[defaults]
inventory = inventories/devel/inventory
stdout_callback = yaml

gathering = smart
fact_caching = jsonfile
fact_caching_connection = ~/.ansible/fact_cache
fact_caching_timeout = 86400

retry_files_enabled = yes
retry_files_save_path = ~/.ansible/retry-files

force_handlers = true
nocows = true

roles_path = ./roles

ansible_managed = "Managed by ansible, don't make changes here!"
```
Listing 15.1 »ansible.cfg«: empfehlenswerte Konfigurationseinstellungen

15.2 Suche in einer Liste von Maps

Gehen Sie von folgender Problemstellung aus: Sie haben eine Liste von Objekten (also Maps) und suchen darin ein ganz bestimmtes (oder auch mehrere). Im Beispiel aus Listing 15.2 wird die Map des Hundes »Waldi« gesucht; das name-Attribut ist also der Suchschlüssel.

Eine Lösung gelingt mit Einsatz des Jinja2-selectattr()-Filters, der mit Schlüsselname, Vergleichsoperator und gesuchtem Wert parametrisiert wird:

```yaml
---
- hosts: localhost

  vars:
    tiere:
      - name: Fiffi
        typ: Hund
        alter: 7
      - name: Waldi
        typ: Hund
        alter: 9
      - name: Maumau
        typ: Katze
        alter: 5

    suchtier: Waldi

  tasks:
    - set_fact:
        trefferliste: >
          {{ tiere | selectattr("name", "equalto", suchtier) | list }}
    - set_fact:
        tier: "{{trefferliste|first}}"
      when: trefferliste

    - debug:
        msg: "{{tier.typ}} {{tier.name}} ist {{tier.alter}} Jahre alt."
      when: tier is defined

    - debug:
        msg: "Das gesuchte Tier konnte nicht gefunden werden."
      when: tier is not defined
```

Listing 15.2 »selectattr.yml«: Suche in einer Liste von Maps

```
$ ansible-playbook selectattr.yml
[…]

ok: [localhost] => {
    "msg": "Hund Waldi ist 9 Jahre alt."
}

$ ansible-playbook selectattr.yml -e suchtier=Bello
[…]

ok: [localhost] => {
    "msg": "Das gesuchte Tier konnte nicht gefunden werden."
}
```

15.3 Erweiterung von Maps oder Listen während der Laufzeit

Falls Sie einmal auf das Problem stoßen, dass Sie eine Map oder eine Liste während der Laufzeit erweitern müssen: Es ist nur eine Frage des Gewusst-Wie. Listen erweitern Sie in Jinja einfach mit »+«, Maps erweitern Sie mit dem combine()-Filter:

```
- hosts: localhost
  gather_facts: no

  vars:
    zahlen: [11, 22, 33]
    tiere: {Hund: Wuff, Katze: Miau, Maus: Fiep}

  tasks:
    - set_fact:
        mehr_zahlen: [44, 55]
        mehr_tiere: {Esel: Iaaaa, Hund: Knurr}

    - name: Liste erweitern
      set_fact:
        zahlen: "{{zahlen + mehr_zahlen}}"

    - name: Map erweitern
      set_fact:
        tiere: "{{tiere | combine(mehr_tiere)}}"

    - name: Liste ausgeben
      debug: var=zahlen
```

```
    - name: Map ausgeben
      debug: var=tiere
```

Listing 15.3 »append.yml«: Listen oder Maps erweitern

Und so sieht das Ergebnis aus:

```
$ ansible-playbook append.yml
[…]
TASK [Liste ausgeben] ************************************************
ok: [localhost] => {
    "zahlen": [
        11,
        22,
        33,
        44,
        55
    ]
}

TASK [Map ausgeben] **************************************************
ok: [localhost] => {
    "tiere": {
        "Esel": "Iaaaa",
        "Hund": "Knurr",
        "Katze": "Miau",
        "Maus": "Fiep"
    }
}
[…]
```

15.4 Zufallspasswörter generieren

Es gibt viele Möglichkeiten, um Zufallspasswörter zu erzeugen. Eine (nahezu) Rundum-sorglos-Lösung besteht in der Verwendung des `password`-Lookup-Plugins.

Der Clou dabei ist, dass dieses Plugin das jeweilig generierte Klartextpasswort in eine lokale Datei schreibt (falls Sie später bspw. Ihren Nutzern das neue Passwort noch per Mail zusenden möchten).

Wenn diese Datei schon existiert, liest das Plugin die Passwortinformationen von dort ein, somit ist auch Idempotenz gewährleistet. Des Weiteren können Sie Passwortlänge und -komplexität bestimmen und auch noch entscheiden, ob der generierte Output gehasht oder im Klartext gegeben sein soll.

Sehen Sie das folgende Beispiel aus Listing 15.4 als eine Basis für Ihr Vorhaben. Die generierten Passwörter pro Benutzer stehen nach dem Durchlauf im Ordner */tmp/credentials/* und müssten dort natürlich irgendwann wieder entfernt werden:

```yaml
---
- hosts: debian

  vars:
    users:
      - name: flink
        fullname: Fritze Flink
      - name: mustermann
        fullname: Erika Mustermann
      - name: winzig
        fullname: Willi Winzig

  tasks:
    - name: Benutzer anlegen
      user:
        name: "{{item.name}}"
        shell: /bin/bash
        password: >-
          {{ lookup('password',
                    '/tmp/credentials/pass_'
                    + item.name
                    + '.txt
                    chars=ascii_letters,digits
                    length=8
                    encrypt=sha512_crypt')
          }}
      with_items: "{{users}}"
```

Listing 15.4 »random-passwords.yml«: Linux-Benutzer mit Zufallspasswörtern anlegen

Sie sehen, dass dieses Plugin völlig unabhängig vom eigentlichen Verwendungszweck ist. Ob Sie (wie hier) Linux-User anlegen möchten oder MySQL-User oder aus sonst irgendeinem Grund Passwörter benötigen: Erst mit dem passenden Modul drumherum bestimmen Sie, was mit dem jeweiligen Passwort getan wird!

Siehe auch: *http://docs.ansible.com/ansible/plugins/lookup/password.html*

15.5 Einfache Installer bauen

Ansible ist ja zweifellos gut dafür geeignet, auf Systemen Software auszurollen. Also könnte man doch auch auf die Idee kommen, damit einen Installer zu bauen – vergleichbar mit einer *setup.exe* in der Windows-Welt. Dieser Installer wäre dann natürlich ein Playbook.

Die nötige Voraussetzung ist selbstverständlich die Ansible-Software, aber das stellt ja im Prinzip kein Problem dar. Sie könnten also jemandem sagen: »Installiere dir das Paket *ansible*, dann lass dieses Playbook laufen und geh dir einen Kaffee holen.« Im Prinzip.

Die Anforderungen sind also:

- Wir möchten ein möglichst einfach zu startendes Playbook, das ohne externe Abhängigkeiten (abgesehen von Ansible) auf `localhost` funktioniert. Also ohne *ansible.cfg* und ohne Inventory.
- Das Playbook soll aber genauso gut funktionieren, wenn diese äußeren Gegebenheiten zufällig da sind (wie bspw. beim User `ansible` auf unserem Labor-Control-Host).
- Zum Betrieb werden letztlich Root-Rechte benötigt. Das Playbook soll ja schließlich administrative Änderungen am lokalen System durchführen.

Ein Vorschlag, wie Sie dies lösen könnten, sehen Sie in Listing 15.5:

```
#!/usr/bin/ansible-playbook --inventory=localhost,
---
- hosts: localhost
  connection: local
  force_handlers: true
  vars:
    ansible_python_interpreter: auto_silent

  pre_tasks:
    - set_fact:
        eff_uid_number: "{{ lookup('pipe', 'id -u') }}"

    - block:
      - debug:
          msg: "This program requires root privileges"
      - meta: end_play
      when: eff_uid_number|int != 0

  tasks:
```

```
    # Jetzt gehts los.
    - name: Der erste Task (erfordert Root-Rechte)
      command: head -1 /etc/shadow
      changed_when: false
```

Listing 15.5 »installer.yml«: ein Ansible-basierter Installer

Der Clou ist hier, das Playbook **ausführbar zu machen**, um es dann wie ein gewöhnliches Programm starten zu können:

```
$ chmod +x installer.yml
```

Durch die Shebang-Zeile wird es mit einer Inventory-Information versorgt, denn sonst würde es beim Start gegebenenfalls eine Warnmeldung produzieren.

Die Einstellung `connection: local` verhindert, dass Ansible wie gewohnt über SSH arbeitet. Das würde wenig Sinn ergeben, wenn man bereits Root ist und auf `localhost` etwas tun möchte.

Wenn Sie das Playbook als Root starten (oder **sudo** voranstellen oder was auch immer nötig ist, um ein Programm mit Root-Rechten laufen zu lassen), sollte alles funktionieren:

```
# ./installer.yml
[…]
TASK [Der erste Task (erfordert Root-Rechte)] ********************************
ok: [localhost]
[…]
```

Ein Versuch als unprivilegierter User wird abgefangen:

```
$ ./installer.yml
[…]
ok: [localhost] =>
  msg: This program requires root privileges
[…]
```

Sie hätten anstelle von `meta: end_play` auch mit `fail:` arbeiten können, aber die dadurch produzierten Ausgaben könnten nicht ganz so versierte Anwender schnell verwirren.

Im Prinzip ist das jetzt alles ganz in Ordnung, aber einen kleinen Haken gibt es noch: Wegen der gewählten Shebang-Zeile ist es zwingend erforderlich, dass das Programm `ansible-playbook` in */usr/bin* installiert ist. Die vermeintlich einfache Abhilfe mit

```
#!/usr/bin/env ansible-playbook
```

gestattet es leider nicht, noch einen zusätzlichen Kommandozeilenschalter (in unserem Fall `--inventory`) anzugeben.

Tatsächlich gibt es unter Linux keine portable Möglichkeit, eine Shebang-Zeile mit beliebigen Argumenten zu verwenden – nur für den Fall, dass Ihnen noch weitere Optionen einfallen! In der Debian-Welt gibt es zu diesem Zweck env -S, was uns sehr geholfen hätte. Aber das env-Kommando der SUSE-Welt bspw. kennt diese Option nicht. Der absolute Pfad zu ansible-playbook ist wohl letztlich das kleinste Übel.

15.6 IP-Adresse eines Target Hosts bestimmen

Es ist ein erstaunlich hartnäckiges Problem, die IP-Adresse eines Target Hosts zu bestimmen. Der Knackpunkt ist letztlich, dass ein Host meist mehrere IP-Adressen hat (selbst wenn man einmal ganz klassisch nur IPv4 betrachtet) und Ansible letztlich nicht wissen kann, welche davon »die beste« ist. Lassen Sie uns einmal die zur Verfügung stehenden Optionen betrachten.

ansible_default_ipv4

Dieser Ansible-Fact klingt erst einmal sehr vielversprechend. Versuchen Sie das folgende simple Playbook in unserer Laborumgebung:

```
- hosts: all

  tasks:
    - debug: var=ansible_default_ipv4.address
```

Listing 15.6 »default_ipv4.yml«

Sie bekommen damit aber leider Adressen, die Sie nicht bestellt haben:

```
ok: [debian] => {
    "ansible_default_ipv4.address": "10.0.2.15"
}
ok: [suse] => {
    "ansible_default_ipv4.address": "10.0.2.15"
}
ok: [centos] => {
    "ansible_default_ipv4.address": "10.0.2.15"
}
ok: [ubuntu] => {
    "ansible_default_ipv4.address": "10.0.2.15"
}
```

Und zwar aus folgendem Grund: ansible_default_ipv4 ist *nicht* auf irgendeine magische Weise die Haupt-IP eines Servers, sondern es ist die IP auf dem Interface, auf das die Default-Route zeigt. In seltenen Fällen könnte ansible_default_ipv4 also sogar undefiniert sein, aber in unserem Fall bekommen Sie diese seltsamen Ergebnisse, weil der Vagrant-Provisionierer die Systeme eben so eingerichtet hat.

Fazit an dieser Stelle: Benutzen Sie diesen Fact nur mit großer Vorsicht!

IP-Adresse eines bestimmten Interfaces nutzen

Manchmal wissen Sie bereits, auf welchem Interface sich Ihre gesuchte IP-Adresse befindet (wie in folgendem Beispiel auf eth1). Dann besteht die einzige Kunst nur noch darin, korrekt auf die Facts zuzugreifen:

```
---
- hosts: all

  vars:
    iface_name: eth1

  tasks:
    - debug: var=ansible_facts[iface_name]['ipv4']['address']
```
Listing 15.7 »interface_ipv4.yml«

Das Ergebnis ist dann auch eher in unserem Sinne:

```
ok: [debian] => {
    "ansible_facts[iface_name]['ipv4']['address']": "192.168.150.10"
}
ok: [centos] => {
    "ansible_facts[iface_name]['ipv4']['address']": "192.168.150.20"
}
ok: [suse] => {
    "ansible_facts[iface_name]['ipv4']['address']": "192.168.150.30"
}
ok: [ubuntu] => {
    "ansible_facts[iface_name]['ipv4']['address']": "192.168.150.40"
}
```

IP-Adresse der Ansible-Verbindung nutzen

Durchsucht man alle Facts eines Hosts nach der gewünschten IP, so stößt man möglicherweise noch auf eine dritte Quelle: die Umgebungsvariable SSH_CONNECTION. Der Inhalt sieht wie folgt aus:

```
"SSH_CONNECTION": "192.168.150.129 55542 192.168.150.30 22"
```

Spalte 3 wäre dann die IP des Targets. Ein schneller Versuch zeigt aber, dass diese Umgebungsvariable nicht auf allen Labor-Hosts zur Verfügung steht. Konkret fehlen diejenigen, die sudo verwenden; im Moment der Rechteerhöhung fällt diese Variable dort unter den Tisch.

Wir wollen jetzt aber mit dem Kopf durch die Wand, also ergänzen wir einfach eine Konfigurationseinstellung wie in Listing 15.8, damit sudo diese Variable bei der Rechteerhöhung weitergibt:

```
---
- hosts: all

  tasks:
    - stat:
        path: /etc/sudoers
      register: st

    - name: /etc/sudoers erweitern (falls existent)
      lineinfile:
        path: /etc/sudoers
        line: "Defaults env_keep += SSH_CONNECTION"
        insertafter: "^Defaults"
      when: st.stat.exists

    - name: Fakten-Refresh
      setup:

    - debug: msg={{ ansible_facts['env']['SSH_CONNECTION'].split(' ')[2] }}
```
Listing 15.8 »connection_ipv4.yml«: Variante mit SSH_CONNECTION

Und damit sollte es dann auch funktionieren:

```
ok: [debian] => {
    "msg": "192.168.150.10"
}
ok: [centos] => {
    "msg": "192.168.150.20"
}
ok: [suse] => {
    "msg": "192.168.150.30"
}
ok: [ubuntu] => {
    "msg": "192.168.150.40"
}
```

Wenn Sie diese Methode interessant finden, sollten Sie natürlich schon von Anfang an dafür sorgen, dass Ihre Zielsysteme diese sudo-Konfigurationseinstellung besitzen.

15.7 firewalld managen (falls vorhanden)

Zumindest auf Red-Hat- und SUSE-Systemen hat sich mittlerweile *firewalld* als Standard-Firewall-Lösung durchgesetzt, und natürlich gibt es auch ein Ansible-Modul zur Interaktion mit diesem Dienst. Nicht völlig trivial zu lösen ist aber das Problem, dass sich die Zielhosts in puncto Firewall-Setup oft sehr unterscheiden: Auf manchen ist *firewalld* aktiv, auf anderen jedoch inaktiv oder erst gar nicht vorhanden.

Das folgende Playbook aus Listing 15.9 zeigt exemplarisch, wie Sie mit dem firewalld-Modul gewisse Ports öffnen, *wenn* der Dienst vorhanden und aktiv ist:

```
---
- hosts: all

  tasks:
    - name: Fakten über alle Dienste einsammeln
      service_facts:

    - name: Ports für HTTP(S) öffnen, falls firewalld aktiv
      firewalld:
        service: "{{item}}"
        state: enabled
        permanent: yes
        immediate: yes
      with_items: [ http, https ]
      when: >
        ansible_facts['services']['firewalld.service'] is defined
          and
        ansible_facts['services']['firewalld.service']['state'] == "running"
```

Listing 15.9 »firewalld.yml«: Ports öffnen, falls firewalld aktiv ist

Es gibt allerdings einen kleinen Haken: Wenn Sie Ubuntu 20.04-Targets haben, brauchen Sie ein *sehr* neues Ansible, damit dieses Playbook funktioniert, denn Ubuntu hat irgendetwas an der Ausgabe von systemctl list-unit-files geändert, sodass das service_facts-Modul damit nicht mehr klar kommt.

Mit einem Ansible 2.9.6 würden Sie auf folgenden Fehler laufen:

```
$ ansible-playbook firewalld.yml
[…]
TASK [Fakten über alle Dienste einsammeln] ********************************
ok: [suse]
ok: [centos]
ok: [debian]
fatal: [ubuntu]: FAILED! => {"changed": false,
```

```
            "msg": "Malformed output  discovered from systemd list-unit-files:
                    accounts-daemon.service    enabled    enabled  "}
```

Mit einem Ansible 2.9.10 funktioniert es einwandfrei; in irgendeiner der dazwischenliegenden Versionen ist das Problem behoben worden. Wenn Ihnen kein hinreichend neues Ansible zur Verfügung steht, können Sie das Ganze auch etwas klassischer lösen, indem Sie den Service-Status einfach auf der Shell-Ebene prüfen:

```
---
- hosts: all

  tasks:
    - name: Status des firewalld-Services prüfen
      shell: systemctl is-active firewalld.service || true
      register: firewalld_status_cmd
      changed_when: false

    - name: Ports für HTTP(S) öffnen, falls firewalld aktiv
      firewalld:
        service: "{{item}}"
        state: enabled
        permanent: yes
        immediate: yes
      with_items: [ http, https ]
      when: firewalld_status_cmd.stdout == "active"
```

Listing 15.10 »firewalld-workaround.yml«

Wenn Sie jetzt denken: »Das ist ja sowieso viel einfacher« – da will ich nicht widersprechen.

15.8 Linux-Software-Updates einspielen

Das vollautomatische Einspielen von Software-Updates aus Distributionspaketen ist ein häufig geäußerter Wunsch von Ansible-Anwendern. Die Realisierung ist im Grunde auch nicht übermäßig schwer; nur wenn noch ein automatischer Reboot dazukommen soll (natürlich nur, falls erforderlich), wird es etwas anspruchsvoller.

Je nach Distribution unterscheiden sich die Techniken etwas, deswegen gebe ich nun drei Playbooks für unsere drei Distributionsfamilien.

Beginnen wir in Listing 15.11 mit der Debian/Ubuntu-Welt:

```
---
- hosts:
```

```yaml
    - debian
    - ubuntu

  tasks:
    - name: apt-Cache aktualisieren
      apt:
        update_cache: yes
        cache_valid_time: 3600

    - name: Alle Pakete aktualisieren
      apt:
        upgrade: dist

    - name: Feststellen, ob ein Reboot erforderlich ist
      stat:
        path: /var/run/reboot-required
      register: reboot_required

    - name: Reboot
      reboot:
      # (Das reboot-Modul bietet auch viele Parameter!)
      when: reboot_required.stat.exists
```
Listing 15.11 »update-debian.yml«: Linux-Software-Updates unter Debian einspielen

In der Red-Hat-/CentOS-Welt könnte es wie in Listing 15.12 aussehen:

```yaml
---
- hosts:
    - centos

  tasks:
    - name: Hilfspaket installieren
      yum:
        name: yum-utils

    - name: Alle Pakete aktualisieren
      yum:
        name: '*'
        state: latest

    - name: Feststellen, ob ein Reboot erforderlich ist
      command: needs-restarting -r
      changed_when: false
```

```yaml
        failed_when: false
        register: reboot_required

    - name: Reboot
      reboot:
      # (Das reboot-Modul bietet auch viele Parameter!)
      when: reboot_required.rc != 0
```
Listing 15.12 »update-centos.yml«: Linux-Software-Updates unter CentOS einspielen

Und schließlich in Listing 15.13 noch die SUSE-Welt:

```yaml
---
- hosts:
    - suse

  tasks:
    - name: Alle Pakete aktualisieren
      zypper:
        name: '*'
        state: latest

    - name: Feststellen, ob Prozesse einen Neustart brauchen
      command:
        cmd: zypper ps
        warn: false
      changed_when: false
      register: zypper_ps_cmd

    - name: Feststellen, ob ein neuer Kernel installiert wurde
      stat:
        path: /boot/do_purge_kernels
      register: new_kernel

    - name: Sicherheitshalber per Default den Reboot vorsehen
      set_fact:
        reboot_required: true

    - set_fact:
        reboot_required: false
      when: >
        "No processes using deleted files found."
          in zypper_ps_cmd.stdout_lines
        and
```

```
          "Reboot is probably not necessary."
            in zypper_ps_cmd.stdout_lines
          and
          not new_kernel.stat.exists

  - name: Reboot
    reboot:
    # (Das reboot-Modul bietet auch viele Parameter!)
    when: reboot_required
```
Listing 15.13 »update-suse.yml«: Linux-Software-Updates unter SUSE einspielen

SUSE erfordert hier etwas mehr Aufwand, weil es mehrere Informationsquellen gibt. Und die Analyse der Standardausgabe von `zypper ps` ist natürlich alles andere als wünschenswert bzw. fällt in die Rubrik »Asking for Trouble«.

Letztendlich gilt wohl immer (falls Sie es sich erlauben können):

Wenn eine Maschine entscheiden muss: lieber ein Reboot zu viel als einer zu wenig!

15.9 Ansible über einen Gateway- bzw. Jumphost

Mitunter sind Zielhosts aus netzwerktechnischen Gründen für Ansible nicht auf direktem Wege zu erreichen, sondern nur über einen Gateway- bzw. Jumphost. Hier kommt man durch geschickten Einsatz der SSH-Möglichkeiten trotzdem zum Ziel; aus reiner SSH-Sicht ist ein solches Setup in Abschnitt A.5.6 beschrieben.

Nehmen wir also an, dass sich Ihr komplettes Ansible-Projekt auf einer Workstation befindet und dass zwischen dieser Workstation und den Target Hosts ein Gateway-Host steht, den Sie SSH-technisch nicht umgehen können. Für ein transparentes Arbeiten mit Ansible müssten Sie dann wie folgt vorgehen:

1. Installieren Sie Ihren SSH-Public-Key für Ansible auf den Target Hosts *und* dem Gateway-Host.
2. Sorgen Sie für folgende Parametrisierung Ihrer Target Hosts:
   `ansible_ssh_common_args='-o ProxyCommand="ssh -q -W %h:%p USER@GATEWAY"'`
   Dabei ist `USER@GATEWAY` durch die konkreten Anmeldedaten am Gatewaysystem zu ersetzen.

Wenn Sie `ansible_ssh_common_args` bereits verwenden (wie etwa im Inventory aus Abschnitt 2.5), so können Sie den Parameter einfach erweitern, denn bei einem `ssh`-Aufruf sind ja mehrere `-o`-Optionen möglich. Also z. B. etwa so:

`ansible_ssh_common_args='-o StrictHostKeyChecking=no -o ProxyCommand="…"'`

15.10 Host-spezifische Ressourcen verwalten

Wir kommen nun noch zu einer Fragestellung, die sicher nicht alltäglich ist, aber Ihnen dennoch irgendwann begegnen mag. Zur Motivation greifen wir noch einmal auf unsere Apache-Rolle aus Abschnitt 8.4 zurück.

Wir erinnern uns: Diese Rolle diente dazu, auf allen Zielsystemen einen Apache-Webserver einzurichten und mit einer »hübschen« Startseite auszustatten. Die neue Anforderung soll nun sein, dass einige bestimmte Hosts noch weitere, individuelle HTML-Seiten benötigen.

Beispielsweise soll das SUSE-System noch folgende HTML-Seite bekommen:

```
<h2>Info:</h2>
<p>SUSE Linux erschien erstmalig Mitte der 1990er Jahre.</p>
```

Listing 15.14 »info.html«

Und das CentOS-System soll vielleicht diese HTML-Seite erhalten:

```
<h2>Info:</h2>
<p>CentOS ist kompatibel mit Red Hat Enterprise Linux.</p>
```

Listing 15.15 »info.html«

Die erste Frage ist ganz einfach organisatorischer Art: Wo sollen wir diese Dateien auf dem Control Host ablegen?

Die *files/-* oder *templates/-*Ordner der Rolle erscheinen ungeeignet, da die Rolle unabhängig von konkreten Zielsystemen bleiben soll. Stellen Sie sich einfach vor, irgendjemand anderes entwickelt und pflegt die Rolle und dieser Jemand weiß nichts von Ihren konkreten Zielsystemen. Er möchte nur in Abstimmung mit Ihnen das neue Feature in die Rolle einbauen.

Für host-spezifische *Variablen* bietet Ansible ja bekanntlich eine ausgezeichnete Lösung: den *host_vars/-*Ordner. Im Prinzip brauchen wir genau so etwas für host-spezifische Dateien bzw. Ressourcen. Best Practices hierzu gibt es jedoch kaum. Deswegen mache ich Ihnen dazu nun einen Vorschlag, mit dem ich stets gut arbeiten konnte.

Richten Sie im entsprechenden Inventory-Ordner eine *resources/-*Ordner-Hierarchie ein:

```
inventories/devel
|-- group_vars/
|-- host_vars/
|-- inventory
|
`-- resources/
```

```
    |-- all/
    `-- host/
        |-- centos/
        |   `-- htdocs/
        |       `-- info.html
        `-- suse/
            `-- htdocs/
                `-- info.html
```

Und die Apache-Rolle wird um folgende Tasks erweitert:

```
- set_fact:
    resource_dir: "{{inventory_dir}}/resources/host/{{inventory_hostname}}"

- name: Info-Datei hochladen, falls vorhanden
  block:
    - set_fact:
        filename: "{{resource_dir}}/htdocs/info.html"

    - local_action:
        module: stat
        path: "{{filename}}"
      register: local_content

    - copy:
        src: "{{filename}}"
        dest: "{{apache_document_root}}"
        mode: 0644
      when: local_content.stat.exists
```
Listing 15.16 »tasks/main.yml«

Es gibt leider keinen kürzeren (aber dennoch sauberen) Weg, eine Datei nur dann zu kopieren, wenn sie vorhanden ist.

Sollten Sie eine ganze Menge von Dateien dort liegen haben, kommen Sie mit einer with_fileglob-Schleife weiter:

```
- set_fact:
    resource_dir: "{{inventory_dir}}/resources/host/{{inventory_hostname}}"

- name: Alle Dateien aus Ordner hochladen, falls vorhanden
  block:
    - set_fact:
        dirname: "{{resource_dir}}/htdocs"
```

```
- copy:
    src: "{{item}}"
    dest: "{{apache_document_root}}"
    mode: 0644
  with_fileglob:
    - "{{dirname}}/*"
```

Listing 15.17 »tasks/main.yml«

Die Überprüfung mittels stat und die when-Bedingung bei copy können wir uns hier sparen: Wenn es keine Treffer bei with_fileglob gibt, ist das kein Fehler. Es kommen zwar Warnmeldungen, aber die würden auch trotz der Überprüfung kommen.

Leider ist diese Methode sehr langsam; wenn Sie sehr viele Dateien hochladen müssen, macht es wirklich keinen Spaß. Wenn Sie jetzt schon (zu Recht) auf das synchronize-Modul schielen: Es wäre tatsächlich die weitaus bessere Wahl, weil rsync dahintersteckt, und wir damit sogar beliebige Verzeichnishierarchien hochladen könnten. Aber leider funktioniert es unter become_user nur dann, wenn passwortfreies sudo die Methode zur Rechteerhöhung ist. Damit wäre unser CentOS-System schon raus, denn dort wird su benötigt. Ein Grund mehr, auf Zielsystemen für Ansible direkt das root-Account via SSH-Key zugänglich zu machen. (Wenn da nicht immer diese ganzen Bedenkenträger wären ... Aber das ist ein anderes Thema.)

Kapitel 16
Eigene Module erstellen

Ich diesem Kapitel möchte ich Ihnen zeigen, dass Ansible-Module kein Hexenwerk sind und dass Sie bei Bedarf durchaus recht einfach auch eigene Module entwickeln können. Der Bedarf ist in den letzten Jahren allerdings immer geringer geworden – weit über 3.000 Module in Ansible 2.9 lassen wohl kaum noch Wünsche offen.

Dieses Kapitel richtet sich naturgemäß an Programmierer. Module können prinzipiell in jeder Programmiersprache erstellt werden, aber irgendeine davon sollten Sie auch gut beherrschen, wenn Sie ernsthaft in das Thema einsteigen möchten.

Besondere Privilegien genießt hier die Programmiersprache Python. Da Ansible selbst auf Python basiert, haben die Entwickler auch eine umfangreiche Bibliotheksschnittstelle bereitgestellt, die die Modul-Erstellung stark vereinfacht und leichte Performancevorteile bei der Ausführung ermöglicht. Ich möchte die Prinzipien der Modul-Erstellung aber zunächst an möglichst einfachen Beispielen in der Bash-Sprache verdeutlichen, sodass Sie ihnen möglichst einfach folgen können.

Typische Beweggründe, sich mit der Modulerstellung zu beschäftigen, wären:

- Sie möchten auf Zielsystemen eine überschaubare Aktion durchführen, aber keines der vorhandenen Module scheint Ihnen dafür geeignet.
- Die Verwendung des command- bzw. shell-Moduls ist für die Aufgabe zu kompliziert bzw. fehlerträchtig.
- Die Verwendung des script-Moduls erscheint Ihnen zu langweilig und irgendwie nicht Ansible-gemäß.
- Eine Rolle ist für den Zweck zu unhandlich bzw. ungeeignet.

16.1 Erste Schritte

Ein Ansible-Modul ist im einfachsten und klassischen Fall ein Programm, typischerweise verfasst in irgendeiner Skriptsprache (aber in der Tat ist die Programmiersprache beliebig). Es gibt eine einzige Anforderung, die uns im Moment interessieren muss: Es wird erwartet, dass das Modul eine Ausgabe im JSON-Format erzeugt.

Module müssen natürlich auch gefunden werden. Es gibt vordefinierte Suchpfade für Custom-Module, aber die passen nicht so recht zu unserem Projekt. Wir wollen unsere eigenen Module in einem Ordner *modules/* ablegen:

```
$ mkdir ~/ansible/modules
```

Und damit Ansible dort auch sucht, setzen wir die Konfigurationsdirektive library in der [defaults]-Sektion der *ansible.cfg*:

```
# [defaults]
library = ./modules
```

Listing 16.1 »ansible.cfg«: Ausschnitt

Für einen ersten Test erstellen wir das wahrscheinlich einfachste Modul, das überhaupt möglich ist, mit der Programmiersprache Bash:

```
#!/bin/bash
echo '{}'
```

Listing 16.2 »modules/hallo.sh«

Es gibt zweifellos gültiges JSON aus, also sollte alles in Ordnung sein. Wenn Sie es nur über Ansible aufrufen möchten, müssen Sie nicht einmal Ausführungsrechte vergeben. Testen Sie es mit einem Ad-hoc-Aufruf:

```
$ ansible localhost -m hallo
localhost | SUCCESS => {
    "changed": false
}
```

Sie könnten das Modul tatsächlich auch über seinem vollen Namen *hallo.sh* aufrufen, aber niemand macht das.

Normalerweise hat die zurückgelieferte JSON-Struktur natürlich einige Einträge. Sie können damit im Prinzip beliebige Daten zurückliefern, es gibt nur drei Schlüssel, deren Bedeutung fest vorgegeben ist:

- changed
  Mit changed geben Sie an, ob die Ausführung des Moduls eine Zustandsänderung des Hosts bewirkt hat. Diesen Wert sollten Sie immer liefern (ansonsten wird false angenommen).

- failed
  Signalisieren Sie im Fehlerfall mit diesem Parameter, dass etwas schiefgegangen ist ("failed": true).

- msg
  Liefern Sie mit msg im Fehlerfall eine hilfreiche Meldung.

Das folgende Modul aus Listing 16.3 simuliert all diese Ereignisse nach dem Zufallsprinzip:

```
#!/bin/bash
ZAHL=$(( RANDOM % 3 ))

# 0 = kein Change
# 1 = Change
# 2 = Fehler

case $ZAHL in
    0) JSON='"changed": false'
       ;;
    1) JSON='"changed": true'
       ;;
    2) JSON='"changed": false, "failed": true, "msg": "Das ging schief."'
       ;;
esac

cat <<EOF
{
  "zufallszahl": $ZAHL,
  $JSON
}
EOF
```

Listing 16.3 »modules/zufall.sh«: exemplarisches Modul in der Sprache Bash

Gegebenenfalls müssen Sie es öfter aufrufen, um alle drei möglichen Ausgänge beobachten zu können:

```
$ ansible all -m zufall
debian | FAILED! => {
    "changed": false,
    "msg": "Das ging schief.",
    "zufallszahl": 2
}
ubuntu | CHANGED => {
    "changed": true,
    "zufallszahl": 1
}
centos | SUCCESS => {
    "changed": false,
    "zufallszahl": 0
}
```

```
suse | SUCCESS => {
    "changed": false,
    "zufallszahl": 0
}
```

16.2 Modul-Parameter

Bekanntlich benötigen die meisten Module zur Ausführung gewisse Parameter; erst dadurch werden sie flexibel und interessant. Unsere eigenen Module sollen da natürlich keine Ausnahme bilden. Lassen Sie uns exemplarisch ein Modul namens rechnen erstellen, das zwei Zahlen mit einer der vier Grundrechenarten kombiniert. In einem hypothetischen Playbook könnte die Verwendung also beispielsweise so aussehen, wie es Listing 16.4 zeigt:

```
- hosts: localhost

  tasks:
    - name: Berechne die Summe zweier Zahlen
      rechnen:
        zahl1: 3
        zahl2: 4
        rechenart: "+"
      register: rechenaufgabe

    - debug:
        msg: Das Ergebnis der Berechnung ist {{rechenaufgabe.ergebnis}}
```
Listing 16.4 »playbook.yml«: exemplarisches Playbook zum Testen des rechnen-Moduls

Die Angabe der Parameter zahl1 und zahl2 soll dabei verpflichtend sein, die rechenart könnte den Default »+« haben. Um zu wissen, wie Sie in einem Modul an diese Parameter herankommen, müssen Sie wissen, was Ansible bei einem Modulaufruf im Hintergrund tut:

1. Ansible generiert eine temporäre *Parameterdatei*, die als Inhalt eine lange Zeile der folgenden Form hat:

   ```
   zahl1=77 zahl2=99 rechenart=+
   ```

   (Ansible fügt noch weitere interne Key-Value-Paare hinzu, aber die müssen uns momentan nicht interessieren.)

2. Die Parameterdatei überträgt Ansible zusammen mit dem Modul zum Zielsystem.

3. Im Zielsystem bestimmt Ansible aus der Shebang-Zeile den Interpreter und startet schließlich einen Aufruf der Form

    <INTERPRETER> <MODUL> <PARAMETERDATEI>

Aus Sicht eines Shellskriptes muss die Parameterdatei dank des passenden Formates eigentlich nur gesourct werden (Sicherheitsbedenken lassen wir dabei einmal außen vor). Damit stehen dann alle Parameter als gleichnamige Shell-Variablen zur Verfügung, und eine Lösung könnte nun etwa so aussehen:

```bash
#!/bin/bash

# Modul-Parameter aus Datei einlesen:
source $1

# Falls Rechenart nicht gesetzt ist, nehmen wir "+":
rechenart=${rechenart:-+}

# Die Bash-Arithmetik-Umgebung erledigt die Arbeit:
ergebnis=$(( zahl1 $rechenart zahl2 ))

if [ $? -eq 0 ]; then
    JSON='"ergebnis": "'$ergebnis'"'
else
    # Da ging wohl was schief
    JSON='"msg": "Syntax error", "failed": true'
fi

# JSON-Output generieren:
cat <<EOF
{
  "changed": false,
  $JSON
}
EOF
```

Listing 16.5 »modules/rechnen.sh«

Testen Sie es:

```
$ ansible localhost -m rechnen -a "zahl1=3 zahl2=4 rechenart=+"
localhost | SUCCESS => {
    "changed": false,
    "ergebnis": "7"
}

$ ansible localhost -m rechnen -a "zahl1=44 zahl2=55"
localhost | SUCCESS => {
```

```
    "changed": false,
    "ergebnis": "99"
}

$ ansible localhost -m rechnen -a "zahl1=6 zahl2=7 rechenart=*"
localhost | SUCCESS => {
    "changed": false,
    "ergebnis": "42"
}

$ ansible localhost -m rechnen -a "zahl1=200"
localhost | FAILED! => {
    "changed": false,
    "msg": "Syntax error"
}
```

Wenn Sie Lust haben, können Sie ja die Fehlermeldungen noch etwas differenzierter gestalten (»Fehlende Zahl«, »Unbekannte Rechenart« etc.). Ich wollte an dieser Stelle aber nicht zu weit vom Wesentlichen abschweifen.

Parameterdatei im JSON-Format

Wie Sie bereits gesehen haben, werden Parameterdateien im `Key=Value`-Format generiert. Für ein Shell-basiertes Modul ist das äußerst praktisch – ein einziger `source`-Aufruf genügt, und alle Parameter stehen zur internen Verarbeitung bereit.

Andere Programmiersprachen können mit diesem Format aber nicht so einfach umgehen, und einen eigenen Parser zu entwickeln ist alles andere als empfehlenswert. Als Alternative haben Sie die Möglichkeit, die Parameterdatei im JSON-Format zu erhalten. Dazu müssen Sie sich dies lediglich »wünschen«, indem Sie irgendwo in Ihrem Skript eine Kommentarzeile der folgenden Form einfügen:

```
# WANT_JSON
```

Damit würde Ansible die Parameterdatei im JSON-Format generieren, also etwa so:

```
{"zahl1": 77, "zahl2": 99, "rechenart": "+"}
```

Ein *Shell*-Programm kann von diesem Format allerdings nicht sofort profitieren; zum Parsen würden Sie in diesem Fall wohl auf das externe Programm `jq` zurückgreifen, das natürlich auch auf allen Target Hosts zur Verfügung stehen müsste.

In Listing 16.6 sehen Sie (wirklich nur *rein interessehalber*) den Beginn eines alternativen `rechnen`-Moduls mit JSON-Parameterverarbeitung:

```
#!/bin/bash
# WANT_JSON
```

```
# Test, ob jq installiert ist:
if ! type jq >/dev/null 2>&1; then
    echo '{ "failed": true, "msg": "Please install jq" }'
    exit 1
fi

# Modul-Parameter aus Datei einlesen:
zahl1=$( jq -r .zahl1 < $1 )
zahl2=$( jq -r .zahl2 < $1 )
rechenart=$( jq -r .rechenart < $1 )

# Falls Rechenart nicht gesetzt ist, nehmen wir "+":
[[ $rechenart = "null" ]] && rechenart=+

########## Ab hier geht es weiter wie bereits gezeigt ##########

ergebnis=$(( zahl1 $rechenart $zahl2 ))

if [ $? -eq 0 ]; then
    JSON='"ergebnis": "'$ergebnis'"'
else
    # Da ging wohl was schief
    JSON='"msg": "Syntax error", "failed": true'
fi

# JSON-Output generieren:
cat <<EOF
{
  "changed": false,
  $JSON
}
EOF
```

Listing 16.6 »modules/rechnen.sh«: Version mit JSON-Parameterverarbeitung

16.3   Module in Python

Um die Modulentwicklung in Python zu demonstrieren, wollen wir uns eine spannendere Aufgabe vornehmen. Das zu entwickelnde Modul testfiles soll im Ordner */tmp* eine bestimmte Anzahl von Dateien mit einem bestimmten Namensschema anlegen. Also etwa das, was Sie in der Shell mit einem einfachen Aufruf z. B. der folgenden Art erledigen würden:

In /tmp 20 Dateien test1.txt .. test20.txt anlegen:
```
$ cd /tmp; seq -f test%g.txt 20 | xargs touch
```

Das neue Modul wird natürlich ebenfalls eine reine Spielerei, aber ich werde wichtige Aspekte wie Parameterverarbeitung, Idempotenzverhalten, Check-Mode und vieles andere mehr damit demonstrieren können, sodass Sie danach für Ihr eigenes ernstes Projekt gut gerüstet sind.

Ein hypothetisches Playbook für unser neues Modul könnte so wie in Listing 16.7 aussehen:

```
- hosts: localhost

  tasks:
    - name: 20 Testdateien anlegen
      testfiles:
        path: /tmp
        number: 20
        format: "test%g.txt"
        state: present
```

Listing 16.7 »playbook.yml«: exemplarisches Playbook zum Testen des testfiles-Moduls

Für die Bedeutung bzw. Verwendung der vier möglichen Parameter vereinbaren wir Folgendes:

▶ path
  Das Zielverzeichnis. Default: */tmp*. Der Pfad muss bereits existieren, sonst erfolgt ein Abbruch.

▶ number
  Die Anzahl der Testdateien. Default: 10

▶ format
  Ein Pflichtparameter, der das Namensschema im »printf«-Format festlegt

▶ state
  Möglich sind hier present (der Default) oder absent.

16.3.1 Ein Beispiel in Python

In Listing 16.8 sehen Sie eine Lösung für das gestellte Problem. Ich stelle sie zunächst am Stück dar und werde sie dann in der Folge zerpflücken und erklären:

```
#!/usr/bin/python

from ansible.module_utils.basic import AnsibleModule
```

```python
import os

def run_module():

    module_args = dict(
        path   =dict(type='path', required=False, default='/tmp'),
        number=dict(type='int',  required=False, default=10),
        format=dict(type='str',  required=True),
        state =dict(choices=['present', 'absent'],
                    required=False,
                    default='present'
        )
    )

    module = AnsibleModule(
        argument_spec=module_args,
        supports_check_mode=True
    )

    path  = module.params['path']
    state = module.params['state']


    if not os.path.isdir(path):
        module.fail_json(msg=path + ' is not an existing directory')


    result = dict(changed=False)

    for i in range(1, module.params['number'] + 1):
        filepath = path + '/' + ( module.params['format'] % (i) )

        if state == 'present' and not os.path.exists(filepath):
            if not module.check_mode:
                os.mknod(filepath)
            result['changed'] = True

        if state == 'absent' and os.path.exists(filepath):
            if not module.check_mode:
                os.remove(filepath)
            result['changed'] = True

    module.exit_json(**result)
```

```
def main():
    run_module()

if __name__ == '__main__':
    main()
```
Listing 16.8 »modules/testfiles.py«: exemplarisches Modul in der Sprache Python

Testen Sie es ad hoc:

```
$ ansible localhost -m testfiles -a "format='test%02g.txt'"
localhost | CHANGED => {
    "changed": true
}
```

Dasselbe noch mal (Idempotenztest):
```
$ ansible localhost -m testfiles -a "format='test%02g.txt'"
localhost | SUCCESS => {
    "changed": false
}
```

Kontrolle:
```
$ (cd /tmp; ls *.txt)
test01.txt   test03.txt   test05.txt   test07.txt   test09.txt
test02.txt   test04.txt   test06.txt   test08.txt   test10.txt
```

Und wieder löschen:
```
$ ansible localhost -m testfiles -a "format='test%02g.txt' state=absent"
localhost | CHANGED => {
    "changed": true
}
```

Machen Sie gern weitere Aufrufe mit anderen/fehlenden/unzulässigen Parametern. Das Modul sollte weitestgehend vernünftig reagieren.

16.3.2 Erklärungen und weitere Möglichkeiten

Gehen wir die Lösung nun Schritt für Schritt durch:

```
from ansible.module_utils.basic import AnsibleModule
import os
```

Die `AnsibleModule`-Klasse stellt die benötigte Funktionalität zur Verfügung, und `os` ist eine Standardklasse für das Dateimanagement. Beide werden hier importiert.

```
def run_module():

    module_args = dict(
        path   =dict(type='path', required=False, default='/tmp'),
        number=dict(type='int',  required=False, default=10),
        format=dict(type='str',  required=True),
        state  =dict(choices=['present', 'absent'],
                    required=False,
                    default='present'
        )
    )
```

Die Funktion `run_module()` bildet den Kern unseres Moduls. Der Name ist beliebig, da sie gegen Ende des Programms einfach nur aufgerufen wird.

Die Map `module_args` werden wir im nächsten Schritt in einem Konstruktoraufruf benötigen. Sie enthält eine genaue Beschreibung aller Modul-Parameter (das sind die Keys auf der linken Seite). Jeder Wert ist ebenfalls eine Map, die die Eigenschaften des jeweiligen Parameters definiert:

- **type**
  Bei `type` handelt es sich um den Datentyp des Parameters. Per Default wäre alles nur Text, aber so kann Python gleich in den passenden internen Datentyp konvertieren. Zur Verfügung stehen die Basistypen `str`, `path`, `bool`, `int` und `float`; auch zusammengesetzte Typen wie `list` und `dict` wären möglich. Letztere würde der Anwender einfach komma-separiert angeben (`monat=April,Mai,Juni` bzw. `tiere=Hund=wuff,Katze=miau`).

- **required**
  `required` gibt an, ob es sich um einen Pflichtparameter handelt. Der Default ist `false`, aber es empfiehlt sich, diese Eigenschaft immer explizit hinzuschreiben.

- **default**
  `default` spezifiziert einen Default-Wert, der genommen wird, wenn der Anwender den Parameter nicht setzt. In unserem Fall könnte man sicher diskutieren, ob ein Default von zehn Dateien sinnvoll ist oder ob man besser einen Pflichtparameter daraus gemacht hätte.

- **choices**
  `choices` definiert eine Menge von möglichen Werten (Auswahlliste)

- **aliases**
  Bei `aliases` handelt es sich um eine Liste von alternativen Namen für einen Parameter. Das kommt in unserem Beispiel nicht vor, aber Sie kennen das möglicherweise aus anderen Modulen wie `lineinfile` (suchen Sie in der dortigen Dokumentation nach »aliases«).

Nun aber wieder zurück zum Geschehen:

```
module = AnsibleModule(
    argument_spec=module_args,
    supports_check_mode=True
)
```

Hier wird ein Objekt der Klasse `AnsibleModule` konstruiert, wobei u. a. die Parameter eingelesen und gegen unsere Spezifikation geprüft werden.

Die Einstellung `supports_check_mode` gibt an, ob das Modul in der Lage ist, *sinnvoll* im Check-Mode zu agieren (Option `--check`). Das bedeutet: Es sollten in dem Fall keine Systemänderungen durchgeführt werden, sondern das Modul soll nur so tun, als ob. Ein Modul, das den Check-Mode nicht unterstützt, würde in dem Fall einfach nur übersprungen.

```
path  = module.params['path']
state = module.params['state']
```

Die vom Anwender übergebenen Parameterwerte stehen nun zur Verfügung. Der Zugriffspfad ist für manche Anwendung etwas sperrig, deswegen wurden hier zwei Kopien angelegt.

```
if not os.path.isdir(path):
    module.fail_json(msg=path + ' is not an existing directory')
```

Laut unserer Vorgabe muss das Zielverzeichnis existieren. Wenn das nicht der Fall ist, beenden wir die Verarbeitung mit einem Fehler. Die Methode `fail_json` nimmt uns hier lästige Details ab und erledigt alles Notwendige.

```
result = dict(changed=False)

for i in range(1, module.params['number'] + 1):
```

Die `result`-Map werden wir am Ende zurückliefern. Noch wurden keine Systemänderungen vorgenommen, aber das kann sich ja noch ändern. Zum Anlegen der Dateien starten wir eine Schleife von 1 bis zur gewünschten Anzahl. Die Python-`range()`-Funktion liefert N-1 als letzten Wert; deswegen das »+1«.

```
        filepath = path + '/' + ( module.params['format'] % (i) )
```

Hier wird der Name der zu erstellenden Datei generiert. Mit dem %-Operator kann man die Parameter auf der rechten Seite in einen klassischen printf-Formatstring »einpflanzen«.

```
        if state == 'present' and not os.path.exists(filepath):
            if not module.check_mode:
                os.mknod(filepath)
            result['changed'] = True
```

```
        if state == 'absent' and os.path.exists(filepath):
            if not module.check_mode:
                os.remove(filepath)
            result['changed'] = True
```

Das ist die Programmlogik, die sich um das Anlegen bzw. Löschen der Testdateien kümmert. Im Check-Mode wird nur so getan, als ob. Wenn eine Änderung am Zielsystem nötig ist, wird dies in die `result`-Map eingetragen.

```
    module.exit_json(**result)
```

Beendet das Modul und liefert die erforderliche JSON-Struktur zurück, die aus der `result`-Map generiert wird. Der Doppelstern `**` ist eine Python-Feinheit; damit wird die Map in einzelne Key-Value-Parameter zerlegt, wie sie von der Methode `exit_json` benötigt werden.

Der Rest des Programms besteht nur noch aus Python-typischen Indirektionen, damit man das Python-Modul sowohl als Modul als auch als eigenständiges Programm verwenden kann.

16.3.3 Eingebettete Dokumentation

Im Wesentlichen fehlt unserem Modul nur noch etwas standardisierte Dokumentation. Ein paar Kommentare im Source-Code wären natürlich auch schön, aber es gibt darüber hinaus die Möglichkeit, spezielle YAML-Passagen im Source-Code einzubetten, die dann von Tools wie `ansible-doc` ausgelesen werden. Fügen Sie außerhalb jeglicher Funktionen eine DOCUMENTATION-Variable hinzu, die als Wert einen YAML-formatierten Text mit spezieller Struktur hat:

```
DOCUMENTATION = '''
---
module: testfiles
short_description: Create an amount of testfiles
description:
  - This module can create or remove an amount of testfiles.
  - Number, name format and destination path can be chosen.
version_added: "2.9"
options:
  path:
    description:
      - The destination folder.
        It must exist, otherwise this module will fail.
    type: path
    default: /tmp
```

```
      number:
        description:
          - Number of files
        type: int
        default: 10
      format:
        description:
          - Format in printf-style (like `'test%02g.txt'')
        type: str
        required: true
      state:
        description:
          - Whether the files should be created or removed.
        type: str
        choices: [ absent, present ]
        default: present

author:
  - Some User (user1@example.org)
'''

EXAMPLES = '''
- name: Create 20 testfiles test01.txt .. test20.txt in /tmp
  testfiles:
    number: 20
    format: test%02g.txt

- name: Remove 30 testfiles test01.jpg .. test30.jpg in /opt
  testfiles:
    number: 30
    format: test%02g.jpg
    path: /opt
    state: absent
'''
```

Listing 16.9 »modules/testfiles.py«: exemplarische Dokumentation eines Moduls

Sie können sich dann mit `ansible-doc` anschauen, wie diese Informationen verwertet werden:

`$ ansible-doc testfiles`

Auch hier gibt es durchaus noch mehr Möglichkeiten; siehe dazu bei Bedarf *http://docs.ansible.com/ansible/dev_guide/developing_modules_documenting.html*.

Kapitel 17
Callback-Plugins

Wenn Ansible ein Playbook verarbeitet, finden eine Menge verschiedenster Ereignisse statt: Ein Play wird gestartet, ein Task wird erfolgreich abgeschlossen, ein anderer Task schlägt fehl und vieles mehr. Die Reaktionen von Ansible auf all diese *Events* sehen Sie für gewöhnlich live in der Ausgabe Ihres Terminals. Die vielleicht interessante Neuigkeit ist nun, dass nichts davon in Stein gemeißelt ist: Durch einen Plugin-Mechanismus können Sie diese Reaktionen beeinflussen – bis hin zu selbst programmierten Callback-Routinen, die dann wirklich beliebige Dinge tun können.

Wahrscheinlich müssen Sie aber gar nicht selbst programmieren, denn Sie können bereits auf eine ganze Menge vorgefertigter und (mehr oder weniger) nützlicher Plugins zurückgreifen. Aus technischer Sicht kann man diese in zwei Kategorien unterteilen:

1. Stdout-Plugins
2. sonstige Plugins

Der entscheidende Unterschied dabei ist, dass immer nur *genau ein* Stdout-Plugin geladen werden kann, diese Beschränkung für die sonstigen Plugins aber nicht gilt. Von diesen können null oder mehr gleichzeitig verwendet werden. Ein weiterer Unterschied ist, dass die Callback-Plugins aus der Kategorie »Sonstige« bei Bedarf zunächst in der *ansible.cfg* aktiviert werden müssen; ich komme in Abschnitt 17.2 darauf zurück.

17.1 Stdout-Plugins

Tabelle 17.1 zeigt eine Übersicht über alle derzeit zur Verfügung stehenden Stdout-Plugins.

Stdout-Plugin	Beschreibung
`default`	das übliche Ausgabeformat
`null`	überhaupt keine Bildschirmausgabe
`yaml`	YAML-formatierte Ausgabe

Tabelle 17.1 Ausgabe-Plugins

Stdout-Plugin	Beschreibung
json	Ausgabe komplett in JSON
unixy	Ausgabe im UNIX-Stil
dense	extrem kompakte Ausgabe
minimal	Ausgabe wie beim ansible-Kommando
oneline	Ausgabe wie bei ansible -o
debug	Metainformationen + reine Ausgabe
selective	Gibt nur spezielle Tasks aus.
counter_enabled	Ausgabe mit Zählern

Tabelle 17.1 Ausgabe-Plugins (Forts.)

Sie können ein solches Plugin über die Umgebungsvariable ANSIBLE_STDOUT_CALLBACK oder über die Ansible-Konfiguration in der [defaults]-Sektion mit der Direktive stdout_callback auswählen (Ersteres ist stärker). Zum Ausprobieren ist die Auswahl per Umgebungsvariable sicher ganz praktisch; bspw. wählen Sie so das null-Plugin:

```
$ ANSIBLE_STDOUT_CALLBACK=null ansible-playbook […]
```

Ich möchte nun die Plugins mit nicht offensichtlicher Wirkungsweise etwas genauer beschreiben. Für exemplarische Ausgaben nutze ich Playbooks aus Abschnitt 5.6 oder Abschnitt 8.4, aber probieren Sie die Plugins besser mit Ihren eigenen Playbooks aus.

17.1.1   »default«

Die Ausgabe des default-Plugins kennen wir zur Genüge, deswegen muss ich dazu sicherlich kein Beispiel geben. Dieses Plugin hat jedoch noch weitere Konfigurationsmöglichkeiten. Ich nenne nun stets (sehr kompakt) erst die entsprechende *ansible.cfg*-Direktive nebst ihrer Default-Einstellung und dann die zugehörige Umgebungsvariable, mit der Sie die Einstellung ebenfalls kontrollieren können.

- [defaults]/display_failed_stderr = no, ANSIBLE_DISPLAY_FAILED_STDERR
  Kontrolliert, ob failed- oder unreachable-Tasks nach STDERR geschrieben werden
- [defaults]/display_ok_hosts = yes, ANSIBLE_DISPLAY_OK_HOSTS
  Kontrolliert, ob ok-Tasks bzw. -Hosts angezeigt werden
- [defaults]/display_skipped_hosts = yes, ANSIBLE_DISPLAY_SKIPPED_HOSTS
  Kontrolliert, ob skipped-Tasks bzw. -Hosts angezeigt werden

- [defaults]/show_custom_stats = no, ANSIBLE_SHOW_CUSTOM_STATS
  Kontrolliert, ob Statistikdaten, die mit dem set_stats-Modul gesammelt wurden, am Ende angezeigt werden

- [defaults]/show_per_host_start = no, ANSIBLE_SHOW_PER_HOST_START
  Kontrolliert, ob für jeden Host eine zusätzliche Ausgabezeile beim Task-Start erzeugt wird

17.1.2 »yaml«

Das yaml-Plugin kann seine Stärken hauptsächlich im Fehlerfall ausspielen. Per Default sind Fehlermeldungen im Inline-JSON-Format schwer lesbar:

```
fatal: [suse]: FAILED! => {"changed": false, "cmd": ["grep", "-i", "debian",
 "/etc/os-release"], "delta": "0:00:00.002519", "end": "2020-07-16 10:26:48.27
7715", "msg": "non-zero return code", "rc": 1, "start": "2020-07-16 10:26:48.
275196", "stderr": "", "stderr_lines": [], "stdout": "", "stdout_lines": []}
fatal: [centos]: FAILED! => {"changed": false, "cmd": ["grep", "-i", "debian"
, "/etc/os-release"], "delta": "0:00:00.003744", "end": "2020-07-16 10:26:48.
350028", "msg": "non-zero return code", "rc": 1, "start": "2020-07-16 10:26:4
8.346284", "stderr": "", "stderr_lines": [], "stdout": "", "stdout_lines": []}
```

Das yaml-Plugin bringt da sehr viel Ruhe und Übersicht hinein:

```
fatal: [suse]: FAILED! => changed=false
  cmd:
  - grep
  - -i
  - debian
  - /etc/os-release
  delta: '0:00:00.002063'
  end: '2020-07-16 10:27:07.249527'
  msg: non-zero return code
  rc: 1
  start: '2020-07-16 10:27:07.247464'
  stderr: ''
  stderr_lines: <omitted>
  stdout: ''
  stdout_lines: <omitted>
[…]
```

Die Konfigurationsmöglichkeiten sind identisch mit denen des default-Plugins.

17.1.3 »json«

Das Plugin `json` erzeugt die komplette Ausgabe im JSON-Format. Dies ist natürlich nur für die maschinelle Weiterverarbeitung interessant, z. B. mit Tools wie `jq`.

Prinzipbedingt kann die Ausgabe erst dann erzeugt werden, wenn alle Tasks des Playbooks beendet sind. So sieht das Ganze in etwa aus:

```
{
    "plays": [
        {
            "play": {
                "duration": {
                    "end": "2020-07-16T15:25:58.705585Z",
                    "start": "2020-07-16T15:25:57.619816Z"
                },
                "id": "000c29ff-f631-4316-2630-000000000009",
                "name": "all"
            },
            "tasks": [
                {
                    "hosts": {
                        "centos": {
                            "_ansible_no_log": false,
                            "action": "command",
                            "changed": false,
                            "cmd": [
    [...]
}
```

Eine weitere Konfigurationsmöglichkeit ist:

- [defaults]/show_custom_stats = no, ANSIBLE_SHOW_CUSTOM_STATS
  Kontrolliert, ob Statistikdaten, die mit dem `set_stats`-Modul gesammelt wurden, in die JSON-Struktur mit aufgenommen werden

17.1.4 »unixy«

Das Plugin `unixy` erzeugt eine sehr gestraffte und text-orientierte Ausgabe im UNIX-Stil. So sieht's aus:

```
Executing playbook apache4.yml

- all on hosts: all -
Gathering Facts...
```

```
  suse ok
  centos ok
  debian ok
  ubuntu ok
System-spezifische Parameter laden...
  debian ok
  suse ok
  centos ok
  ubuntu ok
Paketlisten auf Debian-Systemen aktualisieren...
  suse skipped
  centos skipped
  debian done
  ubuntu done
[...]
```

Die Konfigurationsmöglichkeiten sind identisch mit denen des default-Plugins.

17.1.5 »dense«

Das dense-Plugin erzeugt eine sehr kompakte Ausgabe, die ich hier schlecht wiedergeben kann, da die Ausgabezeilen während des Playbook-Laufs ständig aktualisiert bzw. überschrieben werden. Probieren Sie es einfach selbst aus.

17.1.6 »minimal«

Das Plugin minimal erzeugt normalerweise die Ausgabe für das ansible-ad-hoc-Kommando.

Im Playbook-Betrieb wirkt das Ganze sehr unstrukturiert, da man bspw. die Ausgaben von command- oder shell-Aufrufen sieht:

```
debian | SUCCESS | rc=0 >>
PRETTY_NAME="Debian GNU/Linux 10 (buster)"
NAME="Debian GNU/Linux"
ID=debian
HOME_URL="https://www.debian.org/"
SUPPORT_URL="https://www.debian.org/support"
BUG_REPORT_URL="https://bugs.debian.org/"
ubuntu | SUCCESS | rc=0 >>
ID_LIKE=debian
suse | FAILED | rc=1 >>
non-zero return code
centos | FAILED | rc=1 >>
```

```
non-zero return code
[…]
```

Meine Meinung: lieber nicht verwenden.

17.1.7 »oneline«

Das `oneline`-Plugin erzeugt normalerweise die Ausgabe für das `ansible-ad-hoc`-Kommando mit dem Kommandozeilenschalter `-o` / `--one-line`.

Im Playbook-Betrieb ist es nicht empfehlenswert (probieren Sie es aber gern aus).

17.1.8 »debug«

Der Name lässt es schon vermuten: Das Plugin `debug` ist sehr nützlich, wenn Fehler auftreten. Die Fehler werden dann in hübsch formatiertem JSON dargestellt:

```
TASK [Suche nach "debian" in der Datei /etc/os-release] ********************
fatal: [suse]: FAILED! => {
    "changed": false,
    "cmd": [
        "grep",
        "-i",
        "debian",
        "/etc/os-release"
    ],
    "delta": "0:00:00.002042",
    "end": "2020-07-16 16:14:34.075004",
    "rc": 1,
    "start": "2020-07-16 16:14:34.072962"
}

MSG:

non-zero return code
[…]
```

Die Konfigurationsmöglichkeiten sind identisch mit denen des `default`-Plugins.

17.1.9 »selective«

Das Plugin `selective` erzeugt nur dann eine Ausgabe zu einem Task, wenn er mit dem Tag `print_action` markiert ist oder fehlschlägt. Alle anderen Tasks bekommen einfach einen Punkt ».«.

Ich habe das hier einmal exemplarisch mit einem Task gemacht:

```
..............
# apache : Minimale Startseite einrichten *******************************
  * ubuntu                       - changed=False --
  * debian                       - changed=False --
  * suse                         - changed=False --
  * centos                       - changed=False --
.....

# STATS ***********************************************************
centos     : ok=5      changed=0      failed=0      unreachable=0
debian     : ok=7      changed=0      failed=0      unreachable=0
suse       : ok=5      changed=0      failed=0      unreachable=0
ubuntu     : ok=7      changed=0      failed=0      unreachable=0
```

Dieses Plugin stellt nur einen Parameter zur Verfügung:

▶ [defaults]/nocolor = no, ANSIBLE_NOCOLOR
  Kontrolliert, ob auf farbigen Output verzichtet werden soll

17.1.10   »counter_enabled«

Das counter_enabled-Plugin verhält sich wie das default-Plugin, nur werden zusätzlich Zähler-Informationen ausgegeben:

```
TASK 1/2 [Suche nach "debian" in der Datei /etc/os-release] *****************
ok: 1/4 [debian]
fatal: 2/4 [suse]: FAILED! => […]
fatal: 3/4 [centos]: FAILED! => […]
ok: 4/4 [ubuntu]

TASK 2/2 [debug] ************************************************
ok: 1/4 [debian] => […]
ok: 2/4 [ubuntu] => […]
[…]
```

Die Konfigurationsmöglichkeiten sind ebenfalls identisch mit denen des default-Plugins.

17.2   Sonstige Plugins

Im Lieferumfang von Ansible sind noch eine Reihe weiterer Plugins enthalten, die nicht (primär) mit der Bildschirmausgabe zu tun haben. Ich möchte Ihnen hier nur einen groben Überblick der verschiedenen Kategorien geben, für detaillierte Informationen verweise ich auf die offizielle Ansible-Dokumentation unter *http://docs.ansible.com/ansible/plugins/callback.html*. All diese Plugins müssen Sie bei Bedarf zunächst in der *ansible.cfg* mit der Direktive `callback_whitelist` aktivieren; mehrere Plugins sind dabei möglich und komma-separiert anzugeben. Beispielsweise aktivieren Sie wie folgt die Plugins `timer` und `profile_tasks`:

```
# [defaults]
callback_whitelist = timer, profile_tasks
```

Listing 17.1 »ansible.cfg«: Aktivieren von Callback-Plugins

Viele dieser Plugins benötigen zur Funktion noch weitere Python-Module auf dem Control Host. Auch dies ist gegebenenfalls in der Online-Dokumentation im Abschnitt »Requirements« vermerkt. Sehen Sie nun die tabellarische Übersicht der Plugins:

Plugin	Beschreibung
timer	Fügt Ausführungsdauer zur Play-Übersicht hinzu.
cgroup_memory_recap	Speicherverbrauch mithilfe von cgroups ermitteln.
cgroup_perf_recap	System-Aktivitäten mithilfe von cgroups ermitteln.
profile_roles	Zeitbedarf von Rollen messen.
profile_tasks	Zeitbedarf von Tasks messen.
junit	Eine JUnit-Datei aus dem Playbook-Lauf generieren.

Tabelle 17.2 Plugins zum Profiling/Testing

Plugin	Beschreibung
log_plays	Logdateien pro Host erzeugen.
logdna	LogDNA-Anbindung
logentries	Logentries-Anbindung
logstash	Logstash-Anbindung
splunk	Splunk-Anbindung

Tabelle 17.3 Plugins zum Logging

Plugin	Beschreibung
grafana_annotations	Grafana-Anbindung
sumologic	Sumologic-Anbindung
syslog_json	Syslog-Anbindung

Tabelle 17.3 Plugins zum Logging (Forts.)

Plugin	Beschreibung
mail	Fehler via Mail berichten.
slack	Slack-Anbindung
nrdp	Anbindung an Nagios über NRDP

Tabelle 17.4 Plugins zum Benachrichtigen

17.3 Entwickeln eigener Callback-Plugins

Wie alle Arten von Ansible-Plugins müssen auch Callback-Plugins notwendigerweise in der Sprache Python programmiert werden. Ich kann Ihnen hier nur eine Grundlage vermitteln und werde Sie dann auf die Online-Dokumentation verweisen.

Zunächst müssen Sie sich für ein Verzeichnis entscheiden, in dem Sie Ihre Plugins ablegen möchten. Es gibt vordefinierte Suchpfade (z. B. *callback_plugins/* neben dem Playbook), aber ein übergeordnetes Verzeichnis wäre in unserem Projekt passender:

```
$ mkdir ~/ansible/callback_plugins
```

Und damit Ansible dort auch sucht, setzen Sie die Konfigurationsdirektive callback_plugins in der [defaults]-Sektion der *ansible.cfg*:

```
# [defaults]
callback_plugins = ./callback_plugins
```
Listing 17.2 »ansible.cfg«: Ausschnitt

Legen Sie für einen ersten Test folgende Python-Datei dort ab:

```
from ansible.plugins.callback import CallbackBase

class CallbackModule(CallbackBase):
```

```
CALLBACK_VERSION = 2.0
CALLBACK_TYPE = 'stdout'
CALLBACK_NAME = 'testcallback'


def v2_playbook_on_start(self, playbook):
    self._display.display("Starte Playbook")

def v2_playbook_on_play_start(self, play):
    self._display.display("Starte Play")

def v2_playbook_on_task_start(self, task, is_conditional):
    self._display.display("Task: " + task.get_name())

def v2_playbook_on_stats(self, stats):
    self._display.display("Fertig")

def v2_runner_on_ok(self, result):
    self._display.display("OK: " + result._host.get_name())

def v2_runner_on_skipped(self, result):
    self._display.display("SKIPPED: " + result._host.get_name())
```

Listing 17.3 »testcallback.py«: ein exemplarisches Callback-Plugin

Es handelt sich um ein Stdout-Plugin; ein Whitelisting ist nicht erforderlich. Probieren Sie es mit irgendeinem Playbook aus, z. B.:

```
$ ANSIBLE_STDOUT_CALLBACK=testcallback ansible-playbook apache4.yml
Starte Play
Task: apache : System-spezifische Parameter laden
OK: debian
OK: centos
OK: suse
OK: ubuntu
Task: apache : Paketlisten auf Debian-Systemen aktualisieren
SKIPPED: centos
SKIPPED: suse
OK: debian
OK: ubuntu
[…]
Fertig
```

Sie sehen hier, wie Ansible bei den unterschiedlichen Events jeweils die entsprechenden selbst definierten Callback-Routinen aufruft.

Bevor Sie nun etwas Ernsteres in Angriff nehmen, sollten Sie unbedingt folgende Online-Ressourcen studieren:

- *http://docs.ansible.com/ansible/latest/dev_guide/developing_plugins.html*
  Dort vor allem den Abschnitt »Callback plugins«.

- *https://github.com/ansible/ansible/tree/devel/lib/ansible/plugins/callback*
  Hier finden Sie den Source-Code einiger Callback-Plugins. Insbesondere verbergen sich hier die Namen aller verfügbaren Callback-Routinen, die leider an keiner anderen Stelle klar und übersichtlich dokumentiert sind.

Ich habe Ihnen ja schon von meinem schwierigen Verhältnis zu Python erzählt ... Deswegen müssen Sie diesen Weg nun leider allein weitergehen.

Kapitel 18
Was könnte noch besser sein, bzw. was fehlt noch?

Bei nahezu jeder Software gibt es noch Luft nach oben, und das ist auch bei Ansible nicht anders. In diesem Abschnitt möchte ich einige fehlende Features bzw. Unzulänglichkeiten ansprechen und – falls möglich – auch jeweils einen Workaround aufzeigen.

18.1 Lang laufende Tasks verfolgen

In Ansible ist es leider nicht möglich, während der Laufzeit eines Tasks informative Ausgaben zu dessen Fortschritt zu erhalten. Tasks, bei denen man sich das wünschen würde, sind typischerweise Downloads bzw. Kopiervorgänge oder die Installation von sehr vielen Distributionspaketen bzw. Paketen mit sehr vielen Abhängigkeiten.

Lang laufende Kommandos machen da ebenfalls keinen Unterschied; selbst wenn sie beim Aufruf außerhalb von Ansible eigentlich Fortschrittsinformationen ausgeben würden. All diese Ausgaben stehen erst bei Beendigung des Tasks zur Verfügung, wie Sie sich mit einem Playbook wie aus Listing 18.1 nochmals verdeutlichen können:

```
---
- hosts: localhost

  tasks:
    - name: Dieser Task benötigt 10 Sekunden Zeit
      shell: |
        for i in $(seq 10); do
            date | tee -a /tmp/warten.log
            sleep 1
        done
      changed_when: false
      register: for_cmd

    - debug: var=for_cmd.stdout_lines
```

Listing 18.1 »warten.yml«: ein lang laufender Task

Beim Aufruf sieht das so aus:

```
$ ansible-playbook warten.yml
PLAY [localhost] *************************************************

TASK [Dieser Task benötigt 10 Sekunden Zeit] *******************************
... 10 Sekunden warten, dann geht es weiter ...
ok: [localhost]
[...]
```

Natürlich stehen Ihnen außerhalb von Ansible alle Möglichkeiten offen: Während das Playbook läuft, können Sie auf dem Zielsystem Prozesse beobachten, Dateiinhalte verfolgen oder Verzeichnislistings anschauen. Nur mit den Mitteln von Ansible werden Sie keine Fortschrittsanzeige bekommen, das lässt die interne Architektur nicht zu. Als einziger Ausweg bliebe eine ziemliche Bastelei mit asynchronen Tasks, aber der Aufwand ist riesig, und eine allgemeine Lösung hätten Sie damit immer noch nicht.

Nutzen Sie die Wartezeit also lieber zum Kaffeeholen und zu einem netten Plausch mit den Kollegen!

18.2 Abarbeitung einer Rolle beenden

Bislang fehlt eine *einfache* Möglichkeit, die Abarbeitung einer Rolle an einer beliebigen Stelle zu beenden.

Angenommen, Sie haben eine Rolle mit einigen Tasks, exemplarisch wie diese hier:

```
---
- debug: msg=Task1
- debug: msg=Task2
- debug: msg=Task3
- debug: msg=Task4
- debug: msg=Task5
```

Listing 18.2 »tasks/main.yml«

Des Weiteren nehmen wir an, Sie möchten nach dem zweiten Task die Abarbeitung der Rolle beenden. Sei es, weil Sie die Rolle gerade erst entwickeln und die Tasks 3 bis 5 noch gar nicht funktionieren können, oder weil ein gewisser Umstand eintreten könnte, unter dem die Tasks 3 bis 5 sinnlos sind.

Wünschenswert wäre hier ein Pendant zu meta: end_play, das es aber leider nicht gibt:

```
---
- debug: msg=Task1
```

```
- debug: msg=Task2

- meta: end_role   ### Achtung: Das gibt es leider nicht! ###

- debug: msg=Task3
- debug: msg=Task4
- debug: msg=Task5
```
Listing 18.3 »tasks/main.yml«

Natürlich könnte die meta-Anweisung dann auch mit einer when-Bedingung verknüpft werden, aber – wie gesagt – ist das momentan nur Wunschdenken. Es gibt das seit 2017 als *Feature Idea* auf GitHub.

Was für Möglichkeiten haben Sie, das gewünschte Ziel dennoch zu erreichen? Sie könnten zum einen mit einem Block arbeiten:

```
---
- debug: msg=Task1
- debug: msg=Task2

- when: false
  block:
  - debug: msg=Task3
  - debug: msg=Task4
  - debug: msg=Task5
```
Listing 18.4 »tasks/main.yml«

Anstatt false kann natürlich auch jede andere Bedingung ausgewertet werden. Hier kann es gegebenenfalls nur lästig sein, dass die Einrückung der Tasks geändert werden muss, ansonsten funktioniert diese Lösung prima.

Wenn Ihnen das zu unübersichtlich erscheint, müssten Sie sich alternativ mit einem konditionalen Include behelfen:

```
---
- debug: msg=Task1
- debug: msg=Task2

- include_tasks: tasks_3-5.yml
  when: irgendeine_bedingung == 'trifft zu'
```
Listing 18.5 »tasks/main.yml«

Und dort ganz simpel:

```
---
- debug: msg=Task3
- debug: msg=Task4
- debug: msg=Task5
```

Listing 18.6 »tasks/tasks_3-5.yml«

Als dauerhafte Lösung ist das sicher okay, wenn Sie nichts dagegen haben, eine zweite Datei mitzuschleppen.

18.3 Schleifen über Blöcke

Sie können in Ansible leider keine Schleifen über Blöcke anlegen. Hier sehen Sie in Listing 18.7 ein in Ansible bis auf Weiteres nicht lauffähiges Playbook:

```
---
### Achtung: Dieses Playbook ist nicht lauffähig! ###
- hosts: localhost

  tasks:
    - block:
        - debug: msg="Hallo {{item}}"
        - debug: msg="Nochmal hallo {{item}}"

      with_items:
         - Hund
         - Katze
         - Maus
```

Listing 18.7 »playbook-block-loop.yml«: leider nicht funktionsfähig!

```
$ ansible-playbook playbook-block-loop.yml
ERROR! 'with_items' is not a valid attribute for a Block
[...]
```

Auch hier ist der Workaround wieder ein Auslagern der entsprechenden Tasks in eine zweite Datei, wie in Listing 18.8:

```
---
- hosts: localhost

  tasks:
    - include_tasks: sometasks.yml
      with_items:
         - Hund
```

```
    - Katze
    - Maus
```

Listing 18.8 »playbook-include-loop.yml«: Schleife über ausgelagerte Tasks

Und dort ganz einfach:

```
---
- debug: msg="Hallo {{item}}"
- debug: msg="Noch mal hallo {{item}}"
```

Listing 18.9 »sometasks.yml«

Der offensichtlich lästige Nachteil dieser Methode besteht aber genau in der Tatsache, dass Sie gezwungen sind, eine zweite Datei ins Spiel zu bringen. Außerdem beachten Sie bitte, dass auch diese Lösung nicht perfekt ist.

> **Wichtig**
>
> Schleifen über Includes funktionieren nur mit with_* bzw. loop.
>
> Eine until-Schleife können Sie leider nicht mit einem Include kombinieren!

18.4 Locking bei konkurrierenden Playbook-Aufrufen

Zweimal »gleichzeitig« dasselbe Playbook aufrufen? Das sollte in der Regel gut gehen, muss es aber nicht.

Wenn bspw. zwei Ansible-Tasks zur selben Zeit dieselbe Datei manipulieren, sind (zumindest theoretisch) Probleme zu erwarten.

Von Haus aus bietet Ansible keinen Locking-Mechanismus; bei Bedarf müssten Sie also etwas basteln. Nehmen wir als Anschauungsobjekt das Playbook aus Listing 18.10:

```
---
- hosts: localhost

  tasks:
    - pause:
        seconds: 10
```

Listing 18.10 »singleton.yml«

Es tut nichts, außer zehn Sekunden zu pausieren. Unser Ziel ist es nun zu vermeiden, dass es nochmals aufgerufen werden kann, wenn es bereits läuft (was Sie natürlich am besten mit zwei Fenstern testen).

Eine Shell-basierte Lösung

Mit der Wrapper-Funktion aus Listing 18.11 um `ansible-playbook` wäre das Ziel mit wenig Aufwand zu erreichen:

```
ansible-playbook() {
    LOCKFILE="/tmp/ansible-playbook.lock"

    flock --verbose $LOCKFILE ansible-playbook "$@"
}
```
Listing 18.11 »ansible-playbook.function.bash«

Laden Sie die Funktion in jede beteiligte Shell mittels:

```
$ source ansible-playbook.function.bash
```

Danach arbeiten Sie wie gewohnt. Dank des impliziten `flock`-Aufrufs wird ein zweiter Aufruf von `ansible-playbook` nun so lange warten, bis der erste beendet ist. Mit etwas mehr Aufwand könnte man jetzt noch Playbook-bezogene Locks generieren, falls das nötig ist. Oder Sie könnten `flock` zusätzlich mit der Option -n aufrufen, um gegebenenfalls einfach sofort abzubrechen, statt auf den Lock zu warten. Wenn alles zu Ihrer Zufriedenheit läuft, sollten Sie die Funktion natürlich in eine entsprechende Startdatei wie *~/.bashrc* aufnehmen.

Schwieriger wird es, wenn die Playbooks nicht interaktiv gestartet werden, sondern bspw. über einen Cronjob. Dann wären Sie eher auf der Suche nach einer Lösung mit Ansible-Mitteln.

Eine Playbook-basierte Lösung

Diese könnte sinngemäß so wie in Listing 18.12 aussehen:

```
---
- hosts: localhost

  vars:
    lock_file_path: /tmp/ansible-playbook.lock

  pre_tasks:
    - stat:
        path: "{{lock_file_path}}"
      register: lock_file

    - fail:
        msg: "Vermutlich läuft dieses Playbook bereits. Abbruch."
      when: lock_file.stat.exists and not force_ignore_lock|default(false)
```

```yaml
  - name: Lockdatei anlegen
    file:
      path: "{{lock_file_path}}"
      state: touch

post_tasks:
  - name: Lockdatei löschen
    file:
      path: "{{lock_file_path}}"
      state: absent

tasks:
  - pause:
      seconds: 10
```
Listing 18.12 »locktest.yml«: Beispiel für Locking auf Playbook-Ebene

Aufrufmöglichkeiten wären dann:

```
$ ansible-playbook locktest.yml
```

Ein eventuell vorhandenes Lock einfach übergehen:
```
$ ansible-playbook locktest.yml -e force_ignore_lock=1
```

Nehmen Sie dies bitte als Ausgangspunkt für eigene Ideen bzw. Lösungen!

18.5 Fazit

Auch wenn wir in diesem Kapitel die eine oder andere Schwierigkeit gefunden haben: Es war das berühmte Meckern auf hohem Niveau. Ansible ist nach einigen Jahren Entwicklungszeit zu einem sehr gut funktionierenden, gut durchdachten und mächtigen Stück Software herangereift, dessen Verwendung in der Regel auch sehr viel Freude macht.

Wir hätten also allen Grund zur Zufriedenheit und sind gespannt, was die nächsten Jahre noch alles bringen werden!

Anhang

A	SSH (Secure Shell)	367
B	Reguläre Ausdrücke	383

Anhang A
SSH (Secure Shell)

SSH ist in der Linux-Welt schon seit Langem der De-facto-Standard zur Erledigung typischer Aufgaben wie:

- Logins auf entfernten Systemen
- Ausführen von Kommandos auf entfernten Systemen
- Kopieren von Dateien übers Netzwerk

Zwar gab es auch vorher schon eine Fülle von Kommandos bzw. Protokollen für diese Zwecke (RSH, TELNET, FTP ...), diese sind aber aus heutiger Sicht in Bezug auf Sicherheit alle sehr kritsch zu betrachten, denn sowohl Passwörter als auch der gesamte folgende Netzwerkverkehr gingen dabei in der Regel unverschlüsselt übers Netz.

Die SSH-Suite bietet dagegen eine robuste, zuverlässige und sichere Alternative, die zudem recht einfach zu bedienen ist.

Wir besprechen hier die Software *OpenSSH*, die in jeder Linux-Distribution enthalten ist. Auch die für Windows-User wichtigen Produkte *PuTTY* und *WinSCP* sollen Erwähnung finden.

A.1 Voraussetzungen zur Nutzung von SSH

Damit Sie sich per SSH zu einer Linux-Maschine verbinden können, muss dort natürlich der SSH-Dienst zur Verfügung stehen.

Das sollte bei den allermeisten Linux-Installationen der Fall sein; überprüfen können Sie das *auf* der Maschine z. B. mit:

```
$ ps -ef | grep sshd
root      3078     1  0 Okt20 ?        00:00:00 /usr/sbin/sshd
```

oder

```
$ netstat -tnl | grep -w 22
tcp       0      0 0.0.0.0:22     0.0.0.0:*      LISTEN
tcp6      0      0 :::22          :::*           LISTEN
```

Der zweite Test geht davon aus, dass der Dienst in der Default-Konfiguration mit TCP-Port 22 angeboten wird. Jetzt könnten Ihnen höchstens noch irgendwelche Firewalls auf oder vor der Maschine einen Strich durch die Rechnung machen – aber das ist ein anderes Thema. Sollten Sie SSH wirklich einmal nachinstallieren müssen, so verwenden Sie bitte folgende Pakete:

- Debian, CentOS: *openssh-server*
- SUSE: *openssh*

A.2 SSH-Client-Programme

Die SSH-Software umfasst neben der Server-Komponente auch mehrere Client-Programme für verschiedene Zwecke. Hier ein Überblick – Details folgen in den nächsten Unterabschnitten:

- ssh
  zum Ausführen von Remote-Kommandos (oder ebenfalls zum Remote-Login)
- scp
  zum Kopieren von Dateien übers Netz
- sftp
  zum Kopieren von Dateien übers Netz, einem FTP-Client nachempfunden

A.2.1 »ssh« – Remote Shell

```
ssh [-l <user>] <host> [<kommando>]
ssh [<user>@]<host> [<kommando>]
```

ssh dient zur Ausführung von Kommandos auf entfernten Rechnern. Wird kein Kommando angegeben, so wird eine Login-Shell ausgeführt.

Beispiele für entfernte Kommandoausführung:

Ausgabe auf lokalem Terminal:
```
$ ssh user1@somehost.example.org  ls -l
```

Ausgabeumleitung; Datei entsteht lokal:
```
$ ssh user1@somehost.example.org  ls -l >ls.out
```

Datei entsteht remote:
```
$ ssh user1@somehost.example.org "ls >ls.out"
```

Pipe übers Netz:
```
$ echo hallo | ssh user1@somehost.example.org "cat >hallo.txt"
```

A.2.2 »scp« – Remote Copy

scp [-r] <QUELLE…> <ZIEL>

Sowohl <QUELLE> als auch <ZIEL> haben für eine entfernte Seite das folgende Format:

[<user>@]host:[path]

- Fehlt der <user>@-Teil, so wird das lokale Account auch für das Remote-System angenommen.
- Fehlt der <path>-Teil, so wird das Heimatverzeichnis des Remote-Accounts angenommen.
- Mit der -r-Option können sogar rekursiv ganze Verzeichnisbäume kopiert werden.

Beispiele:

Kopieren der Datei 'file' zum User 'user1' auf somehost.example.org nach /tmp:
```
$ scp file user1@somehost.example.org:/tmp
```

Und wieder zurück:
```
$ scp user1@somehost.example.org:/tmp/file .
```

A.2.3 »sftp« – Secure FTP

sftp [<user>@]<host>

Das sftp-Kommando bietet Funktionalität vergleichbar mit einem klassischen FTP-Client. Es kann ganz nützlich sein, wenn Sie die Verzeichnisstruktur auf der Gegenseite nicht kennen – Sie können dann mit cd und ls navigieren und mit get und put Dateien herunter- bzw. hochladen. Mit dem Kommando help können Sie sich alle zur Verfügung stehenden Befehle anzeigen lassen.

A.3 Public-Key-Authentifizierung

Bei allen SSH-Kommandos ist per Default die Eingabe eines Passwortes zur Authentifizierung erforderlich. Dies ist aber nicht immer praktikabel – sei es aus Gründen der Bequemlichkeit oder aus zwingenden Gründen wie z. B. Automatisierung. Auch aus Sicherheitsüberlegungen sind Passwörter ja bekanntlich nicht die erste Wahl.

SSH bietet hier eine relativ bequeme und sichere Alternative: die *Public-Key-Authentifizierung*. Technischer Hintergrund sind *asymmetrische Verschlüsselungsverfahren*: Mit einem geteilten Schlüssel (öffentlicher und privater Teil) ist es möglich, Nachrichten mit einem Schlüsselteil so zu verschlüsseln, dass sie nur mit dem dem entsprechenden anderen Teil wieder entschlüsselt werden können.

Diese Technik wird dann bei SSH so eingesetzt, dass der private Schlüssel zum Nachweis der Identität genutzt wird – wer also den passenden privaten Teil zu einem öffentlichen Schlüssel besitzt, legitimiert sich zur Anmeldung am System. Bildlich sieht das Ganze aus, wie in Abbilung A.1 dargestellt.

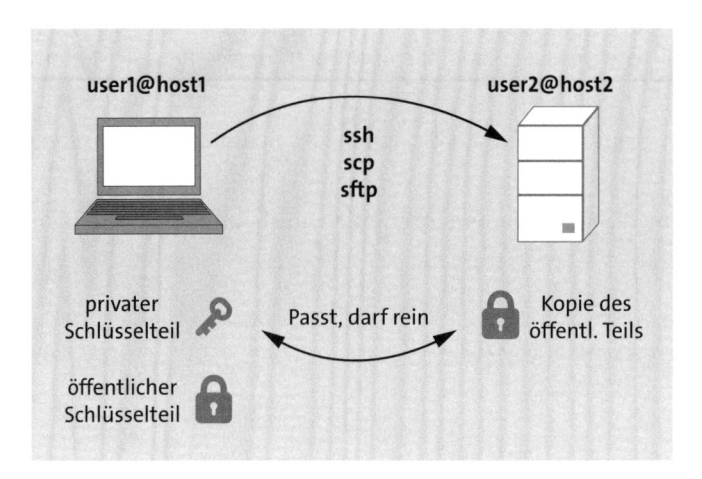

Abbildung A.1 SSH-Public-Key-Authentifizierung

Nutzung der Public-Key-Authentifizierung im Detail

Beginnen wir zunächst mit der Erzeugung eines Schlüsselpaares. Fügen Sie noch die Option -b 4096 hinzu, wenn Sie planen, diesen Schlüssel für *sehr* viele Jahre zu verwenden.

> [!] **Wichtig**
>
> Die *Passphrase* schützt Ihren privaten Schlüssel – nach einem Diebstahl kann er nur durch Brute-Force-Attacken »entschlüsselt« werden. Je länger und komplexer die Passphrase, desto länger wird dieser Prozess dauern, wodurch Sie wiederum wertvolle Zeit gewinnen!
>
> Eine leere Passphrase verwenden Sie bitte nur in Testumgebungen oder für reine Automatisierungen wie z. B. Cronjobs, wenn Sie sich über die Implikationen völlig im Klaren sind!

```
$ ssh-keygen
Generating public/private rsa key pair.
Enter file in which to save the key (/home/user1/.ssh/id_rsa): [Enter]
Created directory '/home/user1/.ssh'.
Enter passphrase (empty for no passphrase): _____
Enter same passphrase again: _____
```

```
Your identification has been saved in /home/user1/.ssh/id_rsa.
Your public key has been saved in /home/user1/.ssh/id_rsa.pub.
The key fingerprint is:
SHA256:ElUrrbvs51RUiWwECIeAXvAZSoYUokDxTuAhOdED+Sk user1@host
The key's randomart image is:
+---[RSA 2048]----+
|B@OBo..oooo+....  |
|BoBo+o.o.. .+..  |
|.o.=oo. . o..    |
|  E o  . o .     |
|   o  . S  .     |
|        . . .    |
|         . .     |
|         . o.    |
|         .+o.    |
+----[SHA256]-----+
```

Sofern Sie die Dateipfade nicht geändert haben, enthält die Datei *~/.ssh/id_rsa.pub* nun den öffentlichen Schlüssel und *~/.ssh/id_rsa* den privaten Schlüssel.

Nun muss der öffentliche Schlüssel auf dem Zielsystem an einer ganz bestimmten Stelle deponiert werden.

> **Deponieren des öffentlichen Schlüssels:** [!]
> Der öffentliche Schlüssel, also der Inhalt von *id_rsa.pub*, muss beim *Zielaccount* an die Datei *~/.ssh/authorized_keys angehängt* werden!

Glücklicherweise gibt es aber das Programm `ssh-copy-id`, das Ihnen diese aufwendige Arbeit erleichtert:

`$ ssh-copy-id <zielaccount@zielhost>`

Danach sollten jegliche SSH-Aktionen zu diesem Zielaccount nun nach der *Passphrase des Schlüssels* anstelle des Passwortes fragen. Testen Sie es!

> **Achtung** [!]
> Falls es nicht funktioniert: SSH verweigert die Public-Key-Authentifizierung, wenn das Heimatverzeichnis des Zielaccounts für irgendjemand außer dem Eigentümer *schreiboffen* ist (Default-Einstellung: `StrictModes yes`).
>
> Überprüfen Sie dies bitte also auch. Achten Sie auch auf ACLs – je nach SSH-Server-Version werden auch diese geprüft!

Ändern der Passphrase

Das Ändern der Passphrase gelingt mit dem Kommando `ssh-keygen -p`:

```
$ ssh-keygen -p
Enter file in which the key is (/home/user1/.ssh/id_rsa):
Enter old passphrase:
Key has comment 'user1@host
Enter new passphrase (empty for no passphrase):
Enter same passphrase again:
Your identification has been saved with the new passphrase.
```

A.4 SSH-Agenten

Anstatt ständig Passphrases für private Schlüssel einzugeben, kann man einen sogenannten *SSH-Agenten* einsetzen. Dies ist ein Hintergrundprozess, der eine Auswahl privater Schlüssel im Hauptspeicher vorhält und entsprechende Anfragen automatisch beantwortet.

Manche Linux-Desktops starten beim Login automatisch einen SSH-Agenten; ob das bei Ihnen der Fall ist, testen Sie z. B. mit

```
$ echo $SSH_AGENT_PID
```

Wenn Sie hier eine PID sehen, können Sie dem Agenten sofort mit `ssh-add` Ihren Schlüssel aushändigen.

Ansonsten gibt es im Wesentlichen zwei Varianten, einen SSH-Agenten aus einer Shell heraus aufzurufen und zu nutzen:

1. die Single-Shell-Methode
2. die Subshell-Methode

> **[!] Wichtig**
> Starten Sie den Agenten **nicht** mit dem offensichtlichen Aufruf
>
> `ssh-agent`
>
> Er wird dann zwar problemlos ausgeführt, aber SSH-Clients können keinen einfachen Kontakt zu ihm herstellen, und er kann auch nicht einfach beendet werden (außer über ps/kill)!

Welche Methode Sie nun wählen sollten, ist eher eine Frage des persönlichen Geschmacks.

A.4.1 Start mit der Single-Shell-Methode

Der Vorteil der Single-Shell-Methode ist: Sie bleiben in derselben Shell, was weiterhin die Verwendung alter Kommandos aus der aktuellen History ermöglicht. Trotz des etwas sperrigen Aufrufs mit eval ist dies auch meine Empfehlung:

```
$ eval $(ssh-agent)
Agent pid 32001
```

Übergeben des Schlüssels:
```
$ ssh-add
Enter passphrase for key '/home/account/.ssh/id_rsa': _____
Identity added: /home/user1/.ssh/id_rsa (/home/user1/.ssh/id_rsa)
```

[… Arbeit mit ssh, scp, sftp, …]

Agent beenden:
```
ssh-agent -k
```

A.4.2 Start mit der Subshell-Methode

Mit der Subshell-Methode bekommen Sie implizit eine neue Arbeitsshell. Die Vorgehensweise ist wie folgt:

```
$ ssh-agent bash

$ ssh-add
Enter passphrase for key '/home/account/.ssh/id_rsa': _____
Identity added: /home/user1/.ssh/id_rsa (/home/user1/.ssh/id_rsa)
```

[… Arbeit mit ssh, slogin, scp, sftp, …]

Agent beenden:
```
exit
```

A.5 Fortgeschrittene Konfiguration und Nutzung

A.5.1 Reglementierung der Zugänge

In der Server-Konfigurationsdatei */etc/ssh/sshd_config* können Sie u. a. folgende Einstellungen machen:

- Root-Login verbieten/erlauben/nicht mit UNIX-Passwort:

```
PermitRootLogin no|yes|without-password
```
- UNIX-Passwort-Authentifizierung generell erlauben/verbieten:
  ```
  PasswordAuthentication yes|no
  ```
- Nur bestimmten Usern oder Gruppen Zugang gewähren:
  ```
  AllowUsers user1 user2 …
  AllowGroups group1 group2 …
  ```
  Die Auswertungsreihenfolge ist: `DenyUsers`, `AllowUsers`, `DenyGroups`, `Allow-Groups`.

A.5.2 Client-Präferenzen per User

Client-Präferenzen per User können in der Datei *~/.ssh/config* vorgenommen werden:

```
Host server1
    HostName server1.example.org
    User root
    Port 2222

Host server2
    [...]
```
Listing A.1 »~/.ssh/config«

Einstellungen, die Sie für alle Hosts brauchen, können Sie über eine Default-Sektion realisieren:

```
Host *
    [...]
```
Listing A.2 »~/.ssh/config«

Es gibt auch die systemweite Datei */etc/ssh/ssh_config*, deren Einstellungen erst einmal alle SSH-User erben.

Siehe auch *ssh_config(5)* für eine vollständige Beschreibung der Möglichkeiten.

A.5.3 Fingerprints verifizieren

Sie kennen wahrscheinlich diese Nachfrage:

```
ssh user@192.168.150.10
The authenticity of host '192.168.150.10' can't be established.
ECDSA key fingerprint is ca:dc:56:a0:b0:a1:c5:d8:bd:55:00:25:1e:27:5f:c7.
Are you sure you want to continue connecting (yes/no)?
```

Der Fingerprint ist ein Hashwert des öffentlichen Hostschlüssels. Sobald Sie mit »yes« bestätigen, wird der Hostkey in die ~/.ssh/known_hosts aufgenommen – der Host gilt damit als bekannt. Beim ersten Verbindungsaufbau bleibt jedoch im Ernstfall nichts anderes übrig, als mit dem Administrator des Zielsystems Kontakt aufzunehmen und den Fingerprint abzugleichen. Der Admin würde auf seinem System in etwa Folgendes machen:

```
cd /etc/ssh
for file in *key.pub; do ssh-keygen -lf $file; done
1024 2b:fe:61:c5:c2:df:[…] ssh_host_dsa_key.pub (DSA)
256 ca:dc:56:a0:b0:a1:[…] ssh_host_ecdsa_key.pub (ECDSA)
256 6d:12:bc:48:b8:22:[…] ssh_host_ed25519_key.pub (ED25519)
2048 dd:e5:a0:53:72:e3:[…] ssh_host_rsa_key.pub (RSA)
```

Anmerkung

Wenn die Fingerprints nicht in obigem Format gelistet werden, müssen Sie gegebenenfalls noch die Option `-E md5` ergänzen. Es kommt hier einfach darauf an, mit welchem Format Sie vergleichen möchten.

Denkbar ist auch ein Abgleich übers DNS; siehe z. B. *https://simon.butcher.name/ archives/2011/01/16/SSH-key-fingerprints-in-DNS*.

A.5.4 Restricted Keys

Gelegentlich ist es nützlich, den SSH-Zugriff auf ein einziges Kommando zu beschränken (vor allem bei maschinenbasierten Zugriffen). Um dies zu realisieren, können Sie einen Public Key in der *authorized_keys*-Datei ganz vorne mit der Option `command="…"` versehen:

```
command="ls -l" ssh-rsa AAAAB3NzaC1yc2EAAAA[…]
```

Listing A.3 »authorized_keys«: exemplarischer Restricted Key

Mit diesem Key könnte man dann auf diesem Host nur noch `ls -l` ausführen – man muss es beim `ssh`-Aufruf nicht einmal mehr angeben. Soll das Kommando parametrisierbar sein, so steht in der `command`-Option die Variable `$SSH_ORIGINAL_COMMAND` zur Verfügung – sie enthält alle Parameter der aufrufenden Kommandozeile. Wenn Sie Sicherheitsaspekte beachten müssen, empfehlen sich typischerweise noch weitere Optionen:

```
command="…",no-port-forwarding,no-X11-forwarding,no-agent-forwarding,no-pty
```

Listing A.4 »authorized_keys«

A.5.5 Agent-Forwarding

Das SSH-Agent-Forwarding ist in Situationen nützlich, in denen Sie von Host zu Host »springen« müssen (wie in Abbildung A.2 dargestellt).

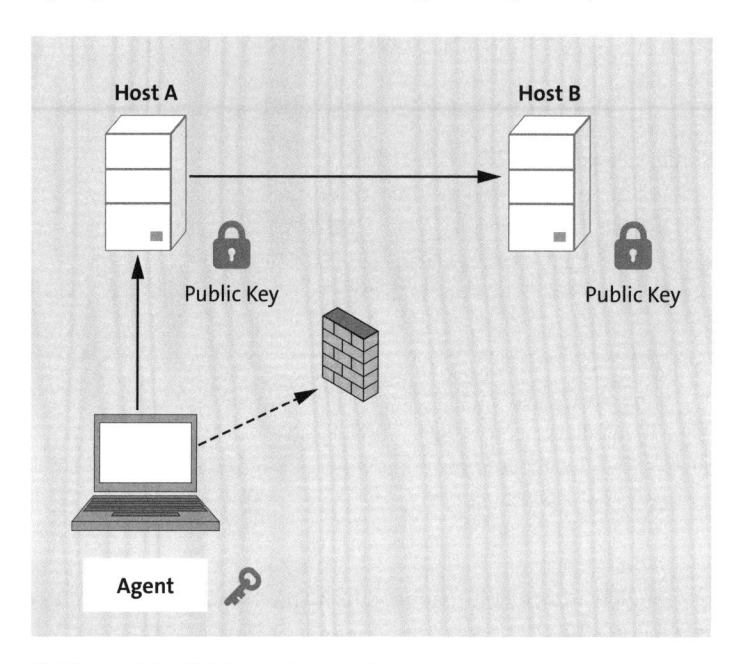

Abbildung A.2 SSH-Agent-Forwarding

Zu Host A kommen Sie bequem mit Schlüssel + Agent, aber weiter zu Host B kommen Sie mit Schlüssel erst mal nicht, da Sie dazu ja auf Host A auch ihren privaten Schlüssel deponieren müssten – was Sie natürlich nicht wollen. Abhilfe schafft das sogenannte *Agent-Forwarding*.

Funktionsweise des Agent-Forwardings

1. Der Client sagt beim Verbindungsaufbau zu Host A: »Ich möchte gern Agent-Forwarding nutzen.«
2. Wenn die Konfiguration von Host A das erlaubt, richtet der sshd auf Host A eine Umgebung ein, mit der er sich als SSH-Agent ausgeben kann.
3. Wird nun eine Verbindung nach Host B initiiert, so glaubt der Client auf Host A, dass dort ein Agent läuft (weil sshd sich als einer »verkleidet« hat).
4. sshd leitet die Anfrage nun an die ursprüngliche Maschine zurück, der dortige Agent empfängt sie und greift auf Ihren lokalen Schlüssel zu; seine Antwort geht an den sshd auf Host A zurück.

5. Der sshd auf Host A gibt sie dann an den SSH-Client weiter, und die Verbindung zu Host B kann hergestellt werden.

Agent-Forwarding aktivieren

Die zwei gängigsten Möglichkeiten, Agent-Forwarding zu aktivieren, sind:

1. mit der Option -A:

    ```
    ssh -A <host_a>
    ```

2. mit der SSH-Client-Konfigurationsdirektive ForwardAgent:

    ```
    Host host_a
        ForwardAgent yes
    ```

Wenn Sie das Ganze testen, führen Sie auf dem ersten Zielhost einmal das Kommando ssh-add -l aus.

Es müssten alle Schlüssel ausgegeben werden, die der Agent auf der Ausgangsmaschine geladen hat.

> **Wichtig** [!]
>
> Verwenden Sie das Agent-Forwarding nur, wenn Sie dem Zwischenhost völlig vertrauen. Ein möglicher Angreifer an dieser Stelle könnte ansonsten relativ leicht Ihren privaten Schlüssel abgreifen.

A.5.6 Transparente Sprunghosts

Auch hier setzen wir nochmals ein Szenario wie im vorangehenden Abschnitt voraus. Dieses Mal jedoch möchten wir den Sprunghost überhaupt nicht mehr wahrnehmen; stellen Sie sich bspw. vor, Sie möchten eine Datei von Host B zum Ausgangssystem kopieren, *ohne* sie manuell erst von B nach A und dann von A zum Ausgangssystem transportieren zu müssen.

Die klassische Lösung verwendet die SSH-Direktive ProxyCommand. Voraussetzung für die bequeme Nutzung ist auch hier, dass Sie Ihren Public Key auf allen beteiligten Systemen hinterlegt haben!

In Listing A.5 sehen Sie eine typische Konfiguration für ein solches Szenario:

```
Host host_a
    Hostname ...
    Port ...
    User ...
```

```
Host host_b
    Hostname ...
    Port ...
    User ...
    ProxyCommand ssh -q -W %h:%p host_a
```
Listing A.5 »~/.ssh/config«

Füllen Sie dies einfach mit Ihren konkreten Eckdaten. Sie sollten nun mit Host B direkt arbeiten können, ohne den Sprunghost A noch wahrzunehmen. Ohne die SSH-Client-Konfiguration würde der Aufruf etwas sperriger:

```
$ ssh -o ProxyCommand="ssh -q -W %h:%p <user@host_a>" <user@host_b>
```

Spätestens, wenn noch abweichende Port-Angaben hinzukämen, macht das keine Freude mehr. Bei aktuellen OpenSSH-Versionen geht das mittlerweile aber auch viel kürzer:

```
$ ssh -J <user@host_a> <user@host_b>
```

Wenn abweichende Ports hinzukommen, notieren Sie dies in der Form <user@host:port>. Eine passende SSH-Client-Konfiguration würde damit sinngemäß so aussehen:

```
Host host_a
    Hostname ...
    Port ...
    User ...

Host host_b
    Hostname ...
    Port ...
    User ...
    ProxyJump host_a
```
Listing A.6 »~/.ssh/config«

Falls Sie sich mit noch komplexeren Szenarien konfrontiert sehen (z. B. einer Kette von Jumphosts), so empfehle ich zur weiterführenden Lektüre die Seite *https://en.wikibooks.org/wiki/OpenSSH/Cookbook/Proxies_and_Jump_Hosts*.

A.5.7 Escape-Sequenzen

Auf der OpenSSH-Kommandozeile gibt es eine Reihe »geheimer« Tastatursequenzen, genannt *SSH-Escape-Sequenzen*.

Die weitaus nützlichste davon beendet die Verbindung; man benutzt sie meist, um hängende Verbindungen zu terminieren:

`Enter` ~.

Es gibt (wie gesagt) noch andere; Sie erhalten eine Übersicht mit

`Enter` ~?

A.6 Windows als SSH-Client

A.6.1 PuTTY

PuTTY (*https://www.putty.org/*) ist eine freie Software, die typischerweise unter Windows genutzt wird, um SSH-Verbindungen zu Linux-Maschinen herzustellen.

Am einfachsten ist es, den Windows-Installer zu benutzen; er enthält alle wesentlichen Komponenten. Wenn Sie Einzelkomponenten verwenden müssen, brauchen Sie typischerweise:

- putty.exe (SSH-Client + Terminal)
- pageant.exe (SSH-Agent für die PK-Authentifizierung)
- puttygen.exe (Key-Generator für die PK-Authentifizierung)

Die PuTTY-Suite enthält auch die Kommandozeilentools pscp.exe und psftp.exe, die PuTTY-Pendants zum Dateitransfer.

Ferner ist noch plink.exe dabei, das zur nicht interaktiven Kommandoausführung genutzt werden kann. Es entspricht also in etwa ssh user@host kommando.

Nützliche Session-Einstellungen in PuTTY

- WINDOW • APPEARANCE

  Schriftart

- WINDOW • TRANSLATION

  Zeichensatzkodierung. Heute wohl meist UTF-8.

- WINDOW • COLOURS

  Farbeinstellungen. Tipp: »USE SYSTEM COLOURS« gibt schwarz auf weiß!

- CONNECTION • DATA,

  AUTO-LOGIN USERNAME

  Spart das immer wiederkehrende Eingeben des Benutzernamens – besonders praktisch bei der PK-Authentifizierung!

- CONNECTION • SSH • AUTH,

  ALLOW AGENT FORWARDING

  Aktivieren des Agent-Forwardings

Das Problem mit der Darstellung von ncurses-basierten Anwendungen

Häufig anzutreffen sind Darstellungsfehler bei ncurses-basierten Anwendungen wie z. B. yast, mc oder ncdu. Die Gründe dafür sind nicht ganz leicht zu verstehen, aber es gibt mindestens zwei Wege, das Problem zu beheben:

1. setzen der Umgebungsvariable NCURSES_NO_UTF8_ACS=1
2. ab PuTTY 0.71: WINDOW • TRANSLATION,

    ENABLE VT100 LINE DRAWING EVEN IN UTF-8 MODE

A.6.2 WinSCP

WinSCP (*http://winscp.net/*) ist ein freier SFTP-Client für Windows. Er wird gern genutzt, um einen sicheren Dateitransfer zwischen Windows und Linux zu realisieren.

A.6.3 Onboard-SSH-Client

Windows 10 hat seit einigen Jahren OpenSSH-Client-Programme an Bord. In einer cmd.exe oder PowerShell können Sie daher direkt mit gewohnten Tools wie ssh, scp, ssh-keygen usw. arbeiten.

Es funktioniert aber bei Weitem noch nicht alles so, wie es ein Linux-Anwender erwarten würde:

- ssh-copy-id gibt es nicht.
- Der SSH-Agent muss erst in der Windows-Dienste-Verwaltung aktiviert werden. Danach funktioniert zwar ein ssh-add, aber die Anmeldung mit Schlüssel funktioniert gegebenenfalls trotzdem nicht – nach folgender Warnmeldung fällt man auf die Passwort-Authentifizierung zurück:

    ```
    warning: agent returned different signature type ssh-rsa
             (expected rsa-sha2-512)
    ```

A.7 pssh bzw. parallel-ssh

> **Anmerkung**
>
> Dieser Abschnitt ist nur für Admins relevant, die keine Lust haben, sich mit einem Werkzeug wie Ansible zu beschäftigen!

Im Paket *pssh* finden Sie nützliche Tools, mit denen Sie viele Hosts gleichzeitig per SSH ansprechen können. (Unter CentOS steht das Paket im EPEL zur Verfügung.)

Typische Vorgehensweise:

1. Richten Sie eine Datei ein, die die Zugriffsspezifikationen aller Target Hosts enthält; z. B.:

   root@node1.example.org
   root@node2.example.org
   root@node3.example.org

   Listing A.7 »/etc/cluster-nodes«

   Der Name dieser Datei ist *nicht* fest vorgegeben! »*cluster-nodes*« ist hier nur ein Beispiel, wählen Sie irgendeinen Namen, der für Sie passt!

2. (Empfehlenswert:) Richten Sie ein Alias ein:

   ```
   #########
   # Debian:
   #########
   alias pssh="parallel-ssh -h /etc/cluster-nodes -i"


   ###############
   # SUSE, CentOS:
   ###############
   alias pssh="pssh -h /etc/cluster-nodes -i"
   ```

   Listing A.8 »/root/.bashrc«

   Aktivieren:

   ```
   $ source ~/.bashrc
   ```

Testen Sie das Setup, indem Sie z. B. das `hostname`-Kommando auf allen Nodes aufrufen:

Mit dem obigen Alias:
```
$ pssh hostname
```

Weitere Tools aus dem pssh-Paket

Das *pssh*-Paket enthält daneben noch die folgenden Tools:

- `pscp` – simultanes »Hochladen« von Dateien
- `prsync` – simultanes Synchronisieren von Dateien
- `pnuke` – simultanes Killen von Prozessen

(Auf Debian-Systemen heißen die Befehle entsprechend `parallel-*`.)

Anhang B
Reguläre Ausdrücke

Reguläre Ausdrücke (Regular Expressions, kurz: »RegExes«) sind ein mächtiges Mittel zur Verarbeitung von Textdaten.

Die Möglichkeit zur Verwendung von regulären Ausdrücken haben Sie u. a. in den folgenden Applikationen bzw. Diensten: grep, less, sed, awk, find, vi, emacs, Ansible, Apache, Postfix ...

Natürlich hat auch jede gängige Programmiersprache eine RegEx-Schnittstelle; besonders häufig kommen sie in Skriptsprachen wie Perl oder Python zum Einsatz.

B.1 Motivation

Sicherlich kennen Sie das Kommando grep, mit dem Sie nach gewissen Textmustern suchen können. Angenommen, Sie möchten im Output von ls »greppen«, sodass nur Verzeichnisse angezeigt werden:

```
$ ls -l | grep d
-rw-r--r--   1 user1    users           6 Jul 26 14:44 datei
drwxr-xr-x   2 user1    users        4096 Jul 26 14:44 verzeichnis1
drwxr-xr-x   2 user1    users        4096 Jul 26 14:44 verzeichnis2
```

Es funktioniert nicht korrekt, weil alle Zeilen übrigbleiben, die *irgendwo* ein »d« enthalten. Sie wollen aber nur Zeilen, in denen das »d« *am Zeilenanfang* steht!

Dies gelingt mit folgendem Suchmuster:

```
$ ls -l | grep '^d'
drwxr-xr-x   2 user1    users        4096 Jul 26 14:44 verzeichnis1
drwxr-xr-x   2 user1    users        4096 Jul 26 14:44 verzeichnis2
```

Ein solches Suchmuster wird als *regulärer Ausdruck* bezeichnet. Das zusätzliche Dach-Symbol »^« ist also offenbar kein normales Zeichen, sondern ein *Metazeichen* mit der besonderen Bedeutung »Zeilenanfang«.

Die Hochkommas sind in diesem Fall eigentlich überflüssig, aber Sie werden noch einige Metazeichen kennenlernen, die auch für die Shell eine Bedeutung haben. Diese müssen dann unbedingt quotiert werden!

B.2 Dialekte

Für den Anfänger kommt neben den vielen neuen Zeichen, deren Bedeutung zu erlernen ist, leider noch erschwerend hinzu, dass es nicht nur eine einzige Art regulärer Audrücke gibt. Vielmehr haben sich im Lauf der Jahre einige »Dialekte« entwickelt, die sich in Syntax und Umfang der Möglichkeiten unterscheiden.

Ich will an dieser Stelle aber keine Wissenschaft daraus machen, sondern unterscheide hier lediglich zwei Familien:

- **Perl Compatible Regular Expressions (PCRE)**
  Werden überwiegend in Programmiersprachen und modernen Tools und Diensten eingesetzt (bspw. Ansible oder Apache). Orientieren sich an der Umsetzung in der Programmiersprache Perl 5.
- **POSIX Extended Regular Expressions**
  Kommen in eher klassischen Tools wie grep, sed oder awk zur Anwendung.

Ein nicht unerheblicher Teil der Syntax ist aber in allen Familien gleich, und diesem wollen wir uns zunächst zuwenden.

B.3 Reguläre Ausdrücke – Basics

Tabelle B.1 gibt zunächst eine Übersicht, danach folgen Beispiele.

Metazeichen	Bedeutung	Kategorie
^	Zeilenanfang	Ankerzeichen
$	Zeilenende	Ankerzeichen
.	beliebiges Zeichen	Jokerzeichen
\<C>	Sonderbedeutung von <C> unterdrücken.	Quotierung
[...]	eines der Zeichen aus »...«	Zeichenklasse
[^...]	keines der Zeichen aus »...«	Zeichenklasse
<C>*	null oder mehr Wiederholungen von <C>	Wiederholungsoperator

Tabelle B.1 Reguläre Ausdrücke: Basics

Als Testwerkzeug soll das klassische grep-Programm dienen. Die Funktionsweise dürfte bekannt sein: Nur wenn das Suchmuster auf eine Eingabezeile passt, wird die Zeile wieder ausgegeben. Ich werde in den Beispielen aber (um die ständig gleiche Ausgabe zu vermeiden) lieber »passt« oder »passt nicht« notieren. Und wie eingangs bereits erwähnt, sollten Sie die RegEx stets in einfache Hochkommas einschließen, um Manipulationen durch die Shell auszuschließen.

Ankerzeichen

```
$ echo "Hallo Welt" | grep '^Ha'
```
passt

```
$ echo "Hallo Welt" | grep 'elt$'
```
passt

Jokerzeichen

```
$ echo "Hallo Welt" | grep 'al...We'
```
passt

Beachten Sie, dass das Leerzeichen ebenfalls ein Zeichen ist!

Quotierung

```
$ echo "Wir belegten den 2. Platz" | grep '2\.'
```
passt

```
$ echo "Auf der CD sind 21 Lieder" | grep '2.'
```
passt - aber eventuell nicht in unserem Sinne!

Zeichenklassen

```
$ echo "Hallo Welt" | grep '[Hh]allo'
```
passt

```
$ echo "Hallo Welt" | grep 'H[a-e]ll[^a-e]'
```
passt

Bereichsangaben wie a-e sind möglich und typisch, und eine negierte Zeichenklasse wie [^a-e] lesen Sie am besten »keines der Zeichen von a bis e«.

Wiederholungsoperator

```
$ echo "Hallo Welt" | grep 'Ha*We'
```
passt nicht!

Ich beginne dieses Mal bewusst mit einem Negativ-Beispiel und einer (vermutlich) falschen Verwendung des Zeichens *.

Der Stern ist nämlich kein Joker, sondern ein Wiederholungszeichen, das in diesem Fall das *vorangehende* »a« wiederholt.

Für die RegEx-Maschine bedeutet also Ha*We: »Suche ein H, gefolgt von null oder mehr a's, gefolgt von einem W, gefolgt von einem e.«

```
$ echo "Hallo Welt" | grep 'H.*W'
```
passt

Dieses Mal richtig und beabsichtigt: Das sehr typische .* bedeutet »null oder mehr beliebige Zeichen«, ist also gewissermaßen der Joker für eine Zeichenkette.

Nicht stutzig machen lassen sollten Sie sich übrigens durch:

```
$ echo "Hallo Welt" | grep 'HY*allo'
```
passt (es sind null Y's drin!)

B.4   Reguläre Ausdrücke – erweiterte Möglichkeiten (PCRE)

Bei den erweiterten Möglichkeiten müssen wir die Familien unterscheiden; beginnen wir mit der moderneren PCRE-Familie.

Sehen Sie auch hier zunächst eine Übersicht in Tabelle B.2.

Metazeichen	Bedeutung	Kategorie
\d, \w, \s	Ziffer, Wortzeichen, Whitespace	Zeichenklasse
\D, \W, \S	das jeweilige Gegenteil	Zeichenklasse
<C>+	mindestens ein <C>	Wiederholungsoperator
<C>?	null oder ein <C>	Wiederholungsoperator
<C>{<N>}	<N>-mal <C>	Wiederholungsoperator
<C>{<M>,<N>}	<M>- bis <N>-mal <C>	Wiederholungsoperator
\b	Wortgrenze	Ankerzeichen
<r1>|<r2>	<r1> oder <r2>	Alternative
(...)	»...« bildet logische Einheit	Gruppierung
\1, \2 ...	Treffer der 1., 2. ... Klammer	Rückwärtsreferenz

Tabelle B.2 Reguläre Ausdrücke: erweiterte Möglichkeiten (PCRE)

Als Testwerkzeug nutzen wir weiterhin grep, ab jetzt aber durchgängig mit der Option -P, mit der die PCRE-Syntax aktiviert wird.

Zeichenklassen

```
$ echo "27. Mai 2020" | grep -P '\d\d\.\s\w\w\w\s\d\d\d\d'
```
passt

```
$ echo "Ich habe 5 Hunde und 7 Katzen" | grep -P '\d\D*\d'
```
passt

Lesen Sie den zweiten Ausdruck so: »Eine Ziffer, dann viele Nicht-Ziffern, dann noch eine Ziffer.«

Wiederholungsoperatoren

```
$ echo "Hallo Welt" | grep -P 'Hal+'
```
passt

```
$ echo "Startdatei: index.htm" | grep -P 'index\.html?'
```
passt (das 'l' kann fehlen)

```
$ echo "Haaaallo Welt" | grep -P 'a{4}'
```
passt

Ankerzeichen

```
$ echo "Hallo Welt" | grep -P 'lo\b'
```
passt (das Wort ist hinter 'lo' zu Ende)

```
$ echo "Hallo Welt" | grep -P '\ball'
```
passt nicht (vor 'all' sind wir noch mitten im Wort)

Alternative

```
$ echo "Hallo Welt" | grep -P 'jj|kk|ll|mm'
```
passt

Gruppierung

```
$ echo "a1b2c3d4" | grep -P '(\w\d){4}'
```
passt (4x Buchstabe + Ziffer)

```
$ echo "a1b2c3d4" | grep -P '\w\d{4}'
```
passt nicht (ein Buchstabe gefolgt von 4 Ziffern)

Rückwärtsreferenz

```
$ echo "Hallo Welt" | grep -P '(.)\1'
```
passt (ein Zeichen wiederholt sich)

```
$ echo "Ich esse Kuchen" | grep -P '(.)(.)\2\1'
```
passt ('esse' ist ein Palindrom)

```
$ echo "Wenn Fliegen hinter Fliegen fliegen" | grep -iP '(\b\w+\b).*\1.*\1'
```
passt

Der dritte Ausdruck prüft, ob sich ein Wort (\b\w+\b) in der Folge noch zweimal wiederholt. Beachten Sie, dass mit -i die Unterscheidung von Groß- und Kleinschreibung deaktiviert wurde. Rückwärtsreferenzen gehören sicher zu den spannendsten Anwendungen regulärer Ausdrücke.

Man trifft sie aber meist eher beim Suchen-und-Ersetzen an, wie bspw. hier:

```
$ echo "Die Gewinnzahlen sind: 27, 22 und 49." | sed -r 's/([0-9]+)/#\1#/g'
Die Gewinnzahlen sind: #27#, #22# und #49#.
```

B.5 Reguläre Ausdrücke – erweiterte Möglichkeiten (POSIX Extended RE)

Tabelle B.3 zeigt die etwas klassischeren erweiterten RegExes.

Metazeichen	Bedeutung	Kategorie
<C>+	mindestens ein <C>	Wiederholungsoperator
<C>?	null oder ein <C>	Wiederholungsoperator
<C>{<N>}	<N>-mal <C>	Wiederholungsoperator
<C>{<M>,<N>}	<M>- bis <N>-mal <C>	Wiederholungsoperator
\<	Wortanfang	Ankerzeichen
\>	Wortende	Ankerzeichen
<r1>|<r2>	<r1> oder <r2>	Alternative
(...)	»...« bildet logische Einheit	Gruppierung
\1, \2 ...	Treffer der 1., 2. ... Klammer	Rückwärtsreferenz

Tabelle B.3 Reguläre Ausdrücke: erweiterte Möglichkeiten (POSIX Extended RE)

Testen können Sie hier bspw. mit:

- `grep -E` bzw. `egrep`
- `sed -r`
- `awk`

Konkret können Sie bspw. mit all diesen Tools greppen:

```
$ echo "Haaaallo Welt" | grep -E 'a{4}'
passt

$ echo "Haaaallo Welt" | sed -rn '/a{4}/p'
passt

$ echo "Haaaallo Welt" | awk '/a{4}/ {print}'
passt
```

Wenn Sie nun ganz verbissen anfangen zu testen, werden Sie aber garantiert irgendetwas finden, das nicht funktioniert wie erhofft. (Nur ein Beispiel: `awk` beherrscht keine Rückwärtsreferenzen.)

Die Implementationsunterschiede zwischen den einzelnen Tools sind zweifellos da und teilweise sehr subtil. Der Sinn dieses Kapitels war aber (wie bereits angekündigt) auch nicht, eine Wissenschaft aus diesem Thema zu machen. Das hat Jeffrey E. F. Friedl in seinem hervorragenden Buch »Reguläre Ausdrücke« schon getan – es sei Ihnen sehr zur Lektüre empfohlen, wenn Sie sich bis hierhin gerade erst einmal warm gelaufen haben!

Index

A

Active Directory 306
Ad-hoc-Kommando 53
Agent-Forwarding 376
Ansible
  Geschichte 24
  Grundmerkmale 24
  Kernkomponenten 24
  Versionen 24
  Wortbedeutung 25
Ansible AWX 210
Ansible Galaxy 173
Ansible Tower 210
ansible-bender 296
ansible-cmdb 203
ansible-config 244
ansible-console 61
ansible-doc 185
ansible-galaxy 172
ansible-inventory 147
ansible-lint 237
Ansible-Modul erstellen 331
ansible-playbook 85
ansible-pull 247
Ansible-Vault 221
ansible-vault 223
ansible.cfg 42
  callback_plugins 353
  callback_whitelist 352
  console_prompt 62
  cow_selection 246
  display_failed_stderr 346
  display_ok_hosts 346
  display_skipped_hosts 346
  fact_caching 108
  force_handlers 94
  host_key_checking 45
  log_path 43
  nocows 246
  pipelining 245
  private_key_file 43
  retry_files_enabled 83
  retry_files_save_path 83
  roles_path 167
  show_custom_stats 347
  show_per_host_start 347
  sinnvolle Einstellungen 313
  stdout_callback 232, 346
  vault_identity_list 227
ansible_become 49
ansible_become_method 49
ansible_become_pass 49
ansible_become_user 49
AnsibleModule-Objekt 342
async 140
Ausdruck
  regulärer 383
Ausführung
  asynchrone 140
  bedingte 111
  parallele 57
Ausgabe-Plugin 232, 345
authorized_keys 371
AWS EC2 158

B

Benutzer anlegen 134
Block 138
  Exception Handling 139
block 138
Buildah 297

C

Callback-Plugin 345
  counter_enabled 351
  debug 350
  default 346
  dense 349
  json 348
  minimal 349
  oneline 350
  programmieren 353
  selective 350
  unixy 348
  yaml 347
changed_when 79
Code-Analyse, statische 237
Control Host 26
cowsay 245

Custom-Modul 331
  Dokumentation 343
  mit Python 337
  Parameter 334

D

Dateiänderungen überwachen 240
Debug-Mode 230
Debugging 230
delegate_facts 267
delegate_to 142, 264
Delegierung 264
Docker 277
  Image erstellen 295
  Installation 277
  Module 281
docker build 295
Docker Compose 290
docker-compose 290
Doppelpunkt 77

E

EC2-Inventory-Plugin 158
environment 145
Exception Handling 139
Extra Vars 98

F

Fact 106
  Cache 108
facter 111
failed_when 137
Fehlerbehandlung 81, 137
Filter 127
  default() 127, 134
  int 127
  join() 127
  lower 127
  password_hash() 134
  upper 127
force_handlers 94
Fork 57

G

Gateway-Host 327
gather_facts 73, 106
gather_subset 234
Git-Kommando 209
Gitea 207
GPG 227
group_vars 100
Grundkonfiguration 42
Gruppen
  dynamische 151
  verschachtelte 148
GUI 201

H

Handler 91, 92
HCloud-Inventory-Plugin 161
Hetzner Cloud 161, 252
Host-Key-Checking 44
host_vars 102

I

Idempotenz 56
ignore_errors 137
import_tasks 174
Imports 174
include_tasks 174
include_vars 175
Includes 174
Installation 31
  Distributionspakete 31
  PIP 33
Installer 318
Inventory 43
  Alias 46
  dynamisches 153
  Gruppe 44
  Gruppen-Parametrisierung 44
  Host-Parametrisierung 44
  statisches 43
Inventory-Cache 164
Inventory-Datei 43
Inventory-Plugin 158
Inventory-Skript 154
Inventory-Verzeichnis 165
IP-Adresse bestimmen 320

J

Jenkins 215
Jinja 120
   Anweisung 126
   Ausdruck 125
   Filter 127
   Kommentar 125
Jinja-Template testen 123
Jumphost 327

K

Kerberos 306
Konfigurationsdatei 42
Kuh 245

L

Laborumgebung 26
Link anlegen 190
Linting 237
Linux-Updates mit Ansible 324
Liste erweitern 315
local_action 141
Locking 361
Logging 43
Lookup 143
Lookup-Plugin 143
   csvfile 144
   dig 144
   env 144
   file 144
   pipe 143
loop_control 134
   index_var 136
   label 134
   loop_var 134

M

Map
   durchsuchen 314
   erweitern 315
MariaDB-Container 286
max_fail_percentage 258
meta-Anweisungen 196
meta: end_play 76
meta: flush_handlers 94

Migration 39
mode 189
Modul
   add_host 149
   apt 187
   assert 105, 199
   blockinfile 191
   command 53, 78, 185
   copy 55, 189
   cron 193
   debug 197, 242
   dnf 187
   docker_compose 286
   docker_container 282
   docker_container_info 282
   docker_host_info 282
   docker_image 285
   docker_image_info 286
   docker_login 284
   docker_network 283
   docker_network_info 283
   docker_prune 285
   docker_volume 283
   docker_volume_info 284
   erstellen 331
   file 55, 190
   firewalld 194, 323
   get_url 195
   git 196
   group 194
   group_by 151
   hostname 194
   lineinfile 191
   meta 196
   package 55, 188
   package_facts 188
   pause 198
   raw 186
   reboot 55, 195
   replace 192
   script 186
   service 193
   service_facts 193
   set_fact 199
   shell 54, 78, 186
   stat 191
   template 189
   unarchive 192
   uri 195
   user 55, 194

wait_for 198
wait_for_connection 199
win_chocolatey 310
win_domain_user 310
win_environment 310
win_regedit 310
win_updates 311
yum 187
zypper 187
Modularisierung 167

N

notify 92

O

ohai 111
Orchestrierung 251

P

pandoc 182
parallel-ssh 380
pass 227
Passwort-Hash erzeugen 134
Patterns 62
PCRE 386
phpMyAdmin-Container 286
ping 37
Ping-Test 43
Pipelining 244
Play 72
  beenden 76
Play Vars 97
Playbook 71
  Locking 361
Playbook-Debugger 235
Podman 297
podman 300
Polemarch 213
poll 140
POSIX Extended RE 388
post_tasks 171
pre_tasks 171
Prompting 103
Proxy 145
pssh 380
Pull-Mode 246

PuTTY 379
  Session-Einstellungen 379

R

README.md 181
Rechteerhöhung 49
register 79
Regular Expression 383
Regulärer Ausdruck 383
rescue 139
Retry-Files 83
Reverse-Proxy 206
Rolle 167
  Abhängigkeiten 171
  beenden 358
  Dokumentation 179
  erstellen 172
  parametrisieren 170
  Struktur 168
  Suchpfad 167
Rolling-Updates 275
run_once 141

S

Schleife über Block 360
Schleifen 127
scp 369
serial 257
set_fact 99
sftp 369
SSH 367
  Client-Konfiguration 374
  Escape-Sequenzen 378
  Jumphost 377
  Public-Key-Authentifizierung 369
  Restricted Key 375
  Sprunghost 376, 377
ssh 368
ssh-add 372
SSH-Agent 372
ssh-agent 372
ssh-copy-id 371
SSH-Key
  erzeugen 370
  Fingerprint 374
  kopieren 371
  Passphrase ändern 372

ssh-keygen 370
SSH-Public-Key 36
Stdout-Plugin 345
Strategy-Plugin 259
  free 262
    host_pinned 263
    linear 260
Symlink anlegen 190

T

Tag 84
Target Host 26
Task 74
Template 120
Testumgebung 26
Traefik 206
Troubleshooting 230

U

Umgebungsvariable
  ANSIBLE_CONFIG 42
  ANSIBLE_DEBUG 230
  ANSIBLE_DISPLAY_FAILED_STDERR 346
  ANSIBLE_DISPLAY_OK_HOSTS 346
  ANSIBLE_DISPLAY_SKIPPED_HOSTS 346
  ANSIBLE_ENABLE_TASK_DEBUGGER 235
  ANSIBLE_NOCOLOR 61
  ANSIBLE_PIPELINING 245
  ANSIBLE_SHOW_CUSTOM_STATS 347
  ANSIBLE_SHOW_PER_HOST_START 347
  ANSIBLE_STDOUT_CALLBACK 232, 346
  ANSIBLE_VAULT_IDENTITY_LIST 226
  ANSIBLE_VERBOSITY 230
  auf Zielsystem 145
  DEFAULT_KEEP_REMOTE_FILES 231
until 133
Updates mit Ansible 324

V

Vagrant 26
Vagrantfile 26
Variable 97
  implizite 109
  Präzedenzen 98
  Präzedenzregeln 98

Variablenstruktur
  komplexe 104
vars 97
vars_files 103
vars_prompt 103
Vault-ID 223
Verbindung
  hängende 59
  persistente 58
Versionsnummer vergleichen 112
Verzeichnisstruktur 41
Virtualenv-Umgebung 33
VMware 163
VMware-Inventory-Plugin 163

W

Webinterface 201
when 111
Wiederverwendbarkeit 167
Windows-Module 309
Windows-Target 303
WinRM 303
  Setup 305
  Troubleshooting 308
WinSCP 380
with_dict 130
with_first_found 175
with_items 128
with_list 129
with_sequence 131
with_subelements 132

Y

YAML 63
  Anchor 69
  Block-Ausdruck 68
  Liste 66
  Map 66
  NULL-Wert 69
  Reference 69
  Syntax 63
  verschachtelte Strukturen 66

Z

Zufallspasswörter 316

Container-Cluster von A bis Z

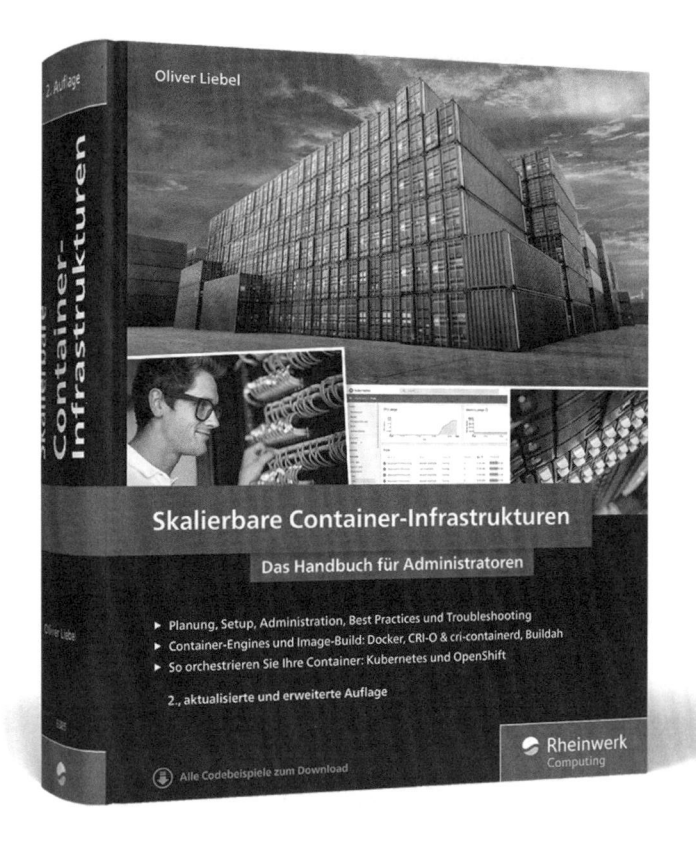

Hochskalierbare und ausfallsichere Container-Umgebungen sind die Grundlage einer modernen, zukunftsweisenden Infrastruktur. Das bewährte Handbuch von Oliver Liebel zeigt Ihnen, was Sie wirklich brauchen und liefert fundiertes Know-how sowie praxiserprobte Konzepte. Dabei nimmt es die Technik auch kritisch in Blick und durchleuchtet die Hintergründe zu den Tools, Verfahren und Konzepten. Oliver Liebels Praxistipps helfen Ihnen, Software schneller bereitzustellen, das Deployment zu vereinfachen und Ihre IT zu warten.

1.380 Seiten, gebunden, 79,90 Euro, ISBN 978-3-8362-6385-6
www.rheinwerk-verlag.de/4676

Docker-Praxis für Admins und DevOps-Teams

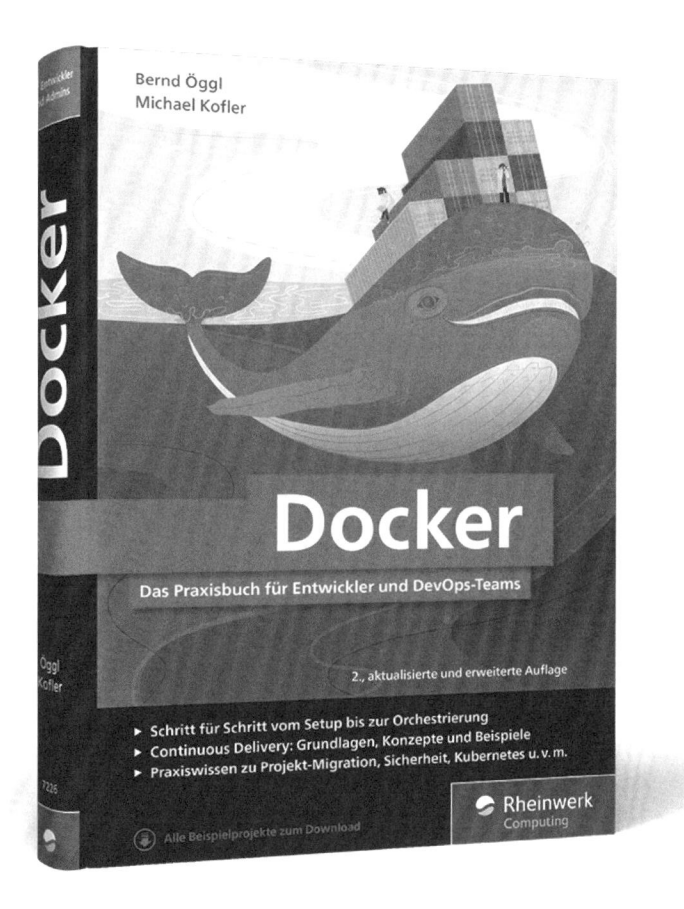

Docker ist der Standard, den Sie kennen müssen, wenn Sie sich mit Containern und moderner Software-Entwicklung beschäftigen. Mit diesem Buch erhalten Sie eine Einführung und einen Docker-Leitfaden, der Ihnen die wichtigsten Images vorstellt, die als Basis für Ihre Projekte dienen. Bernd Öggl und Michael Kofler führen Sie bestens in Docker ein. Zahlreiche Anwendungsbeispiele und erprobte Setups erleichtern Ihnen dabei das Verständnis und ermöglichen Ihnen die schnelle Umsetzung in der Praxis.

467 Seiten, gebunden, 39,90 Euro, ISBN 978-3-8362-7226-1
www.rheinwerk-verlag.de/4959

So integrieren Sie Ihre Infrastruktur in die Cloud

Infrastructure as a Service – Dieses Buch macht Sie fit für die Zukunft Ihrer IT-Infrastrukturen. Daniel Stender steht Ihnen beim Einrichten eines eigenen virtualisierten Rechenzentrums hilfreich zur Seite und erklärt Ihnen Schritt für Schritt alle Tools, die bei zeitgemäßem Cloud Computing zum Einsatz kommen: Python, Google Go, Ansible, Docker, Kubernetes. Mit seiner Hilfe werden Sie schon bald eigene Cloud-Systeme einsetzen und effektiv nutzen.

576 Seiten, gebunden, 49,90 Euro, ISBN 978-3-8362-6948-3
www.rheinwerk-verlag.de/4874

Das Schweizer Messer für Linux-Admins

Auch erfahrene Linux-Administratoren kommen in Situationen, wo sie nicht mehr weiter wissen. Zum Beispiel, wenn ein neuer Dienst in eine bestehende Infrastruktur integriert werden muss. Dieses Handbuch hilft Ihnen schnell und zuverlässig. Für jede Aufgabe finden Sie hier mindestens ein Tool, mit dem Sie Ihre Aufgaben meistern werden. Und zwar für alle gängigen Linux-Distributionen. Neben dem nötigen Hintergrundwissen finden Sie hier auch Tipps aus der Admin-Praxis sowie geprüfte Beispielskripte und Konfigurationen.

1.270 Seiten, gebunden, 59,90 Euro, ISBN 978-3-8362-6092-3
www.rheinwerk-verlag.de/4575

Unverzichtbares Wissen für alle IT-Admins

Software-Exploits und mangelnde Sorgfalt können Ihrer IT enormen Schaden zufügen. Machen Sie sich mit den wichtigsten Hacking- und Security-Werkzeugen vertraut. Michael Kofler hat für dieses Handbuch ein Team aus renommierten Sicherheitsexperten aufgestellt. Sie zeigen Ihnen, wie Sie Ihre Infrastruktur nachhaltig absichern und Angreifern immer einen Schritt voraus sind. Jeder Autor ist Spezialist auf seinem Gebiet und vermittelt Ihnen ein gründliches Verständnis dafür, wie Sie Angriffe erkennen und sicher abwehren.

1.134 Seiten, gebunden, 49,90 Euro, ISBN 978-3-8362-7191-2
www.rheinwerk-verlag.de/4944